政府論

Two Treatises of Government

約翰．洛克（John Locke） 著
謝章義 譯

約翰·洛克的肖像和簽名

肖像由戈弗雷·內勒（Godfrey Kneller，1646-1723）繪於 1697 年。現藏於艾米塔吉博物館（通稱冬宮）。

圖片來源：公共領域，來自維基共享資源。

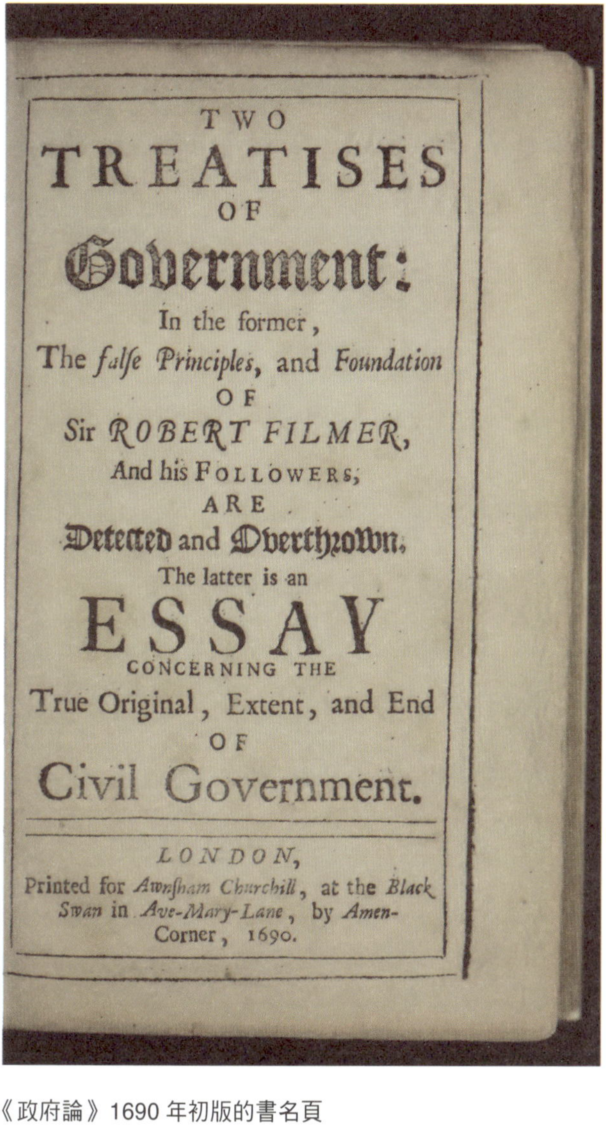
TWO
TREATISES
OF
Government:
In the former,
The *false* *Principles*, and *Foundation*
OF
Sir *ROBERT FILMER*,
And his FOLLOWERS,
ARE
Detected and Overthrown.
The latter is an
ESSAY
CONCERNING THE
True Original, Extent, and End
OF
Civil Government.

LONDON,
Printed for *Awnsham Churchill*, at the *Black Swan* in *Ave-Mary-Lane*, by *Amen-Corner*, 1690.

《政府論》1690 年初版的書名頁

圖片來源：公共領域，來自維基共享資源。

約翰・洛克的雕像

英國雕塑家理查德・韋斯特馬科特（Sir Richard Westmacott，1775-1856）的作品，大理石雕塑，約 1808 年，位於倫敦大學學院（University College London）。

圖片來源：Stephencdickson，CC BY-SA 4.0，來自維基共享資源。

約翰・洛克出生的威靈頓小屋，薩默塞特郡。蝕刻畫，1837 年。

圖片來源：Wellcome Collection 網站，公共領域。

約翰・洛克之墓

位於埃塞克斯郡海拉弗（High Laver）教區的諸聖堂（All Saints Church）。

圖片來源：Acabashi，CC-BY-SA 4.0，維基共享資源。

約翰．洛克墓誌銘

墓誌銘原本位於海拉弗教區的諸聖堂外洛克墳墓上方，後來移至教堂內的牆上。圖片來源：Acabashi，CC-BY-SA 4.0，維基共享資源。

約翰・洛克的紀念碑石

位於牛津大學基督堂學院的禮拜堂：基督堂座堂（Christ Church Cathedral）。

圖片來源：Nathanael Shelley, CC BY 2.0，維基共享資源。

原文版本與編輯體例說明：

本書實際首次出版時間是一六八九年十二月，但按當時印刷習慣標示為一六九〇年。且因政治敏感問題，採用匿名的方式出版，僅管許多人都知曉洛克是作者，但他直至臨死前才在遺囑中正式承認。

初版內容有許多印刷上的錯誤，於是洛克分別在一六九四年的第二版、一六九八年的第三版都做了部分修正。但他仍不滿意，於是在第三版印刷的書頁上，直接以手寫方式在頁邊、行間、扉頁等空白處持續進行修改，但洛克並未看到第四版出版，就於一七〇四年過世。修正稿交給了友人皮埃爾·科斯特（Pierre Coste），於一七一三年才出版第四版。一七二七年的第五版是重印第四版，有少許的編輯說明。但由於本書不斷重印，市面上的版本相當紊亂。直到一七六四年托馬斯·霍利斯（Thomas Hollis）取得科斯特的原始稿件，經過編輯校對後，交由劍橋大學基督學院出版的第六版，才有一個比較接近洛克希望看到後世流傳的版本。（詳盡的版本和細節說明，請參考 Peter Laslett, "introduction", *Two Treatises of Government.* 1960）。

由於過去版本眾多之故，至今重新出版的內容細節也不盡相同，存在許多差異。故本譯稿的編輯校對，最終以一七六四年托馬斯·霍利斯的第六版為準，不同版本的重大文字變更之處，則盡量以編註加以說明。洛克原著中的重點字、引文，以及人名地名皆以斜體字標示，中文版則依本地慣例，重點字以粗體標示、引文前後以引號框起，人名地名則不另作標示。尤其是重點字的標示，下篇的前三版相當少，大多是第六版增添的，包括上篇也有添加，本譯本皆依第六版為準。至於譯文中的雙引號『』，則是為方便理解譯文所加，特此說明。

洛克的各方評價：

◆《政府論》由於碰巧為光榮革命力辯，很快成為一部政治經典之作，且歷久不衰。因此，在百年之後，美國的麥迪遜和傑佛遜理所當然的認為，洛克在論政府上是最後且唯一之人。——史壯伯格（Roland N. Stromberg），《近代西方思想史》。

◆本書自第一版扉頁上註明一六九〇年出版以來，印刷了一百多次。已經被翻譯成法語、德語、義大利語、俄語、西班牙語、瑞典語、挪威語、日語和印地語，也可能被翻譯成其他的語言。這是一部公認的政治和社會理論經典，也許不是第一部經典，但全世界八個世代的政治系學生都熟知此書，也成為大量評論著作的主題。——彼得・拉斯雷特（Peter Laslett）。

◆洛克哲學的最大要旨超越了英國同時代的政治解決辦法，在美州和法國奠定了政治思想的基礎，於十八世紀末葉的兩次大革命中達到了頂點。洛克學說中為捍衛個人自由、個人同意以及自由獲得並享有財產的不可剝奪權利而進行抗爭的思想，在這兩次革命中收到了充分的效益。——賽班（George H. Sabine）《政治學說史》。

◆洛克的《政府論》中新穎之見絕無僅有。在這一點上，洛克和憑思想博得名聲之人大都類似。一般而言，首次提出新穎見解之人，遠遠走在時代前端，以致人人認為其無知，致使其始終湮沒無聞，不久就被世人遺忘。後來，世間之人逐漸有了接受此見解的心理準備，於此幸運時刻發表之人便獨覽全功。例如，達爾文就是如此。——伯特蘭・羅素（Bertrand Russell）《西方哲學史》。

◆也許沒有人比洛克更像一哲人，更像一方法論的天才，更像一位正確的邏輯論者。——伏爾泰（Voltaire）。

◆民主思想的傳統中存在著一種分裂。有一種傳統淵源於洛克，它強調貢斯當（Benjamin Constant）稱為「現代人的自由」的東西——思想自由和良心自由，某些基本的個人權利和財產權，以及法治。另一種傳統則淵源於盧梭，它強調貢斯當稱為「古代人的自由」的東西——平等的政治自由和公共生活的價值。這種由傳統因襲下來的對立導致了深刻的衝突。——羅爾斯（John Rawls），《作為公平的正義》。

◆絕大多數美洲人都如饑似渴地從洛克那兒汲取養分，視之為一種政治福音。〈獨立宣言〉在形式上和文句上與洛克的第二篇《政府論》極為相似。——卡爾・貝克（Carl L. Becker）《論獨立宣言》。

◆所有現代自然權利論的導師中，最為著名和影響最大的就是約翰・洛克。——列奧・施特勞斯（Leo Strauss）《自然權利與歷史》

導讀

為不受支配的自由人所寫的宣言

周家瑜（國立政治大學政治學系教授）

一、「審慎的洛克」

如果讀者們穿越回到十七世紀下半，閱讀到一本結論是「人民應當奮起反抗君主」的書籍，相信也能真切感受到此書帶來的莫大震撼與爭議性。在一個君主自認為上受上帝唯一真神賜予統治權利，下承祖先們據說六百年統治的漫長歷史形成的君主特權傳統的社會，洛克犀利地主張：君主統治權來自人民同意，人民應有反抗政府之權利。為什麼一個平民選擇投身於這樣充滿風險的政治志業？

一六三二年洛克出生於薩莫賽特郡的威靈頓，一七〇四年底於好友馬薩姆的別墅中去世。在後來出版的洛克傳記中，他被稱為「一位多才多藝之士」，洛克不僅在神學與宗教方面有許多獨特見解，也以哲學家身分聞名於世，英國財政革命前後洛克也撰寫數篇經濟論文，甚至也出版過如何教養兒童的教育書籍，然而洛克最為人所知的身分可能是影響後世啟蒙運動與自由主義興起的政治思想家，此處所導讀的《政府論》便是奠定此一聲譽的經典作品。

洛克早年以學者身分在牛津大學基督教會學院（Christ Church）長達十五年，主要的作品環繞著宗教寬容的議題，此時的洛克明顯與後來人們熟知的政治哲學家洛克抱持相當不同的政治態度與原則，此時的作品《政府二論》（*Two Tracts of Government*）採取相當威權的保守立場，主張在許多事物上，行政長官的權威必須是絕對的，認為在進入政治社會之後，人們須放棄原先的自然自由，絕對地服從行政權力；然而，真正奠定洛克為「自由主義思想家」的成熟時期著作則是本書《政府論兩篇》（*Two Treatises of Government*，即《政府論》），在其中洛克的政治立場一百八十度地轉變為對有限政府與自然權利的堅定支持，許多研究者相信這與洛克生涯中的贊助者、雇主與貴族庇護人艾希利（Anthony Ashley Cooper）——艾希利勛爵一世（First Lord Ashley），後來的沙夫茲伯里伯爵（First Earl of Shaftesbury）——有著密不可分的關聯。後者不僅曾在英國議會中獨握大權，極具政治眼光與才幹，在英國政局最是詭譎多變的時期中先是效忠國王，後來又成了議會派對抗國王的領袖，曾擔任審判了查理二世並將之送上斷頭台的克倫威爾政府的部長，後來又成了克倫威爾的敵人，促成了王室復辟大業。一六六六年洛克因緣際會憑藉醫術結識沙夫茲伯里伯爵之後，因志趣相投很快便投身艾希利家中，成為他的顧問與好友。[1]

1 根據沙夫茲伯里伯爵孫子同時也是洛克的學生沙夫茲伯里伯爵三世的說法，洛克與沙夫茲伯里實為患難之交，「當我的祖父退出宮廷並因此身處險境時，洛克先生與他共進退，可謂榮辱與共。他將自己最秘密的談判託付給洛克先生，並在國事相關的事情上借助他的文筆〔…〕」（烏爾豪斯〔Roger Woolhouse〕，《洛克傳》，李紅，白若晶譯，中國人民大學出版社，頁112）。

這個機緣也讓原本遠離政治的洛克一夕之間踩進了政局的深水區，在一六七九年以沙夫茲伯里伯爵為首的議會派反對查理二世與很可能成為其繼承人的天主教徒詹姆士（後來的詹姆士二世），這場撼動朝局的對立史稱「黜王危機」（The exclusion crisis），一六八四年據傳議會派甚至試圖在查理二世與詹姆士從賽馬會回程途中綁架他們，此一「黑麥房密謀」（Rye House Plt）[2]失敗後，許多議會派成員被捕並處死，洛克流亡荷蘭。事情爆發後著名的輝格黨成員席德尼（Algernon Sidney, 1623-1683）被處絞刑，在他的審判罪名當中有一項就是撰寫具有煽動性的手稿，其中包含對當時著名的君權神授論理論家菲爾默（Robert Filmer）著作《先祖論》（*Patriarcha*）的批判，後來發表出來即《政府論集》（*Discourses on Government*）。這個事件為我們解釋了為什麼洛克終身沒有公開承認自己是這本舉足輕重、被認為是自由主義與天賦人權主張之源頭的《政府論》的作者——更精確的說是持續否認——一六八九年洛克仍對友人莫利紐克斯（William Molyneux）否認自己撰寫了《政府論》，即便後者是他畢生最親密的好友之一，因為洛克著名的《政府論》中正是以批判菲爾默為起點，最終推導出人民享有革命與反抗政府的權利。

另一件軼事也可看出《政府論》內容在當時政治氛圍下的敏感度，後世研究者發現在洛克藏書室中此一作品被偽稱為《論法國病》（*De Morbo Gallico*）——這個法國疾病當時通常指涉梅毒，但也可以理解為暗指法國路易十四統治下達到全盛的專制權力——當代讀者不難從這個謹慎措施中看出這本著作的高度政治危險性。那麼究竟「審慎的洛克」在《政府論》中提出了甚麼犀利論點呢？

二、專制政府的永恆對手

在一六八三年，洛克離開英國流亡荷蘭的前夕，牛津大學震撼於黑麥房密謀事件，召開宗教會議並提出了一份煽動這種陰謀的「天譴教義」（damnable doctrines），於同年七月二十一日發布，正式譴責其中所條列出來的原則，不出意料，洛克《政府論》的手稿中包含了這二十七條原則中的數條諸如「政治權威來自人民」、「君主與臣民之間存在某種契約關係」以及「暴君可以被剝奪統治權利」等，雖然沒有留下紀錄，但有論者相信當時洛克很可能人就在牛津，在各種包含這些原則的書籍被確認為「毒害人心的書籍」之後，被集中一起於牛津博德里安廣場（the Bodleian Quadrangle）上焚燒之際，洛克很可能便在自己基督教會學院的房間裡思考著如何逃離這個逐漸擴大的政治風暴。

儘管對於洛克撰寫《政府論》的時機有所爭論，[3]——劍橋大學出版的《政府論》之編者便認為至

2 英國史上議會的輝格黨因反對國王查理二世傾向天主教政策而策畫的暗殺密謀，據傳議會派成員計畫在一家黑麥酒店附近埋伏，但因查理二世提早行程而告失敗。

3 因為洛克在《上篇》所反駁的主要對象菲爾默的《先祖論》於一六八〇出版，且《政府論兩篇》於光榮革命之後一六八九年緊接著出版，因此該著作起初被定位為一個「事後為革命辯護」的政治理論，然而在一些洛克研究者深入考證之後——特別是為劍橋版《政府論》撰寫導讀的編者拉斯雷特（Peter Laslett）——論者主張洛克著手撰寫《下篇》的時間可能早在一六七九年，撰寫目的在於協助沙夫茲伯里提供一套憲政理論，用以「事前證成革命」針對查理二世種種對議會的濫權行為的批判。一般認為洛克是在一六八〇年初才補上《上篇》，詳細分析可參考（Laslett, 1988: 64-66）

少有一部分的《上篇》撰寫的時間點必然早於《下篇》——但是至少就理論內容上，讀者若要把《下篇》論有限政府當成是延續《上篇》反對絕對君主制的延續，也是沒有問題的。洛克在《上篇》與《下篇》所探討處理的都是當時最爭議且政治敏感度極高的主題：《上篇》處理的是統治者政治權力正當性基礎以及聖經文本中對於統治權力的論述，洛克主要目的在於駁斥當時廣泛受到保守派保皇人士與教會歡迎的羅伯特．菲爾默爵士提出的父權論述，菲爾默以聖經文本為主要證據，指出在世界的最初，神聖歷史的開端，上帝便給予世界第一個父親——亞當作為所有人類的先祖——對世界的統治權，可以說除了這個權力源自上帝授予以外，亞當的統治權的正當性基礎首要便是這個做為人類共同先祖、第一個父親的父親身分（Fatherhood）[4]；其次，菲爾默也從聖經文本中找出上帝也授予亞當在家庭中統治夏娃的絕對權力，最終推導出人民需絕對服從其當下統治者的絕對主義結論。

當代讀者可能認為這些論點荒誕無稽，根本無需與之爭辯，然而這些在我們的時代看似荒謬不可思議的論述，在洛克的時代則是一個連國王也肯認的看法，詹姆士一世著名地強調：人們應當將他們的君主認知為一個父親，而相對應地，君主作為所有人民的父親應當盡其父親的責任來「關照、撫育與教養臣民的美德」，在討論到臣民是否有可能可以被允許反抗君主？詹姆士一世回答道：「假設父親怒氣沖沖地持著武器追著他的兒子們，難道這就使得他們能夠正當地轉向並攻擊他嗎？或是做出任何反抗而非逃走嗎？」，由此可見此種家父長思維與絕對主義論點實為當時主流觀點。

《下篇》的論證則是從自然狀態與戰爭狀態的區分開始，作為社會契約論思想家的洛克從缺少一個共同的統治權威的前政治（自然）狀態開始，探討人們如何因為生活中的不方便之處，選擇放棄或交託部分自然權利，願意離開一個祥和自由的狀態接受某個權威的管理與統治，訴說這樣一個政治社會的形成過程是要讓人們了解到最初願意服從政府的理由——為了保障生命、自由與個人財產權——這個理由與目的因此便構成了政治權力的限制。確立了政府權力範圍與限制之後，洛克接下來分別討論當時英國立法權與行政權（也有人翻譯為執行權）的範圍與性質，最後特別強調三種權力——即父權、政治權力與專制權力——性質之不同。

整體而言，若要掌握《政府論》的核心關懷，可以說洛克主旨在於對任意權力的批判，任意權力可能以不同形式與面貌出現，有時甚至會以法律偽裝起來使人無法辨認。洛克提出的對不同權力的剖析便是要警示人民任意權力之存在，例如任意權力可以以父親權力的形態出現，甚至以聖經論述為依據——「根據父親的自然權利，亞當擁有絕對、無限的權力來支配所有後裔〔…〕他所有後裔就絕對都是他的臣民〔…〕都是他的奴隸」（《政府論上篇》六十九節）——有時也會以行政權力的面貌出現——「同樣的，當行政機構或立法機構掌握權力之後，要是他們企圖開始奴役人民或摧殘人民，人民和立法機構之間〔…〕因為統治者在這類的嘗試中所行使的，其實是人民從未交到他們手上的權力」（《政府論下篇》一六八節）。如果這些看似太抽象與遙遠，那麼借用當代政治理論家佩蒂特（Philip Petit）的描述，洛克所描述的任意權力之後果便是使人民「受他人支配之苦」，這種被支配的不幸就是「妻子發

4 本書譯者翻成「父威」，也有其他譯本翻為「父親身分」，但無論如何此處指的就是亞當作為第一個父親的「身分」證成了亞當後續的統治權。

現丈夫可以隨心所欲地虐待自己，卻沒有辦法擺脫他；雇員受到程度不一的不公平待遇，卻不敢向雇主提出任何抗議；債務人不得不委曲求全地博得債權人或銀行要員的歡心，以免陷入絕對的貧困和破產狀態；領取福利救濟的人不得不忍受辦事人員的百般刁難，畢竟這些人掌握著決定是否為他們的孩子發放食品優惠券的權力」。在任意權力的支配下，人們只有屈從與受奴役的可能，洛克藉由《政府論》中各種權力的剖析，不僅要警示人民任意權力之危害，更呼籲人們起身捍衛自己「自由人」的身分！

三、洛克論財產權

《政府論》的當代重要性還不僅如此，書中對於財產權利的論證以及對於當時美洲殖民地的許多描述，都成了後續批判資本主義與殖民主義的重要資源。洛克在書中提出的關於財產權利的論述在一九七〇年代成為馬克思主義學者們的關注焦點。洛克對於人們如何藉助自身能力進行勞動，開發與利用外在自然界並將之歸為己用的過程做了詳細的描述，洛克的論述解決了長期以來許多他同時代之人思考的問題：倘若聖經上告訴我們，「上帝把土地賜給世人，由天下所有人共用」，那麼如何去解釋世界上各種由私人獨占且排除他人使用資格的私有財產權利呢？這絕非某種理論上空中樓閣的抽象討論，洛克在《下篇》中提出關於土地佔有、貨幣的出現與財產權的建立等深入分析，實際上反映著洛克對於當時逐漸興起的商業社會的深刻思考，在必須高度依賴海外貿易的英國社會之中，人們如何看待海外貿易帶來的利潤與投機風氣？英國本身自然資源不足以自給自足，要如何倚賴國際貿易維繫經濟成長，同時又能避免奢侈浪費之習氣？洛克在《政府論下篇》中一一剖析人與自然資源的關係，貨幣的出現與人類勞動如何創造價值的過程，可以說先於德國哲學家馬克思一百五十年，洛克便已經提出某種勞動價值論。如果在當代社會中，資本主義自由市場下的貧富差距與社會不平等問題是你／妳關切的政治經濟現實，那麼洛克提出的財產權理論與許多後續的討論與爭議便是很好的理論資源與線索。

最後值得一提的是，洛克的經濟論述與分析也與其個人政治事業的起伏緊密相關，他曾出任貿易與國外墾殖事務委員會，在該委員會中擔任重要職務數年，個人也投資殖民地事業，據說收益相當不錯，換句話說洛克於公於私都直接涉入英國對外殖民事業，也因此對於國際政治、海外貿易與殖民地治理都有第一手的資料與觀察。這並不是要說洛克必然為殖民主義辯護，而是要指出：洛克並不是象牙塔裡的學者，《政府論》也絕非不切實際的理論空談，相反地，可以說《政府論》裡的每字每句都源自洛克所面對的時代困境與政治危機，《政府論》實際上是洛克採取的「政治行動」，藉此洛克積極地介入與掌握當時的政治現實。

四、結語

洛克的《政府論》處理了政治權力的性質、探討何謂正當的政治權威，論證政府的目的在於保障生命、自由與財產權。這些論述在今天可能是讀者耳熟能詳的口號，然而在洛克的同時代人眼中，這些論點則是面對冷酷政治現實與任意權力的危險理論武器。筆者撰寫此文的當下正逢現實政治中憲政體制改革爭議、行政權與立法權形成僵局，朝野爭執不休之際，相信此時閱讀《政府論》必然能為讀者們帶來更豐富的政治思考角度與視野。

序言

致讀者：

你在此看到的是《政府論》開頭及結尾的部分，至於原本中間還有其他一些篇章，篇幅遠勝於此，其下落就毋須在此多談。我希望還留下的部分就足以用來支持我們偉大的復辟者——當今的國王威廉[1]——登上王位；他是在所有合法的政府當中，唯一基於人民同意而領有頭銜的國王，希望他能妥善履行職權；他得到人民更廣泛且更明確的支持，這是任何基督教王國的君王都比不上的；這不就正好向全世界證明了英格蘭人民對正義及自然權利的熱愛？他們的決定捍衛了這些權利，拯救了這個瀕臨奴役及毀滅邊緣的國家。雖然有點自誇之嫌，但如果這些篇章所提供的證據就足以支持上述目標，那麼失去了其他篇章也不算太嚴重，即使讀不到那些部分，讀者也不需要感到遺憾。我想我是無法補足那些缺失的部分了，因為這又得循著羅勃特爵士[2]那同語反覆、模擬兩可的論述，才能仔細一一加以回應，況且這種情況在他那神奇理論體系中都會反覆遇到，我也沒有意願再經歷一次那種痛苦。既

1 編註：即一六八九年登基成為英格蘭國王的威廉三世（Willem III，1650-1702），他與妻子瑪麗二世（Mary II，1662-1694）伉儷共治，這場不流血的革命，史稱「光榮革命」，同年十二月簽署《權利法案》，確立了英國的君主立憲制。

2 編註：羅勃特・菲爾默爵士（Sir Robert Filmer，1588-1653），英國政治理論家，一六八〇年死後才出版的《先祖論》（*Patriarcha*）一書捍衛君權神授理論，成為他最知名的著作，引發包括洛克在內的眾多輝格黨人加以反駁。

然國王和這整個國家的現狀已經徹底駁倒他的假設，我認為，此後不會有人還如此自信滿滿地支持奴隸制度，再度威脅大家共享的安全；也不會有人再被這種用時髦而華麗的辭藻所包裝的矛盾之言所欺騙。如果有人願意體驗一下這種痛苦，可以去處理這篇論著尚未觸及的部分，將羅勃特爵士用論述所包裝的那華麗而可疑的外衣一一剝下，努力把他的文字還原成直截、確實、通俗易懂的句子，然後再和他原來的文章相比較，這個人很快就會恍然大悟——羅勃特爵士竟然可以用動人的文字組織出如此流暢的空話，簡直是前所未有。要是他覺得羅勃特爵士的文章不值得從頭到尾澈底一一審視，那他可以拿羅勃特爵士論篡奪的部分實驗看看；請他使盡渾身解數，試著把羅勃特爵士的文章弄得前後一致、可以理解，甚至要能合乎情理。若非近年來有人在講道壇上公開認同他的學說，甚至還當成當代的神學，我本不該如此露骨地批判一位紳士，畢竟他很久之前就不能答辯了。由於那些好為人師的人誤導大家，情況已經相當危險，因此我有必要公開揭示他們所支持的父權究竟是什麼樣的權威，他們如此盲從的是何等人物，才好讓他們不再盲從，收回他們大力鼓吹的錯誤論點；或者，我得要求他們妥善證成那些他們當成福音來佈道的原則，雖說他們其實根本找不出比本國朝臣更優秀的人才。若非到現在還有人在吹捧羅勃特爵士的著作、擁護他的學說，我本不該著書對他加以批判，明白地指出他的錯誤、矛盾及改編聖經的證據（然而他卻引以為傲，自認為整個學說建立在聖經之上），那麼我也不用因為著書攻訐去世的對手而飽受批評。由於這些擁護者瘋狂地咬著這點不放，因此要是我的論述真的出錯了，我也不奢望他們會放我一馬。我希望，他們在真理及公眾領域犯了錯誤要能即時糾正，並好好正視與反思以下這段話——散佈政府的謬論是最嚴重的錯誤，會對君王及人民造成最嚴重的損害，因此他們永遠都沒有理由敲著「宗教的大鼓」抗議。如果有任何人是真心在乎真理而反駁我的假設，我保證會基於公平的信念修正自己的錯誤，或是針對他提出的質疑作出答覆，但請各位僅記以下兩點：

一、對我論文中的某些表述或細節吹毛求疵，並不能當作是對我進行辯駁。

二、我不會把謾罵視為論證來處理，也不認為這種批評值得我關注：儘管如此，只要有人認真考究過論證，提出的想法有理有據，我自認一向都會給出令對方滿意的答覆。

此外就沒什麼好說了，我只想提醒一下讀者：有一些縮寫（A.）是用來指涉我們這位《先祖論》（*Patriarcha*）的作者羅勃特爵士，有一些縮寫（O.）是指羅勃特爵士的著作《論亞里斯多德、霍布斯等人》（*Observations on Hobbes, Milton, &c.*）[3]，至於有些引文只標了頁碼，那都是用來標明這位作者的這本《先祖論》（1680）的頁數。

3 編註：這本書是羅勃特・菲爾默爵士多本小冊子的合集，在他死後於一六九六年出版，完整書名是《論各種政體的形式和起源：一、論亞里斯多德《政治學》。二、霍布斯《利維坦》。三、彌爾頓反駁薩爾馬修斯。第四。格勞秀斯《戰爭與和平法》。第五。杭頓《論君主政體》或《有限、混合君主制的性質》（*Observations concerning the original and various forms of government : as described, viz. 1st. Upon Aristotles politiques. 2d. Mr. Hobbs's Laviathan. 3d. Mr. Milton against Salmatius. 4th. Hugo Grotius De jure bello. 5th. Mr. Hunton's Treatise of monarchy, or the nature of a limited or mixed monarchy*）

目次

下篇　探討公民政府真正的起源、權限及目的　167

上篇

辨明羅勃特·菲爾默及其追隨者的錯誤理論，駁倒其論述基礎

第一章　引論

1. 奴隸制這種人類社會階級的存在是如此邪惡而令人悲哀，而且正好和我們民族的寬厚性情及勇氣相抵觸，我很難想像一名英國人——更別說是一位紳士——竟然會為奴隸制辯護。要不是這本羅勃特・菲爾默爵士的《先祖論》有著莊嚴的書名、題辭，和封面那精美的圖片，並挾帶著出版後隨之而來的讚譽之聲，使我不得不相信，該書作者與出版社都認真的把奴隸制當一回事。我本來真心以為，這部著作就跟其他那些試圖說服所有人相信『自己不過是奴隸、應該成為奴隸』[1]的論文一樣，只不過是另一個藉著替暴君尼祿[2]撰寫頌詞來炫耀才智的案例，其實並不是在進行嚴肅的討論，認真地擁護奴隸制。因此，我滿懷期待地取得了《先祖論》，基於它是一部問世之後就聲名大噪的大作，而全神貫注地閱讀，然而，我不得不坦誠，結果令我極為訝異。在這麼一部試圖用鎖鏈銬住全人類的著作之中，我們能發現的論據卻相當軟弱無力；這對於以迷惑人心為能事的人也許有用，他們能夠用來蒙蔽民眾的雙眼，甚至易於誤導大家；但事實上，很多人雙眼是雪亮的，他們非常清楚，就算再怎麼洗滌、打磨

1　編註：這裡的前後雙引號『』是為方便理解譯文所加，原文無。以下用法皆同，不再另加說明。

2　編註：尼祿（Nero Claudius Caesar Augustus Germanicus，37-68），羅馬皇帝。屋大維建立的第一個羅馬帝國王朝——儒略－克勞狄王朝（Julio-Claudian Dynasty）的最後一位皇帝。十七歲登基，成年後不滿母親干政而刺殺，對身邊的親人與臣屬相當殘暴。執政十四年後於兵變中自殺。

鎖鏈，使它閃閃發光，鎖鏈終究是令人不適的累贅之物，根本無法讓他們束手就縛。

2.因為他是絕對權力崇拜者心目中的偶像，同時也是這種思想的權威人物，如果有人認為我對他毫無節制地肆意批評，我懇請大家這次稍微容忍我這種人——我即使讀過了羅勃特的著作之後，依然無法不自認為是律法所承認的自由之人；而且我自認問心無愧，除非有任何人比我更清楚這部著作所帶來的後果，而且能夠展示出：這篇蟄伏已久的論文一旦問世，憑藉著其論證的力量，就能夠奪走世上所有的自由；而我們這位作者淺薄的論述模式就能像登山寶訓那樣，成為未來政治制度的完美典範。其實羅勃特思想體系所依賴的立論範圍並不大，不過就是說：

所有政府都是君主專制。

至於他立論的基礎是：

沒有人是生而自由。

3.在我們最近這個世代出現了一批人，他們諂媚君主，主張君主擁有君權神授的絕對權力，說這就足以構成管理眾人的法律，形成君臨一切的狀態，藉此任意發號施令；他們以為光是藉著莊重的誓約和承諾，君主的所作所為就能得到充分的認可。為了替這樣的學說開路，這些人否定了人類天賦的自由權利，因此，他們不僅藉著謊言使所有人暴露在暴政壓迫的極大苦難之中，同樣也動搖了君主的王座，使君主的頭銜岌岌可危。（因為，按這些人的思想體系來說，除了某一位君主之外，其他人都生而為奴隸，包括大多數的君主也是奴隸；根據君權神授，所有人都得臣服於擁有亞當繼承權的那位君主。）這種思想似乎是要對世上所有的政府宣戰，顛覆人類社會的關鍵基礎，一切完全只是為了迎合他們當下的目的。

4. 然而，當他們告訴我們：『所有人打從一出生就是奴隸，也應該繼續當奴隸。』我們只能相信這種空談，而毫無救贖可言；我們在獲得生命的同時也成為奴隸，除非放棄自己的性命，否則無法擺脫奴隸身份。儘管他們大肆宣揚君權神授，彷彿神聖的權威存在，就是要使我們屈服於他人無限的意志之下，不過我很肯定，《聖經》或理性之中都找不到這種說法。人類的處境實在太妙了，沒想到直到最近，他們的才智才足以將這件事揭露出來！因為，無論羅勃特・菲爾默爵士再怎麼把對手說成標新立異（《先祖論》頁三），我卻相信，除了這個國家之外，他很難再找到任何世代或世界上的任何國家會主張君主制度是由**神聖律法所授予**（*jure divine*）。他自己也坦誠（《先祖論》頁四）：「赫沃德[3]、布萊克伍德[4]、巴克萊[5]和其他在許多場合勇於為君權辯護的人也從未想到這一點，而是異口同聲的承認

---

3 編註：赫沃德（John Heyward，1564-1627）英國歷史學家、律師和政治家。一六〇三年詹姆斯一世（蘇格蘭女王瑪麗一世之子）繼承了伊莉莎白一世的王位時，他支持君權神授的論點。

4 編註：布萊克伍德（Adam Blackwood，1539-1613）蘇格蘭作家、蘇格蘭女王瑪麗一世的辯護者。

5 編註：巴克萊（William Barclay，1546-1608），蘇格蘭法學家。著有《君主與王權》（*De Regno et Regali Potestate*，1600），書中大力捍衛君權。他創造了「Monarchomachs」（反抗君主者）一詞，這是十六世紀末出現的反對絕對君主制運動，此風潮因法國宗教戰爭的刺激，出現了以人民主權論來對抗君主的思潮，甚至為刺殺暴君提供理論支持。

人類天賦的自由和平等。」

5. 至於這種學說一開始是由誰提倡，因而在這個國家盛行，又引發了何種悲慘的結局，這就交給歷史學家去記敘，或是由那些與西爾托普[6]和曼瓦寧[7]同時代的人去回憶吧。我現在的任務，就是好好探討羅勃特．菲爾默爵士的論述，畢竟他受到某些人的認可，成為把這種學說的論證推展到極致，甚至應該算是使之臻致完美地步的人物。據說，任何想要和法國宮廷人士一樣時髦的人，都會從他這邊學到淺薄的政治思想體系，然後去四處招搖賣弄—那就是：「人類並非生而自由，因而永遠都不能自由選擇統治者或是統治的形態。」憑著君權神授，君主擁有絕對的權力，畢竟奴隸從來都沒有立約或同意的權利。亞當是絕對的君主，因此其後所有的君主也毫無例外。

6 編註：指西爾托普（Sibthorp〔Robert Sibthorpe〕，?-1662）英國神職人員，在英王查理一世（Charles I）統治時期因直言不諱地捍衛君權神授而聲名狼藉。

7 編註：曼瓦寧（Manwaring〔Roger Maynwaring〕，1589/1590-1653），英格蘭教會的主教。他與西爾托普皆在一六二七年宣講服從王權的佈道，查理一世並印製了兩人所發表的這些類似佈道內容。

第二章　論父權和君權

6. 羅勃特·菲爾默爵士最關鍵的論點是，**人類並非生而自由**。他所謂的君主專制就建立在這個基礎之上，由此樹立起至高的權威，使君主的權力凌駕於一切權力之上——立乎雲端之際，地位高到人世間的一切都無法想像的地步，就連對無限神權加以約束的承諾和誓約都無法限制。不過一旦這個基礎崩壞了，整個理論結構也會隨之瓦解，那麼政府只好再度回到原先的模樣，由那些能夠發明創造並達成共識的人（Ἀνθρωπίνη χτίσις）運用理性，共同結合成社會。為了證明這個關鍵論點，他說：「人類生來就隸屬於自己的父母」（頁十二），所以沒有自由。而他把這種父母的權威稱為「君王權威」（royal authority）（頁十二、十四）和父親權威（fatherly authority），「身為父親的權利」（頁十二、二十）。我們原本以為，在這麼一本決定君權及臣民服從關係的著作中，作者會開宗明義地給出定義，告訴我們何謂父親權威，畢竟他在其他論文中說過，父親權威是沒有限制且不可限制的[1]；那他起碼得給出一定的說明，好讓我們在他的作品中讀到諸如**父威**（fatherhood）或**父親權威**之類的字眼時能掌握它的

1 「有鑒於父權的起源基於上帝或自然的恩賜或贈予，任何次等的人類權力都無法對其產生限制，也不能制定任何與之相悖的律法。」《論亞里斯多德、霍布斯等人》，頁158。「聖經的教誨說：至高權力起源於父親，而且毫無限制。」《論亞里斯多德、霍布斯等人》，頁245。

概念。我原本預期這應該在《先祖論》的第一章就能讀到定義，然而他的做法卻是：第一步，像**吃過路兵**[2]那樣連消帶打，先是直接向**君主的神秘**表示服從（頁五）；第二步，對他自己正要取消或摧毀的「本國或其他國家所具有的權利與自由」（頁六）恭維了一下；第三步，對其他不如自己有遠見的學者講點客套話，接下來就開始對貝拉明[3]的論點發動攻勢（頁七），然後就憑著這場勝利，擺出毋庸置疑的姿態確立自己對於**父親權威**的觀點（頁八）。既然貝拉明已承認自己潰不成軍（頁十一），可見大局抵定，他也就不用再大動干戈了。在此之後，我沒見過他就這個問題進行陳述，或是收集任何論據來進一步強化自己的見解，完全只是隨心所欲地談論著**父威**的相關故事；**父威**是奇異且蠻橫的幽靈，只要逮住了，就能獲得整個帝國和無限的絕對權力。羅勃特爵士告訴我們，這種**父威**是如何起始於亞當並留傳下來，在洪水來臨前的整個**先祖**時代維持了世界秩序；然後隨著諾亞和他的兒子離開方舟，**父威**也確立了世上的所有君主，支持他們的統治，直到以色列人在埃及遭到奴役為止。接著可憐的**父威**便遭到壓制，等到「上帝為以列色人設立諸王，重建了由父威統治、代代世襲的這種古老而首要的權利。」以上是《先祖論》第十二到十九頁的內容。然後，到了第二十三頁，「為了確立君權（regal power）的自然權利」，他用了一個『只有一半的理由』抹消了反對意見、清除掉一兩個難題，就這樣草草結束第一章。我把那斷章取義的引述稱之為『只有一半的理由』，希望不算是出口傷人，畢竟上帝說的是：「尊敬你的父親和母親。」但是《先祖論》的作者只用上其中一半就滿足了，至於「你的母親」對他來說沒什麼用處，就略過了。不過這點我們往後會再深入談談。

7.我認為羅勃特爵士對於論文寫作的方法並不陌生，也並不是對手上的這個問題粗心大意，出於疏忽才犯上了他自己在《混合君權的無政府狀態》（*anarchy of a mixed monarchy*）第二百三十九頁批評杭頓先生[4]時指出過的錯誤：「我首先要質疑作者的是，他並沒有對所謂的君權給出定義或說明，因為根據方法論的原則，他必須對此先行界定。」那麼根據類似的方法論原則，羅勃特爵士在滔滔不絕地告訴我們誰才擁有父威之前，他應該先說明何謂**父威**或**父親的權威**。然而，也許羅勃特爵士發現，如果把他自己在幻想中描繪的龐大藍圖交到我們手上，所謂的**父親權威**——在他筆下混為一談的父權和君權（頁二十四）——將會露出非常古怪而可怕的模樣，與孩童或臣民眼裡的父母或君王相去甚遠。因此，他就像個小心翼翼的醫生，當他打算讓病人喝下苦澀或**刺激的藥水**時，會先混入大量的其他液體加以稀釋，好讓病人喝起來的異樣感降到最低，也較不致於引起反感。

8. 我們接下來再努力尋找作者還對**父親權威**提出了什麼說明，這類說明散落於他的各篇著作之中。他最初把父親權威賦予給亞當時，他說：「不僅是亞當，連後繼的先祖們都依據父威的權利而對子孫享有君王權威。」（頁十二）「亞當支配世界，以及後繼先祖按照繼承權而享有的這種統治權，其效力比照創世以來的任何君主，他們握有的絕對支配權都同樣廣泛而充分。」（頁十五）「它主宰著生

2 編註：「吃過路兵」（*En passant*）是西洋棋中，士兵的特殊走位方式。當對方的兵從原始位置一次走兩格，若所到位置並排的相鄰格有己方的兵，則可以將對方的兵吃掉。但不是佔據對方兵所在位置，而是落在它的前一格，也就是己方兵斜前方的位置。不過吃過路兵必須在對方路過時馬上吃掉，否則就喪失機會。

3 編註：貝拉明（Bellarmine〔Roberto Bellarmino〕，1542-1621），義大利耶穌會士和天主教會紅衣主教，曾參與天主教會對伽利略的審判。他認為世俗權力在羅馬教皇之下。

4 編註：杭頓（Philip Hunton，約 1600-1682），英國牧師和政治作家，以一六四三年的反專制主義著作《論君主政體》（*A Treatise of Monarchie*）而聞名。

殺予奪、宣戰媾和。」（頁十三）「亞當和先祖們擁有絕對的生殺大權。」（頁三十五）「君王是繼承父母的權力來行使至高管轄權。」（頁十九）「既然王權是依據上帝的律法而來，那就不會受到任何次等律法的限制；亞當是眾民之主。」（頁四十）「一個家族的父親憑著自己的意志進行管理，無須憑藉任何法律。」（頁七十八）「君主的地位在法律之上。」（頁七十九）「《撒母耳記》[5]已經充分表明了君王的無限管轄權。」（頁八十）「君王高於法律。」（頁九十三）基於同樣的目的，我們可以見到我們的作者還有許多想法是藉布丹[6]的話語來表達：「毫無疑問的，一切君主的法律、特權、賞賜如果沒有得到繼任君主明確的批准或默許，那就只在該任君主在位期間生效，特權尤為如此。」（《論亞里斯多德、霍布斯等人》，頁二七九）「由君王制定法律的理由是：當君王忙於戰爭，或為公務所羈時，並非人人都能晉見君王本人，無從得知君王的意志或願望，那就需要制定法律，好讓臣民都能藉著法律展示的解釋得知君王的意願。」（頁九十二）「在君主制度當中，君主必然位於法律之上。」（頁一〇〇）「所謂完善的王國就是君王憑著自己的意志管理一切事務。」（頁一〇〇）「無論是習慣法或成文法，都不會、也不可能縮減君王基於父威的權利來統治其子民的正常權力。」（頁一一五）「亞當是家族的父親、君王、統治者，在最早的時候，身為兒子、臣民、僕從、奴隸都是同一回事。父親擁有處置或賣掉子女或僕從的權力；我們可以從《聖經》中得知，男女僕從最早的時候就跟其他貨物一樣，被當成主人擁有的財物和資產來計算。」（《論亞里斯多德、霍布斯等人》，序）「上帝也給予了父親一項權力或自由，能夠把支配子女的權力轉交給外人；由此我們可以發現在人類歷史初期，販賣或贈送子女的情況相當盛行，人們會把僕從視為和其他貨物一樣的財物或遺產，在此之上，我們可以發現古時候也常常使用閹割或使人成為閹人的權力。」（《論亞里斯多德、霍布斯等人》，頁一一五）「法律不過是擁有至高父權的人所展現的意志。」（《論亞里斯多德、霍布斯等人》，頁二二三）「上帝規定亞當所具有的至高權力應該毫無限制，跟祂意願的一切行動一樣無所不包；不僅亞當是如此，其他擁有至高權力的人也是如此。」（《論亞里斯多德、霍布斯等人》，頁二四五）

9. 我不得不引述了一大堆這位作者的原話來困擾讀者，這是因為，我們可以從這些分散於各篇著作的引文看出他對**父親權威**的描述：他認為父親權威打從一開始就交給了亞當，而在此之後的君主全都承襲了這項權力。根據作者的觀點，**父親權威**或**父威的權利**是一種神聖不可動搖的主權（sovereignty），是一個父親或君主對其子女、臣民的生命、自由、資產擁有絕對、專斷、無限制且不可限制的權力；因而，父親或君主可以任意處置、轉讓他們的資產，出售、閹割、利用他們的人身，因為他們全都是他的奴隸；他主宰一切、擁有一切，他那不受拘束的意志就是他們的法律。

10. 我們的作者替亞當設定了這麼強大的權力，並把君主的所有統治及所有權力都奠基在這個設想之上，那麼我們可以合理地預期，既然這個起源至關重要，他應該提出相匹配的清楚論點及證據來證實他的設想。既然人們已經被剝奪了一切，好歹該有個無可否認的證據，證明大家所處的奴隸狀態確實有其必要，如此一來才能讓他們心誠悅服，安份地服從統治者基於支配人民的權利所施加的絕對宰

5 編註：《撒母耳記》（*Samuel*）是希伯來聖經中的一篇。撒母耳是以色列人最早的先知之一，他領導以色列人脫離士師時代的危難絕望，進入君王政體的平安興盛。

6 編註：布丹（Jean Bodin，1530-1596），法國政治思想家。為對抗歐洲教會及封建領主的勢力，提出「主權」的概念，這是國家一種最高、絕對而不可分割的權力，而君主是國家主權的代表。因此成為近代擁護絕對君主制的理論代表。

制。若非如此，我們的作者就這樣（或者只是他自許）樹立了這毫無限制的權力，除了迎合人類天性的虛榮和野心之外，到底有什麼好處？況且這種虛榮和野心還會隨著權力的掌握而不斷膨脹。其實有一些人是基於族人的同意才得到了更大的權力，但他們的權力還相當受限，若用上述設想來說服這種人，讓他們以為得到了部分權力就能得到一切的權力（雖然實際情況並非如此），那麼他們就會憑著權威高過於他人而為所欲為，還會導致他們做出害人（人民）又害己的行為，而結果必定是為禍人間。

11. 既然亞當的主權是我們的作者替強大而絕對的君主制度所奠定的穩固基礎，那麼我原本預期，他會在《先祖論》當中提出這種基本原則所需的一切論據，來證明、確立他的主要設想；我也以為，既然這個構想事關重大，他又對其所依賴的假設深具信心，那就會提出更充分的理由予以證成。然而我在他這整本論著當中找不到這樣的理由；他不加以證明，就把該設想視為理所當然，以致於當我讀完整本論著，發現如此龐大的架構竟然建立在空洞的設想之上，我簡直感到不可置信。這真的毫無說服力，因為在這麼一篇自許駁斥人類**生而自由**為**錯誤原則**的論文中，他只是提出了**亞當的權威**這個空洞的設想，並沒有為這種權威提出任何證明。他的確自信滿滿地說：「亞當擁有君王權威」（頁十二、十三），「絕對的統治主宰著生殺大權」（頁十三），「一個普世的君權。」（頁三十三），「掌控生殺的絕對權力」（頁三十五），他時常如此論斷；然而，奇怪的是，我在整本《先祖論》當中看不到任何一個可以當成說辭的理由，能用來確立他這種統治的主要基礎；我沒見到任何像是論證的文字，反而全是以下這類說法：「為了肯認君權的自然權利，我們從《十誡》中發現那些教人臣服君主的律法是用『尊重你的父親』這樣的文字來表達，正如一切的權力原來都屬於父親。」那我何不照樣補充一下：『《十誡》中那些教人臣服女王的律法是用**尊重你的母親**這樣的文字來表達，正如一切的權力原來都屬於母親』？其實羅勃特爵士使用的論證既適用於父親也適用於母親；不過這點等到適當的時機再深入討論。

12. 我在此注意到的是：我們的作者在第一章以及接下來的任何章節，能用來證明**亞當的絕對權力**這個主要原則的一切論述，其實僅止於此，然而他卻彷彿已經給出確然的證明、處理好一切，在第二章的一開頭就這麼說：「根據從《聖經》中得出的證明及理由。」坦白說，除了以上所述的**尊重你的父親**之外，亞當的主權到底哪來的證明與理由啊！我可找不著；除非他指的是：「在這些話語當中，有一個供認的證據（也就是貝拉明的供認），他說上帝創造人類，並使他成為後代的君主。」除非這句話就能當成是《聖經》中所得出的證明及理由，又或者說，這就足以當成某種證明；儘管後來他緊接著又用了一種嶄新的推論方式，然後歸結說：**亞當的君王權威**已經充分地體現在他身上。

13. 要是我們的作者在本章或整本論著的任何地方，確實有證明過**亞當的君王權威**，而非只是一再複誦同樣的觀點（某些人就把這種作法當成論證），我期待有人能替他把論證的出處和頁數指明給我，好讓我確知自己的錯誤，承認自己的疏忽。要是他們根本就找不到像樣的論證，我懇求那些大肆吹捧這本書的人好好想想，繼續下去是否會招致世人懷疑——懷疑他們並非基於論證和理由而擁護君主專制，而是出於利益或其他原因，才會決意讚揚任何支持這種理論的作者，而不管該作者的支持是否真有理由。不過我也希望，他們可別指望其他理性、無私的人只憑著這位大學者的論文，就會轉而贊同他們的意見，畢竟這本論文正是刻意樹立**亞當的絕對君權**來和人類**天賦的自由**作對，他根本就沒給出什麼證明；據此，我們反而可以很自然地歸結說：支持君主專制根本沒有什麼證據可言。

14. 不過，為了澈底掌握這位作者的全盤思想，我還是拜讀了他的《論亞里斯多德、霍布斯等人》，看看他在和他人的論辯中是否替自己珍愛的原則——**亞當的主權**用上任何論證，畢竟他在《論君主的自然權力》這篇論文當中惜字如金。我認為他在〈論霍布斯的《利維坦》〉當中就扼要地匯集了他的所有論證，全都是我在他的各篇著作中見他使用過的，他的說法如下：「如果上帝創造了亞當，然後取了他一片骨肉創造了女人；如果世世代代的人類都是屬於這兩個人，由他們所繁衍；如果上帝賜予亞當的不僅是支配這個女人和他們所生的任何子女，還讓他治理這個大地、統治所有生物的話，那麼我想，只要亞當在世，未經他的贈與、分配、允許，任何人都不得享有任何財物。」（《論亞里斯多德、霍布斯等人》，頁一六五）我們可以看到他支持**亞當的主權**及反對**天賦自由**的所有論證，全是我四處從他的其他論文中找出來的，先列舉如下：『**上帝創造亞當**、上帝給予亞當**支配夏娃的權力**、亞當身為**父親支配子女的權力**』；接下來我將會具體考察他的所有論證。

第三章　論亞當的主權來自上帝創造

15.羅勃特爵士在〈論亞里斯多德《政治學》〉序文的部分告訴我們：「我們無法在承認人類天賦自由的同時，又不否定上帝創造了亞當。」可是亞當被創造出來的過程，不過就是直接從全能之主、上帝之手接受生命，我可看不出上帝是怎麼交給他凌駕一切的主權；因而我也不明白，**承認天賦自由又怎麼會否定上帝創造亞當**；我是非常樂意見到任何人能替他好好說明這點（畢竟我們的作者並沒有賜予我們這個恩惠）。因為，我可是一向都相信**上帝創造亞當**，同時也認定**人類擁有自由**，這可沒什麼大礙。若說亞當之所以受造、存在於世，是直接得自於上帝的權能，其間沒有雙親或先於他存在的同類物種把他生出來，一切只是如天主所願，那麼，其實萬獸之王的獅子也是一樣由上帝的權能所造：若亞當只是基於這種權能而存在，之後就能不費吹灰之力地獲得了宰制一切的權利，那我們的作者也得基於同樣的論證，給予萬獸之王等同於亞當的資格，而且獅子的資格肯定比亞當還要老。不是的！因為我們的作者在別的地方說，亞當的資格是**得到上帝的任命**。那麼，既然亞當的君位是基於上帝的**任命**，單單憑著受上帝**創造**並不會擁有主宰的權利，那麼任何人都可以**認同人類的自由**，而不需要**否定上帝創造亞當**。

16.但是讓我們看看，作者是如何把上帝對亞當的**創造**與**任命**聯繫在一起。羅勃特爵士說：「亞當被上帝創造時就得到任命，成為世界的君主，即便當時他還沒有臣民；因為即便在沒有臣民之前不可能會有實質統治，亞當還是根據自然權利成為其後裔的統治者。儘管並不是基於實際情況，至少就形式上，亞當自受造的那一刻就成了君主。」我很希望作者能在此告訴我們**得到上帝的任命**是什麼意思。因為凡是天命所趨、自然法的指導、真實啟示的揭示，全都可以說成**上帝的任命**。然而在我的設想下，這不可能是第一種意思，也就是天命所趨，因為這什麼也沒說，不過只是在說亞當**在受造的同時就實際上**成為君主，因為亞當**根據自然權利成為其後裔的統治者**。但亞當不可能在其實還沒有統治權、還沒有臣民可以統治的時候就奉天承命，**實際上**成為世界的統治者，這還是我們的作者在此承認的。而且作者對**世界的君主**的用法也並不一致，因為他有時候是指排除了其他人類而擁有全世界的擁有者，因此他在前面的引文同一頁的序文中說：「亞當奉命生兒育女，治理這片大地，得到支配所有生物的權利，因此成為世界的君主；他的後裔除非得到他的賞賜、允許，或是繼承他的權利，否則都無權享有任何事物。」其次，接下來讓我們把**君主**理解成擁有**世界**的人，把上帝的**任命**理解成：上帝經過確實且眾所皆知的恩賜過程，實際將君位授予給亞當（《創世紀》第一章二十八節）（這是基於羅勃特爵士相同篇章的論述），那麼他的立論就會是：「根據上帝確實的恩賜，亞當自受造的那一刻，就基於他統治其後裔的自然權利而成為世界的君主。」但是其實這樣的論述有兩個明顯的謬誤。**其一**是出處有誤：就文本來說，儘管上帝對亞當恩賜的敘述是緊接在亞當受造之後，然而，顯然上帝在創造夏娃並將她交給亞當之前不可能會這麼說，那麼亞當憑什麼**在受造的當下就得到任命成為君主**？尤其是作者把上帝對夏娃說的話（《創世紀》第三章十六節）當成是**原初統治權的授予**，如果我沒弄錯的話，這件事在人類犯下原罪之前並不會發生，況且亞當到了犯下原罪的時候，至少就時間上和條件上，都已經和他**受造之時**相去甚遠了。那麼，我就看不出羅伯特爵士怎麼可以在這種意義上說「亞當自受造的那一刻就得到上帝任命，成為世界的君主。」**其次**，就算上帝實際的授予為真，「在創造亞當的那一刻就任命他成為世界的君主」，這裡給出的理由也不足以證明這點。要說上帝經過確實的授予，「基於亞當統治其後裔的自然權利使他成為世界的君主」，這一向都是錯誤的推論，因為如果上帝本來就已經給了亞當進行統治的權利，那就不需要確實的授予，至少這種說法無法當成是這種授予的證據。

17.從另一方面來說，就算我們把**上帝的任命**理解成自然法（僅管用在這裡不甚妥當），而**世界的君主**理解成人類的最高統治者，結果也是於事無補，因為根據這種理解，就得把那句話改寫成：「根據自然法，亞當在受造的那一刻就基於他統治其後裔的自然權利，成為人類的統治者。」這相當於在說：他基於自然權利而成為統治者，因為他是基於自然權利而成為統治者。但就算我們同意有人**本來**就是其子女的**統治者**，亞當也不可能在**受造的那一刻就成為君主**，因為這種自然權利是奠基於統治者身為其子女的父親，既然只有父親才擁有這種**權利**，那亞當如何能在他成為父親之前就擁有這種自然權利？在我看來實在難以理解，除非作者要讓亞當在成為父親之前就成為父親，在沒有這種資格之前就取得這種資格。

18.看來羅伯特爵士已經預料到會有這個反駁，他對此給出了很有邏輯的答覆：「亞當是形式上的統治者，而非基於實際情況成為統治者。」所以亞當成為沒有統治權的統治者、沒有子女的父親、沒有臣民的君王——這真是相當巧妙的手段啊。那麼，其實羅勃特爵士在寫這本書以前就先成了作家——並非基於**實際情況**，而是**形式上**如此——因為只要他出書了，**根據自然權利**，他就理應是一位作家，這就跟亞當只要生兒育女，就**理應成為子女的統治者**一樣。如果說成為**有名無實的世界君王**和絕對君主能有什麼好處，那羅勃特爵士大可慷慨地把這個頭銜送給他的好友，我一點都不會羨慕；就算所謂的

實際情況和**形式**讓這位作者表現了一下他的區別技巧，這對於他論述的目的也毫無幫助。因為問題不在於亞當是否實際行使統治，而在於他是否實際擁有統治者的資格。我們的作者說統治權是「基於自然權利而應屬於亞當」，那何謂自然權利？作者引用格勞秀斯[1]的話說：「雙親生養子女而獲得權利」（《論亞里斯多德、霍布斯等人》頁二二三）[2]，即一個父親生養子女而擁有統治他們的權利。但這種權利是出現在雙親生養子女之後，那麼根據我們的作者對亞當的推論或區分方式，亞當在受造的那一刻**只是形式上**擁有君主的資格，而非基於**實際情況**，說穿了，其實亞當根本就沒有這個資格。

19.用不那麼學術、比較淺顯易懂的話來說：既然亞當有可能生養子女，那他就有可能成為**統治者**，他將取得自然權利（無論這個權利內容為何）來管理自己由此而生的後裔。不過這和上帝**創造亞當**有什麼關係？作者憑什麼說「亞當受造的那一刻就成為世界的君主」？因為這同樣可以拿來主張諾亞生來就是世界的君主，畢竟除了他自己的後裔之外，他有可能活得比全世界的人類還長[3]。（根據這位作者的觀點，這就足以使人成為君主——**形式上的君主**。）**上帝創造亞當**和**亞當的統治權**，兩者之間究竟有什麼必然關聯，以致於作者會說：「我們無法在承認人類天賦自由的同時，又不否定上帝創造了亞當。」？我得承認我根本看不出任何道理，也看不出**基於上帝的任命**（《論亞里斯多德、霍布斯等人》頁二五四）該如何解釋，才能拼湊出勉強說得過去的論述，最起碼要能用來支持他的結論，也就是：「亞當自受造時就成為君王。」所以我們這位作者所說的君王其實**有名無實**，換句話說，根本就不是什麼君王。

20.我很怕自己已經耗盡了讀者的耐性，因為花了這麼冗長的篇幅所做的論證，份量似乎很多，卻是虛有其表。然而我不得不鑽研這位作者的寫作方法——他把好幾個假設混在一起，用可疑而籠統的詞語把論述說得含混不明，如果不考察他的用詞所具有的幾種意思，如果不看看這些概念是如何在各式各樣的意義下拼湊成形，我們根本無法指出他的錯誤。畢竟，就前一段中的「亞當自受造時就成為君王」而論，任何人都很難反對他的立場，除非有人好好考察他所謂的「自受造」是什麼意思：這有可能是指亞當開始統治的時間，因為之前引入的文字說「（亞當）在受造的那一刻就成為君王」；又或者他是在談亞當成為君王的原因，正如他說「（上帝的）創造使人成為其後裔的君主？」（頁十一）再者，**君王**這個詞，在一開始的論述中談論的是關於作者對**私有支配權**的設想，也就是經過上帝的確實授予，「基於上帝的任命而成為世界的君主」，又或者，他談的是另一個設想：**父親**本來就能支配其子女的**權力**是**基於自然權利**；我認為，無論君王談的意義是兩者兼具，或僅有其中一種，又或是兩者皆非，都只是在說，上帝創造亞當就使他成為君主。如果沒有人考察他所謂的君王該作何理解，如果不這樣考察它們的區別，我們憑什麼判斷『亞當身為父親而成為君王』的真實性？雖然「亞當自受造時就成為君王」這個聲稱毫無真實性，然而它是作為先前論述的明確結論而被放在這裡——僅管說，那些論述也只不過是作者自信滿滿地用意義模糊、值得懷疑的文字把同樣空洞的宣稱放在一起。就算這些句子看起來像是在做論證，但其實論述之間既沒有推論關係，也稱不上是證據。以上就是我們的作者

1 編註：格勞秀斯（Hugo Grotius，1583-1645），荷蘭人文主義學者、神學家、法學家，也是國際法及海洋法的鼻祖，著有《戰爭與和平法》、《海洋自由論》等。

2 譯註：這句話出自於格勞秀斯《戰爭與和平法》（*De jure belli ac pacis*）Book II，Chapter 5，S. 1。

3 編註：依據《聖經》記載，諾亞活了九百五十歲，在五百歲時生了三個兒子：閃、含以及雅弗，上方舟時則是六百歲。諾亞的後代也都非常長壽。

慣用的手法，既然在此已經讓讀者見識過了，往後論證上許可的話，我就會避免類似的寫法。他用的一堆與主要論點並不融貫的論述，連同一堆毫無證據的假設，都只是用上華麗的辭藻，以貌似可信的方式精心湊在一起，在受到仔細的審閱之前，非常容易被當成是很好的理由、很優秀的觀點——要不是為了讓世人見識一下他這種把戲，我根本就不該為此大費周章。

第四章　論亞當的主權來自上帝授予（《創世記》第一章二十八節）

21. 我們耗費了不少筆墨，終於把該作者之前的篇章處理完畢，然而這並不是由於在論證和反駁上有這個需要，而是因為其文字難以理解、意義含混不明；那麼我們接著就繼續探討他聲稱亞當擁有主權的下一個論證。我們的作者引述塞爾登先生[1]的話告訴我們：「亞當因上帝授予而成為萬物的主人（《創世記》第一章二十八節），亞當自己本來沒有這種私有的支配權，正如亞當的子女若無他的賜予，也就沒有這種權利。」我們的作者聲稱「塞爾登先生的論斷與聖經記載的歷史及自然理性一致。」（《論亞里斯多德、霍布斯等人》頁二一〇）而他也在〈論亞里斯多德〉的序言中說：「世上最初的統治權就是作為一切人類之父的君權，由亞當受命繁衍後代、治理大地，得到支配一切生物的權利，因而成為世界的君主。亞當的後裔若非得到他賞賜、允許或繼承他的權利，否則都無權享有任何事物。《詩篇》說『祂把世界交給人類的子女』，這就顯示了君主的資格來自於父威。」

22. 在審視這個論證以及它所憑藉的文本之前，我必須提醒讀者注意：我們的作者又故技重施了。

---

1 編註：塞爾登（John Selden，1584-1654），英國法學家，被譽為博學者。約翰．彌爾頓（John Milton）稱他為「英國學者中最負盛名之人」。他主張自然法在歷史上是透過《聖經》所揭示的，民法源自於契約。

他一開始談論的是某一種意義，而結論時談的卻又是另一種；他這裡談的本來是亞當因上帝**授予**的財產權或**私有支配權**，而結論卻說：「這顯示了君主的資格來自於父威。」

23.不過我們還是看看這個論證吧。文本的敘述如下：「神就賜福給他們，又對他們說：要生養眾多，遍滿大地，治理這地，也要支配海裡的魚、空中的鳥，和地上各樣走動的活物。」（《創世記》第一章二十八節）然後我們的作者就由此歸結說：「亞當藉此獲得了支配一切生物的權利，從而成為世界的君主。」但這個結論的意思或許是：上帝把財產權賜給亞當；或是照這位作者的說法：那是對大地以及所有低等、無理性生物的**私有支配權**，結果就是亞當從而成為世界的**君主**；再不然就是第二種意思：上帝給予亞當統治、支配大地所有生命的權利，從而包括他的子女，所以亞當就成了**君主**。因為塞爾登先生已經用適切的用語說過「亞當因上帝授予而成為萬物的領主」，我們可以很清楚理解這句話，亞當在此受賜的不過只是財產權，因此他從來都沒說過什麼亞當的**君權**。但我們的作者卻說「亞當從而成為世界的君主。」用適切的文字來說，他指的是統治世上所有人的主權；然後他就說亞當基於上帝的恩賜必然足以成為世界的統治者。如果這位作者的意思並不是這樣，他就該清楚地說：「亞當由此成為整個世界的所有者。」但關於這點有請讀者見諒，清晰而明確的說法完全不符合這位作者的意圖，讀者就別指望他會像塞爾登先生或其他作者一樣寫得清晰明確。

24.因此，為了反駁我們的作者基於這個論點主張**亞當是世界的君主**，我想指出：

一、根據這個賜予（《創世記》第一章二十八節），上帝並沒有給予亞當統治人類、子女、同族的直接權力，因此亞當並未憑著這種特權而被立為統治者或是**君主**。

二、上帝的這份賜予也並不是把次等生物的**私有支配權**交給亞當，這種支配權是屬於全人類，因此亞當在此也並未基於這份賜予就成為**君主**。

25.首先，如果我們好好檢視《創世記》第一章二十八節，顯然這個授予並沒有給予亞當統治人類的權力：既然任何實際賜予的權利在讓渡的時候都不能超出白紙黑字的記錄，那就讓我們看看原文有哪些敘述可以囊括人類或亞當的後裔；如果真的有的話，我想就是「所有走動的活物」（every living thing that moveth）吧，也就是希伯來文的「חיה הרמשת」，也就是拉丁文的 *bestiam reptantem*，而《聖經》本身就對這句話提供了最好的詮釋：上帝在第五天創造了游魚和飛鳥，第六天一開始創造了地上的無理性生物，《創世記》二十四節是這麼寫的：「地要生出活物來，各從其類；牲畜、昆蟲、野獸，各從其類。」二十五節[2]又說：「於是神造出野獸，各從其類；牲畜，各從其類；地上一切昆蟲，各從其類。」在此，聖經提及地上獸類的創造時，它先是用共通的名稱「活物」（living creatures）來指涉所有獸類，之後才分成三類，其一是牲畜（Cattle），或是那些有可能加以馴養，因此可以成為某些人私有財產的生物。其二是「חיה」，就是《聖經》二十四、二十五節所翻譯的「野獸」（beasts），《舊約七十士譯本》（Septuagint）的「θηρία」，野生的獸類（wild beasts），而同樣的這個字在二十八節亞當得到賜予特權的原文中就是被譯成活物，至於在《創世記》第九章第二節，上帝再度賜予給諾亞時也是相同的用法，同樣也是譯為野獸。第三類的爬行動物（creeping animals），在二十四、二十五節是以「הרמשת」為代表，它在二十八節也是一樣的用法，譯為「走動」（moving），但在之前的章節中是譯為爬行（creeping），而《舊約七十士譯本》的用字都是「ἑρπετά」或爬行類生物（reptiles）。我們可以由

2 譯註：原文寫第二節有誤，查證內容應為第二十五節。

此得知，在二十八節翻譯上帝授予時的用字「走動的活物」，它在二十四、二十五節創世的歷史中指的是兩種陸上生物，也就是野生的獸類和爬行類生物，而且《舊約七十士譯本》的譯法也是這樣。

26.上帝創造世上的無理性動物時就根據牠們的棲息地分成了三類，也就是**海中的游魚**、**天上的飛鳥**和地上走動的活物，而地上走動的活物又被分成**牲畜**、**野生的獸類**、**爬行類生物**。之後上帝才考慮創造人類、讓人類支配大地，祂在《創世記》第二十六節的敘述中把以上三類的動物算了進來，唯獨漏掉陸上生物的第二類「חיה」——野生的獸類；不過在第二十八節，上帝要實際執行他的計畫、給予人類支配權時，原文是提到「海中的游魚、天上的飛鳥和陸上的生物」，雖然陸上的生物是譯為「走動的活物」，最後指的是「野生的獸類」和「爬行類生物」，而漏掉了牲畜。儘管上述兩處的原文用語其中一段漏掉了「野生的獸類」，而另一段漏掉了「牲畜」，不過，既然上帝肯定是在同一個地方執行祂在另一段所宣告的計畫，我們也就只能把這兩段都理解成同一種意思，而且這兩段都只限於說明陸上的無理性動物，也就是已經被創造出來、之前就算進來而非常明確的那三類：**牲畜**、**野生的獸類**、**爬行類生物**。上帝在《創世記》二十六節設計好，然後在二十八節讓人類實際支配的其實就是這三類動物，從這兩節原文都看不出任何蛛絲馬跡，足以讓作者扭曲成『上帝讓一個人支配其他人，給予了亞當支配其後裔的權力』。

27.同樣的敘述又出現在《創世記》第九章第二節，上帝再度把這個特權交給諾亞和他的兒子，上帝讓他們支配「天上的飛鳥、海中的游魚、地上的生物」，在這裡是用「חיה」和「רמש」代表野生的獸類和爬行類生物，用字和之前《創世記》第一章二十八節的原文一樣，被翻譯成「所有在地上走動的活物」，其意義並沒有包含人類，因為上帝的賜予是交給諾亞和他的兒子，也就是當時活著的所有人類，並不是讓一小部分的人去支配其他人；只要再往下看第九章第三節的文字就有更多證據：上帝把所有的「רמש（所有走動的活物）」賜給他們作食物，而這個字在《創世記》第一章二十八節就曾經用過。由上述的原文用字來看，顯然上帝在《創世記》第一章二十八節的授予和二十六節的設計，也就是祂交給亞當、以及再度賜給諾亞及其兒子支配的生物，牠們所指涉、包含的範圍就是上帝在創世第五天和第六天一開始所創造的那些動物，正如《創世記》第一章第二十至第二十六節敘述過的內容，不多也不少，因此牠們應該包括「世界海陸」當中的所有無理性動物。雖然用來表達這些動物的用字有出現在創世歷史和接下來提及上帝賜予的章節當中，不過也有些用字在某些章節並未出現，我認為上帝所賜予的支配範圍並不包含人類，這點毫無疑問，祂也完全沒有給予亞當支配人類的支配權。所有陸上的無理性生物已經在《創世記》二十五節全列舉了出來，牠們的名稱是「地上的野獸、牲畜、昆蟲」；至於人類此時還沒被創造出來，並不算在以上任何一種動物之內。因此，無論我們對希伯來文的理解正確與否，這些字眼在創世的歷史以及接下來的章節中都不能被當成包含人類；特別是因為希伯來文的「רמש」這個字，要是它在上帝對亞當的授予中（《創世記》第一章二十八節）硬是要包含人類的話，那就會和《創世記》第六章二十節、第七章十四節、二十一節、二十三節、第八章十七節、十九節等篇章的用法產生明顯的衝突。再說，要是上帝真的讓亞當「支配所有在地上走動的活物」等同於我們的作者對《創世記》第一章二十八節的詮釋，那麼在我看來，羅勃特爵士大可把亞當的君權再提高一步：既然上帝賜予諾亞和他的後裔有充份的權力吃掉「所有走動的活物」（第九章第二節），根據羅伯特爵士對亞當支配「所有走動的活物」的看法，他應該讓世人相信君主也能吃掉自己的臣民，畢竟這兩個原文出處的希伯來文，它們原來所使用的字完全一樣。

28.就大衛的相關言論來看，也許有人會認為他把這段文本的上帝授予及君權理解得跟《先祖論》的作者一樣，不過正如博學而明智的安沃斯[3]宣稱，在《詩篇》第八篇根本找不到這種君權的根據。大衛的詩文是：「你叫他（人、人之子）比天使微小一點；你派他管理你手所造的，使萬物，就是一切的牛羊、田野的獸、空中的鳥、海裡的魚，凡經行海道的，都服在他的腳下。」從這段文字中，如果除了『所有的人類能支配次等的生物』之外，有誰還能看出『某人凌駕於眾人之上的君權』的意思，在我看來，這個人憑著這麼稀有的發現，就足以成為羅勃特爵士筆下那**有名無實的君主**。話說到這邊，我希望已經足以顯示：上帝讓亞當「支配所有在地上匆忙走動的生物」，這並沒有給亞當統治人類的君權，等到我證明了下一個論點後就會更清楚。

29.其次，無論上帝在《創世記》第一章二十八節的敘述中所給的權利是什麼，那都不是排除了其他人類，單單賜給亞當而已：無論亞當自此獲得的**支配權**為何物，它都不是屬於某個人的**私有支配權**，而是整個人類共享的支配權。從原文的用字就能明顯看出，上帝的授予並非讓亞當獨有，而是要交給多數人，因為這個授予是用複數來表達：上帝祝福**他們**，告訴**他們**擁有支配權。上帝是對亞當和夏娃說他們擁有支配權，雖然我們的作者**憑著這點**說「亞當是世界的君主」，不過上帝的賜予是給他們，換言之，這句話也是對夏娃說的。許多詮釋者完全有理由認為，這句話是亞當擁有了妻子之後才說的，難道夏娃就不能跟亞當成為世界的君王一樣成為世界的女王嗎？就算有人說夏娃服從於亞當，她對亞當的從屬關係就其**支配**、**享有**萬物而言也不會造成任何妨礙，難不成我們要說上帝給了兩人共享的恩賜，結果卻只有其中一個人能夠獨享？

30.也許還有人會說夏娃是亞當之後才創造的，就算是這樣，那會對我們這位作者的學說有什麼幫助嗎？文本的證據只會更直接地反駁他的論點，顯示出上帝在這次的授予中是把世界的支配交給全人類共有，並非只讓亞當獨有。原文中的**他們**指的當然是人類整個種族，畢竟**他們**絕不會只用來指涉亞當一個人。在《創世記》二十六節，上帝顯示出祂有意要給出支配權時，祂的意思顯然是要讓一整個種族的生物支配世界上其他的陸上生物。原文的用語是：「神說：我們要照著我們的形像、按著我們的樣式造人，使他們管理海裡的魚……」等等，然後**他們**就擁有了支配權。他們是誰？正是那些**形像**如同上帝、祂正要創造的**人類**種族中的每一個個體。要是把**他們**所應包含的世上所有人單獨用來指涉亞當，那就有違《聖經》和一切道理：如果前幾節中**人**的指涉對象和後面的**他們**不同，我們根本就不可能理解原文；我們只能把**人**就一般的情況理解成人類，而**他們**要理解成人類中的所有個體，我們要這樣理解這裡的原文才有道理。上帝是「照著自己的形像、按著祂的樣式創造『他』」，使『他』成為智性的生物，擁有行使**支配權**的能力。無論上帝的形像體現在什麼地方，智性的天性當然是上帝形像的一部分，並歸屬於全人類，讓他們能夠支配次等的生物。因此看看之前引用的《詩篇》第八篇，大衛說：「你叫他比天使微小一點；你派他管理……」大衛王在此說的話肯定不是指亞當，他在該篇第四節就明白提到**人**、**人之子**、整個人類。

31. 我們的作者自己從《詩篇》中得到的證據非常清楚：上帝對亞當說的賜予是賜給亞當以及全人類。「《詩篇》說上帝把大地交給人之子，這顯示了君主的資格來自父威。」這段話是羅勃特爵士在之

3 編註：安沃斯（Henry Ainsworth，1571-1622），不信奉國教的英國神學家、希伯來學者。因受迫害而被驅逐出國，在阿姆斯特丹定居。

前所引用過的序文說過的，也是他所做的神奇推論：「上帝把大地交給人之子，因此君主的資格來自父威。」很遺憾的是，希伯來文在表達人類時的妥當說法並不是說**人之父**，而是**人之子**；我們這位作者也許的確對這個字的讀法得到了某種支持，才會把君主的**資格**歸諸給**父威**。不過，只是基於上帝把大地賜給**人之子**，就得出結論說**父親的身份**造就了支配大地的權利，這是這位作者特有的論證模式——我們必須擁有無以名狀的智慧，把眼前這些字的讀法和意義作相反的理解，才能明白他的推論。然而這只是把這些字的意義變得更為深奧，而且和這位作者立論的目的相去甚遠，畢竟他把這段話寫在序言中，只是為了要證明亞當成為君主，他的推論如下：「上帝把世界的一部分交給人之子，因此亞當是世界的君主。」除非有人能夠證明**人之子**唯一指涉的就是沒有父親的亞當，不然我敢說沒有人能得出更好笑的結論，這實在是荒謬絕倫。不過無論我們的作者如何曲解，《聖經》可沒有胡言亂語。

32.為了維護亞當的**私有支配權**及**財產權**，我們的作者在下一頁中努力推翻上帝在類似的篇章（《創世紀》第九章第一、二、三節）所交給諾亞及其子嗣的共同賜予，他力圖用兩種方式來達到這個目標。

第一，在直接違背《聖經》明文敘述的情況下，羅勃特爵士要說服我們這裡的賜予是交給諾亞，而不是交由諾亞和他的子嗣共享。他的說法是：「至於塞爾登先生歸諸給諾亞和他的兒子共同享有的賜予，這點在《創世紀》第九章第二節的文本中得不到保證。」既然連《聖經》清楚明瞭、不作二想的文字都無法讓這位自稱完全基於《聖經》立論的作者滿意，那我們也難以想像他所謂的**保證**到底是什麼意思。原文寫著：「上帝賜福給諾亞和他的兒子，對他們說……」換言之，按照這位作者的想法要理解成**對他說**，因為這位作者說：「雖然諾亞的兒子和諾亞一起出現在上帝的賜福，然而經文沒提到這可以做最好的理解，諾亞的兒子在此其實是從屬身份，或是在繼承中得到祝福。」（《論亞里斯多德、霍布斯等人》頁二一一）對我們的作者而言，這樣的理解最符合其立論目的，的確是**最好**的理解；不過在其他人眼裡，其實最能符合文句的清晰結構、最能闡發文本明白無疑的意義，才是**最好的理解**，那麼既然作者把上帝本身在賜予中沒有說出或提及的**從屬**和**繼承**的限制加了進去，至少這種作法就稱不上是**最好的理解**。不過為何這樣算是**最好的理解**，我們的作者後來還是有給出他的理由，他接下來說：「這裡的賜福是指：就算諾亞的兒子從屬於父親，或受父親支配，他的權利終究還是可以實現，從而讓他獨自享有支配權。」（《論亞里斯多德、霍布斯等人》頁二一一）這就是在說：《聖經》明白地寫著現在讓他們共享的權利（畢竟文本上就寫著：都交付你們的手），其**最好的理解卻要變成從屬**或**繼承**，而且還只是因為他們在**從屬**或**繼承**的情況下有可能享有這種權利。這完全就是在說，一切當下持有事物的賜予都**最好理解**成繼承權，因為受贈者活著就有可能繼承得到。如果這份賜予的確是交給父親，並讓他之後的兒子繼承，而這位父親又相當慷慨，當下就讓兒子和他一起共享，在這種情況下的確可以說兩者並沒有什麼分別；但既然《聖經》明文寫著上帝的賜予已經交給諾亞和他的兒子所有、共享，結果所謂**最好的理解**卻要把它變成繼承權，這絕對是錯的。總括來說，這位作者的推論就是：上帝並沒有把世界交給諾亞的兒子讓他們和父親共享，因為他們有可能還在諾亞支配之下、或者之後才享有這個權利。好一個違背《聖經》明文表述的精妙論證！僅管上帝自己說過了某些話，然而只要祂所說的內容與羅勃特爵士的假說並不一致，那麼不足為信的那方肯定還是上帝。

33. 很顯然，無論我們的作者再怎麼努力地想把諾亞的兒子排除掉，上帝在**祝福**中說成是**繼承**的那段話肯定還是對諾亞之子說的，甚至可能與諾亞無關，因為上帝在祝福中說：「你們要生養眾多，遍滿了地。」把《創世紀》往下讀，這份祝福語看起來與諾亞本人無關，畢竟我們讀到的是，諾亞在大洪水之後並沒有再生任何孩子；我們在接下來這章細數諾亞的兒子們，內容也完全沒說到諾亞又生了任何子女。要是照作者的說法，被他說成是繼承的這份祝福就非得等到三百五十年後才會實現——為了挽救這位作者想像中的**君權**，人類在世上的繁衍就得推遲個三百五十年之久，因為這份祝福無法理解成**從屬**於父親，除非我們的作者認為，諾亞的兒子們還得到父親的許可才能和妻子同房。然而這位作者在他的整本論文中始終沒考慮過這回事，他關心的只是世界上要有位君主，而不大關心世上要有人民；照他這種統治方法的確也不會有什麼人民——全能的上帝降下了這重大且首要的賜福：「你們要生養眾多，遍滿了地。」其中也包含了藝術、科學、生活設施的改進，君主專制到底能起到多大的作用，我們可以從那些有幸受制於土耳其統治的巨大富裕之國看出來。如果有人把那些地方目前的人口記載和古代歷史作比較，它們現在的人口不到過去的三分之一，甚至在許多地方（就算並非絕大多數地方）人口也只有過去的三十分之一，也許我敢說，有的地方甚至不到百分之一。不過這點以後再談。

34.這份**祝福**或**賜福**的其他段落本身講的非常明白，它不僅沒有從屬或需要繼承的意思，還應該理解成由全人類平等地享有，無論對諾亞還是諾亞的兒子都一視同仁。上帝說：「凡地上的走獸……等等都必驚恐，懼怕你們。」除了我們的作者，難道還有人會說這些生物只害怕敬畏諾亞一個人，若是走獸得不到諾亞同意、或是在諾亞去世之前，牠們就不得害怕諾亞的兒子？上帝接著又說：「把……都交付你們的手。」難道這也要像這位作者一樣，理解成如果你的父親高興，之後才會交到你的手上？要是這樣就算是根據《聖經》立論的話，我看沒有什麼證明是辦不到的；我幾乎看不出這種論證和**虛構**、**幻想**有什麼差別，就算把這位作者的論證和他自己在序言中大力指責的那些**哲學家和詩人**的見解放在一起比較，我也很難看出他的立論基礎有多可靠。

35.不過我們的作者仍繼續他的證明，「這最好理解成從屬或是透過繼承獲得的賜福，」他說：「因為上帝交給亞當，且由亞當授予、分配、轉讓的私有支配權不可能被取消，也不可能把一切設置成由諾亞和他的兒子共有——諾亞是這個世界唯一剩下的繼承人，上帝怎麼會剝奪他與生俱來的權利，把這唯一管理世人的資格變成和兒子一起共有？」（《論亞里斯多德、霍布斯等人》頁二一一）

36.人類自己的見解缺乏根據就成了偏見，無論再怎麼主張偏見是**可行的**，都不能要人違背直接而清楚的文句意義去曲解《聖經》。我承認上述亞當的**私有支配權**不可能被**剝奪**，畢竟亞當完全就不可能擁有這種**私有支配權**（這點也從未得到證明），因為《聖經》中就有相關的篇章能讓我們去做**最好的理解**，只要把上帝在大洪水之後對諾亞及其兒子的祝福詞和《創世記》第一章二十八節上帝創世後對亞當的賜福拿來比較，任何人都能確信上帝並沒有把任何**私有支配權**交給亞當。我承認諾亞在大洪水之後擁有的資格、財產權、支配權是可能和在此之前的亞當一樣，不過既然**私有支配權**的說法和上帝賜給他和兒子共有的祝福並不一致，那我們就有充分的理由歸結說，亞當也沒有什麼私有支配權，尤其是因為上帝在對亞當的授予中從來沒提及私有支配權，或是對此表示任何支持。既然《聖經》連提都沒提過私有支配權，更別說以上的論述已經證明了《聖經》原文證據顯示的正好相反，另一個篇章的文句敘述和意義也都與這種說法相違，就請讀者好好判斷這到底算不算是**最好的理解**。

37.不過我們的作者說：「諾亞是這個世界唯一剩下的繼承人，上帝怎麼會剝奪他與生俱來的權利？」在英格蘭，繼承人的確是指根據英格蘭法律而享有父親所有土地的長子，然而，上帝何曾任命過**世界的繼承人**？而且就算上帝把使用部分大地的權利交給諾亞的兒子們去維持生計、供養家庭，但這整個世界不僅足以供諾亞使用，就算讓他和子嗣們一起使用也用之不盡，任何人持有這種權利都不會造成任何侵害，也不會對他人的使用造成任何限制，那麼上帝又怎麼算是**剝奪了諾亞與生俱來的權利**、對他造成了什麼損害？看來這位作者就該好好說明這一切有什麼問題。

38. 我們的作者也許預料到他無法成功地說服人們放棄理智，無論他怎麼狡辯，大家還是傾向於相信《聖經》明白的文句，會根據這些敘述的說法，認定上帝的賜福是對著諾亞和他的兒子一起給的。於是這位作者努力地暗示諾亞得到的賜福沒有財產權，也沒有支配權，因為「那裡省略了管理大地和所有生物的支配權，連一次大地都沒提到。」因此，他說：「這兩段文本之間有不小的差別，第一次賜福給亞當去支配大地及所有生物，後面的祝福是允許諾亞自由地把生物當成食物，諾亞支配萬物的頭銜並沒有遭到改變或減損，只是擴大了他的取食範圍。」（《論亞里斯多德、霍布斯等人》頁二一一）所以，照這位作者的說法，上帝在此對諾亞和他兒子所給的一切並沒有支配權，也沒有財產權，只不過是**擴大了他的取食範圍**。我得說，這裡應該是**他們的取食範圍**，畢竟上帝說的是：**把一切交給你們**，然而作者還是說成**他的**。根據羅勃特爵士的安排，看來諾亞的兒子們在父親在世的期間只能過著禁食的日子。

39. 除了作者以外，如果有人從上帝對諾亞及其兒子的祝福中**只能**看出取食範圍擴大，而看不出別的涵義，那他極有可能是被偏見蒙蔽了雙眼。我們的作者認為諾亞的兒子被略過了**支配權**，就此而論，我認為「凡地上的走獸……等等都必驚恐，懼怕你們。」就相當充分地表達了支配權，或是規定人類具有高於其他活物的優越地位。因為這種驚恐、懼怕似乎主要就存在於上帝讓亞當支配次等動物的優越性之中，無論亞當是怎麼樣的絕對君主，他都不能貿然地硬要抓雲雀或野兔充饑，而是跟其他走獸一樣食用菜蔬，這在《創世紀》第一章的二十九[4]、三十節寫得非常清楚。接下來，在這次諾亞和他的兒子得到的祝福中，顯然上帝不僅明文表示把財產權交給了他們，而且其權限比祂交給亞當的還要更廣泛。上帝對諾亞及其兒子說：「都交付你們的手」，這種說法給的如果不是財產權、甚至是財產的擁有，那我們也很難找到什麼適切的用語了吧；畢竟除了「把東西交到他的手上」之外，我們沒有別的辦法能夠更自然、更肯定地表達一個人是擁有某件東西。至於在《創世紀》第九章第三節，顯示了諾亞和他的兒子獲得了人類最大限度能得到的財產權，也就是通過使用而毀壞事物的權利。上帝說：「凡活著的動物都可以作你們的食物。」至於亞當的特權並沒有得到這種允許。而我們的作者對此的解釋是：「允許（諾亞）自由地把生物當成食物，只是擴大了（他的）取食範圍，對（他的）財產權沒有改變。」（《論亞里斯多德、霍布斯等人》頁二二一）但是除了**使用牠們的自由**之外，人類對於生物還能有什麼別的財產權？實在是不知所謂。那麼按照這位作者的說法，如果上帝第一次賜福給亞當**支配所有生物**，而給予諾亞及其兒子**使用生物的自由**是亞當所沒有的，那麼他們得到的必須是亞當及其一切主權所缺少的某種權利，是某種人們傾向於將其視為比財產權更大更好的事物；因為亞當並沒有絕對的支配權，甚至無法支配生物中的野獸，他所擁有的生物範圍相當狹小而有限，不能像上帝所說的那樣使用一切。如果一個國家的絕對領主命令這位作者去**管理大地**，給他支配大地之上的生物，卻不允許他從羊群中取走一頭小山羊或綿羊來充饑，我猜他也很難會認為自己稱得上是領主、土地所有者或牲畜的主人；他會明白，牧羊人的**支配權**和擁有者所具有的完全財產權之間有何差別。因此，我相

4 譯註：原文是《創世紀》第一章的二、九、三十節，但有誤。應為第一章的二十九、三十節。

信羅勃特爵士在自己的案例中就會認為這裡有個**變動**，甚至要擴大**財產權**，他也會認為諾亞及兒子在祝福中得到的不僅是財產權，甚至是亞當所沒有取得的生物財產權：因為再怎麼說，就兩者間的關係而論，人類是被允許獲得特定不同部分生物的財產權，然而就創造天地的上帝而論，祂才是唯一的領主和全世界的所有者，人類對生物的財產權不過就是上帝允許他們**使用生物的自由**。因此，正如我們在此所見到的，人類的財產權可以變動或擴大，在大洪水之後，以前不允許的變成可以使用了。從上述的一切論述來看，我認為結論相當清楚，無論亞當還是諾亞都不具有任何**私有支配權**，也不能排除後裔、進而獨佔任何生物的財產權，因為他們會相繼成長而需要這些生物，並開始利用這些生物。

40.就這樣，我們已經審視過這位作者基於上帝的賜福（《創世紀》第一章二十八節）替亞當的**君權**所做的論證。我想任何清醒的讀者從中只能看出，上帝在這適合居住的大地中把人類置於其他生物之上，除此之外就沒別的意思了。這不過就是使形象和造物主相同的人——整個人類——成為地上的主要居民，從而支配其他生物。這件事用明明白白的文字寫得這麼清楚，除了作者以外的任何人都會認為，意思看起來完全相反的這些文字，怎麼可能推論出亞當統治其他人的**絕對君權**，或是亞當**獨自擁有**一切生物。在我看來，這就是關鍵之處，我們的作者在此及在此之後的所有立論，除了單單引用這些顯然與其論點相違的文字之外，還需要給出更多論述；因為，坦白說，我從這些引文中根本看不出它們傾向於支持**亞當的君主地位**或**私有支配權**，我看到的完全相反。我也不會對自己的駑鈍感到悲哀，因為我發現耶穌的使徒看來跟我一樣，對所謂**亞當的私有支配權**沒什麼概念，他說：「上帝厚賜百物給我們享受。」要是世上的一切全都已經交給君主亞當，給了君主及其繼承人及後繼者，使徒就不能說這句話了。總而言之，這段文本不僅很難證明亞當是唯一的所有者，同時還正好相反，它確證了萬物一開始就是由人類之子所共享，這從上帝的授予和《聖經》的其他部分都能看出來；只要亞當的主權是奠基於作者所謂的**私有支配權**之上，他不再提供其他論據支持這個觀點的話，就必然站不住腳。

41.然而，要是終究還是有人一定要堅持這種觀點，認為上帝對亞當的授予使他成為全世界的唯一所有者，這又和他的主權有什麼關係？土地的**財產權**又是如何變出使人支配其他人生命的權力？即使那是擁有整個世界的財產權，又是如何給予某人凌駕於眾人之上的絕對權威？最為荒謬的說法是：如果其他人類不承認世界所有者的主權、不聽從他的意志，他可以拒絕給其他所有人食物，可以任意把人餓死。如果真要這麼說，將會有個很好的論證證明世上根本就不存在這種**財產權**，即上帝從未授予過任何**私有支配權**；既然上帝命令人類生養眾多，那反而要這樣想才合理：上帝自己就應該給予人類使用食物、衣物和生活用品的所有權利，而祂已經替他們提供了極為豐富的相關原料。上帝並不會要人類為了活命而去仰賴某個人的意志，去讓這個人有權力可以任何摧毀任何人，同時卻又讓他過得並不比別人好，繼而使他很可能只能仰賴微薄的財產，然後強迫其他人服苦役，而不是使他慷慨地提供大家生活用品，藉以促成上帝的偉大計畫——**生養眾多**。如果有人質疑這點，那就讓他看看世界上君主專制的國家，看看那裡的生活用品和人民群眾究竟成了什麼樣子。

42.不過我們知道上帝從不會讓人任由他人擺佈，致使某個人可以任意餓死別人：眾人之父、眾人之主的上帝並沒有給予任何一個子民特定的財產權，讓人獨占這世界的某個部分，祂給的是讓某人的貧困兄弟可以享受他多餘財物的權利，那麼當他有迫切需要時，別人拒絕救濟他就是不正當的；所以沒有人能憑著土地或所有物的財產權而得到支配他人生命的正當權力，因為只要任何擁有資產的人不肯拿出豐富的財物去救濟貧困兄弟，而任其自生自滅，永遠都是罪惡。正如所謂的**正義**，是使人人都有權享有自己認真工作的成果，有權得到傳自於祖先的正當遺產，那所謂的**仁慈**，就是使人人有權在毫無辦法生存的時刻去分享他人豐富的財物，免於極端的困境；一個人在兄弟有需要時，絕不能扣住上帝要他用來救濟他人的財物，甚至趁人之危、強迫他人成為自己的下屬，這相當於以強欺弱，扣住別人的死穴，威脅對方當他的奴隸。

43. 就算有人濫用上帝以慷慨之手為他降下的祝福，就算有人冷血殘酷的無以復加，即使有這種情況也證明不了什麼，從任何土地的財產權都得不出凌駕、支配眾人的權威，因為那只是顯示，是契約讓富裕的所有者得到權威，並不是領主所具有的財產本身使貧困的窮人屈從，而是因為窮人同意屈從，因為他們寧可屈服也不願餓死。若窮人屈服於某個人，則這個人對窮人所能施加的權力並不能超出對方契約所同意的範圍。那麼基於同樣的情況，在欠收時期倉廩豐足的人、口袋裝滿錢的人、在海上擁有船隻的人、會游泳的人……種種條件都可以和全世界土地的所有者沒兩樣，也可能是統治和支配的基礎，因為這些條件都足以讓人去拯救別人的生命，要是他拒絕救人的話，對方就只能自生自滅。要是根據同樣的規則，只要是能在某些情境下成為交換他人生命或是珍愛之物的必需品，能讓對方願意以自由為代價交換，那任何條件就跟財產權一樣，都能當成主權成立的基礎。根據以上論述就非常清楚：就算上帝給了亞當**私有支配權**，**私有支配權**還是不會為他帶來**主權**，何況我們已經充分證明過，上帝根本就沒有給亞當**私有支配權**。

第五章　論亞當的主權來自夏娃的服從

44. 接下來，這位作者引用《聖經》的另一個篇章去立論亞當的君權，那就是《創世紀》第三章十六節[1]，「『你必戀慕你丈夫；你丈夫必管轄你。』然後我們（他說成亞當）就受賜原初統治權。」於是作者在下一頁（《論亞里斯多德、霍布斯等人》頁二四四）就此歸結說：「最高權力就奠基於父威，並規定出一種統治形態，那就是——君主制度。」不管是拿到什麼前提，他總是得出這個結論；只要任何文本一旦提到**管理**，他就立刻憑著神權去建立**君主專制**。只要任何人細心讀過我們的作者由這類詞語展開的推論（《論亞里斯多德、霍布斯等人》頁二四四），接著再考慮一下他擅自添加的概念，如**亞當的家系和後裔**，我們就會發現很難理解這位作者到底在說什麼；不過我們現在姑且放過他那獨特的寫作方式，先好好考慮手邊的文本說了什麼吧。這些敘述其實是上帝對女人的詛咒，因為女人第一次放肆地違背祂的旨意；如果我們考慮到上帝在此對人類最早的始祖說這些話的起因，祂其實是在對兩人違背旨意的行為進行譴責、降下天罰，那我們就不會認為，上帝會在這個時機賜予亞當特權、特許，賦予他尊嚴和權威，頒給他支配和君主的地位。儘管夏娃在這次誘惑中成了從犯，受到更嚴厲的懲罰而位居於亞當之下，亞當的地位意外地高過夏娃，然而他也一同墮落，同樣背負了原罪，我們在後續

1 譯註：原文寫第二十六節，但《創世紀》第三章只到二十四節，查證內容應為十六節。

的章節中就能看到他的地位也被貶低了。那就很難想像上帝同時還會讓亞當成為統治全人類的**君主**，卻又要他終身勞動；我們很難想像上帝「打發他出伊甸園去，耕種他所自出之土。」（二十三節）同時又把他送上王位，授予他一切特權和絕對權力。

45.在這個時候，亞當不可能指望他所冒犯的造物主會給他任何恩惠，賜給他任何特權。如果這真如我們的作者所說，是「受賜原初統治權」、亞當被立為君主，不管羅勃特爵士口中的亞當到底成了什麼模樣，很清楚的是，上帝也只是讓亞當成了可憐的君主，就連這位作者自己也不認為這樣的君主有著什麼偉大的特權。上帝要亞當自食其力，似乎僅僅交給他一把鋤頭就要他開墾大地，而不是給他一尊權杖去統治大地上的居民。上帝說：「你必汗流滿面才得糊口。」（十九節）也許有人會回應說，這無可避免，畢竟當時亞當還沒有子民，沒有人替他工作；但是後來，亞當活到九百多歲，他應該就有足夠的人民可以命令他們替他工作；然而上帝說，不行，除了你的妻子之外沒有人能幫你，而且只要你活在世上就該自食其力：「你必汗流滿面才得糊口，直到你歸了土，因為你是從土而出的。你本是塵土，仍要歸於塵土。」（十九節）當然也許有人還會替我們的作者辯稱：上帝這些話並不只是對著亞當說的，而是以他為全人類的代表，這是因人類的墮落而降下的詛咒。

46.我相信，上帝的講話不同於人類，因為祂說的話更真實、更篤定，但是當祂紓尊降貴對人類說話時，我並不認為祂會跳脫人類說話的規則、用不同的方式來說，祂這麼做並不是屈就自己的能力，而是因為若不配合一下，人們就無法理解，因而無法達成祂的計畫。如果我們非得維護這位作者的學說，非得用他的觀點詮釋聖經，我們就只能認定上帝會用這種方式說話；因為根據一般的語言規則，要是上帝在此對亞當說話時明明是用單數用語，卻一定得理解成祂是對全人類說話，而祂在《創世紀》

第一章二十六節和二十八節的複數用語卻得排除了其他所有人，只能當成是只對亞當說，至於祂在《創世紀》第九章同時對著諾亞及他的兒子說的話，卻又只能視為單獨說給諾亞聽，若真如此，那上帝的話語實在很難理解。

47.此外還得注意，我們的作者所宣稱的，《創世紀》第三章十六節「受賜原初統治權」的那段話，並不是對亞當說的，其實上帝也沒有用這段話賜給亞當任何恩典，而是在對夏娃降下懲罰；就算我們把這段話當成是針對夏娃來說的，或是對著以她為代表的所有女人而說，這段話頂多也只涉及女性，其意思也不過是說：女性通常應該服從丈夫。但是如果女人所處的情境無論在條件或契約上能免於這種服從，那也沒有什麼法律能迫使女人屈從，好比說，如果有辦法能夠免除女性懷胎生子的苦楚，法律也不會迫使她承受這些苦楚，這種苦楚也是上帝所降下的同一個詛咒。上帝對女人說：「我必多多加增你懷胎的苦楚；你生產兒女必多受苦楚。你必戀慕你丈夫；你丈夫必管轄你。」我想，除了這位作者以外，任何人都難以從這段話找出**授予給亞當的君主統治權**，因為這段話既不是對亞當而說，談論的也不是亞當；我想也沒有人會基於這段話，就認為女人應該像服從法律那樣承受詛咒所包含的苦楚，因為她們的責任就是不得設法免除這種苦楚。難道有人會說，要是夏娃或其他女人在臨盆時沒有感受到上帝在這段威嚇中所增加的苦楚，那她就是有罪的嗎？或者難道有人會認為我們的女王瑪麗[2]或伊莉莎白[3]要是跟她的臣民成親，她們就該根據這段話而在政治上服從於丈夫，或就此認為她

2 編註：瑪麗一世（Mary I，1516-1558），第一位正統的英格蘭女王，因為清洗新教徒有「血腥瑪麗」之稱，在位僅五年。死後由同父異母的妹妹伊莉莎白一世繼位。

們的丈夫因此而享有**君主統治權**？在我看來，上帝在這段文本中並沒有給亞當支配夏娃的權威，也沒有讓男人支配女人，只不過是預示了女人的命運；如何基於上帝的意旨規定女人應該服從她的丈夫，正如我們看到人類的法律和民族的習俗所規定的，我承認這類規定的確是有自然的基礎。

48.因此，當上帝對雅各和以掃說：「大的要服事小的。」（《創世紀》第二十五章二十三節），沒有人會認為上帝在此讓雅各成為以掃的君主，祂只是預示了將來**實際上**會發生的情形。

就算非得把這段話理解成約束夏娃及其他女人服從丈夫的律法，這種服從也不過是要每個妻子從屬於自己的丈夫，要是把這當成**受賜原初統治權**及**君主權力的基礎**，那世上有多少丈夫，就會出現多少君主。要是這段話真能替亞當帶來什麼權力，那也只能是配偶的權力，而非政治權力；那只是每個丈夫在處理家族中的私人要務，好比說身為財物、土地的所有者的丈夫在處置一切共同事務時，他的意願能優先於妻子；但這並不是一種可以處置妻子生死性命的政治權力，更別想去主宰別人。

49.我很肯定的是，如果這位作者要把這段文本當成一種**受賜原初統治權的賜予**，一種政治統治權的賜予，那他就應該給出一些更好的論證，而不能只是說：「你必戀慕你丈夫」就是從夏娃身上導出的律法，並且以為「她所生的所有子嗣」就要根據這個律法去服從亞當及其繼承者，服從君主專制權力。話說「你必戀慕你丈夫」是意義非常含糊的表述，註釋者們對這句話的意見分歧，我們不能輕率地靠著這句話來決定事關如此重大而廣泛的議題。然而我們的作者憑著他的寫作方式，只要一提到聖經文本，就立刻不加思索地斷定它的意思是自己想像的那樣。只要文本或註解中一提到**統治**或**從屬**，它的相當意義馬上會變成服從君主的義務；原本的指涉關係也改變了——僅管上帝說的是**丈夫**，羅勃特爵士就會當成**君王**。儘管聖經原文隻字未提，我們的作者也沒給出什麼證明的論述，亞當就擁有支配夏娃的**君主專制權力**，而且這不僅僅是支配夏娃，還支配到「她所生的所有子嗣」。亞當無論如何都必定是絕對的君主！他整章從頭到尾只會這一套。既然這段文本根本沒有提到**君主**，也沒有提到**人民**；既沒有出現**絕對權力或君權**，就只是寫夏娃服從亞當，妻子服從丈夫，那我就請讀者自己考慮一下，看看這段原文並沒有給予亞當**君主專制的權力**這種沒有闡明任何理由，非常單純的一句話——是否就足以摧毀作者用單純的主張所建立的那種權力。那麼，讀者在通篇讀過這位作者的說法後，就會對作者大部分的論述給出簡短而充分的答辯，光用單純的否定就能對抗作者大量的主張——因為那種沒有證據的主張，光是用沒有理由的否定來答辯就夠了。因此我也沒什麼話好說了，只要單純憑著文本證據否定「最高權力由上帝自己設定、奠基於父威之上，規定出君主制度，把一切全交給亞當和他的繼承人。」（《論亞里斯多德、霍布斯等人》頁二四四）這樣的答辯就夠充分了。我希望任何清醒的讀者只需要讀過這段文本，思考一下這些內容是在什麼情境下、對誰而說，他肯定會訝異不已——這位作者怎麼會從中看出**君主專制的權力**？若非這位作者擁有破天荒的能力，那他才能親自從別人看不出的地方指出這種權力的出處。因此，我們已經考察過《聖經》的兩處原文，也就是《創世紀》第一章二十八節和第三章十六節，我只記得作者是用來證明亞當的**主權**，也就是他說「由上帝規定讓亞當無限行使，大到由他的意志決定一切行動」（《論亞里斯多德、霍布斯等人》頁二五四）的**至高權力**。不過其實其

3 編註：伊莉莎白一世（Elizabeth I，1533-1603），都鐸王朝最後一位君主。終生未婚，有「童貞女王」之稱。在位期間被稱為「黃金時代」，成為歐洲最強大和最富有的國家之一。

中一段只是說次等動物服從於人類，而另一段只是說妻子應服從丈夫，相較於政治社會中臣民對統治者的服從，這兩種服從可謂天差地遠。

第六章　論亞當的主權來自父威

50.我認為還有一個論點需要討論，如此一來就把這位作者為了證明亞當主權的論點全部審視完畢了；他這個論點就是認為：所有父親以父親的身份就擁有支配子女的自然權利。我們的作者非常喜愛**父威**資格，可以看到他幾乎每一頁都會提一下；他特別指出：「不單是亞當，其後繼的先祖也都憑著父威享有君王權威來支配其子女。」（頁十二）在同一頁又說：「這種子女的從屬就是一切王者權威的泉源」等等。由於他太常提及父威，讓人以為這就是他一切理論架構的主要基礎，我們就會預期他該有個清楚明確的理由予以支持，畢竟他的論證目標是：「人人一出生就是臣服於自己的生父之下，生來就沒什麼自由。」（《論亞里斯多德、霍布斯等人》頁一五六）因此亞當是唯一受上帝創造之人，而此後其他人全是被人類生出來的，那就沒有人是生而自由。如果我們問亞當支配子女的權力是怎麼來的，他在此只說：亞當生了他們，接著又說：「亞當的自然支配權可以用格勞秀斯本人的意見來證明，他教導說：『雙親生養子女而獲得權利』。」（《論亞里斯多德、霍布斯等人》頁二二三）生養子女的行為的確可以使人成為父親，畢竟身為父親來支配子女的權利本來就不會從別的地方冒出來。

51.格勞秀斯對此並沒有說這種**自由權**——父母支配其子女的權限到底有多大，不過這位《先祖論》的作者總是慧眼獨具，向我們保證說這是**最高權力**，如同絕對君主支配奴隸及掌控生殺予奪的絕對權力。只要有人問他『父親藉由生養孩子就得到絕對的權力支配子女』理由何在，就會發現他根本什麼都沒回答——與他的許多其他主張一樣，我們在此只能看到他的一己之見，憑著這些話來決定自然的律法或政府的憲章能否成立。要是他真是專制君主，那的確很適合下達聖喻，從他口中說出**意志即理由**就具有足夠的份量；不過把它當成是證明或論證的方式就非常不妥，而且對他打算辯護的君主專制毫無幫助。羅勃特爵士只是為了成立自己信口開河的君主專制，已經把臣民的地位削弱太多了；區區一個奴隸，憑他毫無根據的見解，根本就不足以處置全人類的自由和財富。就算所有人並不如我想像的那樣生而平等，我也肯定所有奴隸生而平等，就容我放肆地用個人的見解反對他，而且我對自己的言論充滿信心：「生養子女並不會使子女成為父親的奴隸」，這句話無疑地是要讓全人類自由，我對此非常篤定，不下於他那種要讓全人類成為奴隸的相反意見。但是他的這個立場是所有君權**神授**學說的基礎，為了公平起見，我們就來聽聽其他支持者給出的理由，畢竟這位作者什麼都沒說。

52. 父親憑著生養子女就得到支配子女的絕對權力，這個觀點我從其他地方聽到的證明是這樣：「父親擁有支配子女生命的權力，因為父親賦予子女生命及存在。」這是他們提出的唯一證明。因為，若某人之物從來不是他自己的，也不是他受贈的，而是出自於別人的慷慨施捨，那他自然沒有理由或藉口可以對他人要求任何權利。我的答覆是，首先，一個人給了別人任何東西，並不因此代表他總是有權利要回來。其次是，那些說父親讓子女擁有生命的人，本來就滿腦子君權思想，就算他們一時不察，但也應該謹記——上帝才是「生命的創造者、授予者，我們唯有靠祂才能生活、行動、生存。」既然人類對於自己的生命如何構成一無所知，到底憑什麼認為自己能把生命賦予他人？畢竟哲學家孜孜不倦地探討生命，至今仍一知半解，而解剖學家畢生研究解剖、努力鑽研人體，最後還是承認他們並不明白人體的結構與許多部位是如何運作，生命又是如何藉由人體各部位的運作所組成。難道粗魯的莊稼漢子或更無知的紈絝子弟真能夠塑造出這精妙的人體，然後還把生命和意識放進去？有誰敢說他製做了自己子女生命的必要成分？或者，有人能認為自己給予了子女生命，然而卻可以不知道受造者適合什麼，也不知道哪些行為或器官是受造者接收及維持生命的必要之物？

53.給予還不存在的東西生命，必需塑造活生生的生物及其各個部位，使它們各盡其用，然後讓所有部位均衡而適切地搭配在一起，然後置入活躍的靈魂；如果真有人辦得到，他的確有資格摧毀自己作品。不過，難道有人大膽到竟敢僭越萬能之主，把祂的不可思議之作納為己有？只有萬能之主最先創造並持續創造活物的靈魂，只有祂能吹入偉大的生命之息。如果有人自認為是精於此道的大師，那就請他細數他所創造的孩子身體有哪些部位，這些部位的用途及運作方式為何，並告訴我生命及理性的靈魂是何時進入這奇特的構造，何時出現意識，以及他所塑造的機器是如何開始思考、推理。要是他真的製造了這個生命，當它故障的時候就請他修好，起碼要能指出哪裡出了毛病。《詩篇》的作者說：「造眼睛的，難道自己不看見嗎？」（《詩篇》九十四章第九節）看看那些人的虛妄之心吧；僅僅一個部位的構造就足以教我們深信上帝是全知的創造者，祂顯然有權說我們人類是祂的作品，所以上帝在《聖經》裡原本的稱號就是：「創造我們的上帝」、「創造我們的主」。因此，僅管我們的作者喜歡誇大**父威**，說：「甚至連上帝本身對人類行使的權力也是基於父威的權利。」（《論亞里斯多德、霍布斯等人》頁一五九）然而這種父威會徹底地把人世所有父母拿來當作資格的理由排除在外，因為上帝之所以是**君王**，在於祂的確是我們所有人類的創造者，然而沒有任何父母能自稱是其子女的創造者。

54.就算真的有人擁有製造子女的技術與能耐，人體也不是如此簡單的作品，所以我們無法想像有人真能不經設計就把孩子製造出來。在生育行為的當下，在成千上萬個父親當中，又有哪一個人除了滿足眼前的欲望之外，還能同時做出長遠的考慮？上帝用無限的智慧，把強烈的交配欲望放入人類的生理機制，藉此延續人類的族類，因此其實人類在交配時通常都沒有繁衍後代的意圖，而且生育行為常常違背生育者的同意及意願。事實上，就算有人願意、計畫生育子女，對子女的存在來說，那也只算是偶然因素；而且這種人在願意、計畫生育子女時所做的準備，程度上不過就像神話中的丟喀里翁[1]和妻子造人那樣，只是朝著身後拋拋小石頭罷了。

55.不過，即使承認是雙親製造了子女，給予孩子生命及存在，由此得出了絕對的權力，那也只能是共享的權力，由**父親**和母親一起支配子女。因為母親花了很長的時間，在體內用自己的血肉孕育孩子，就算女人不能得到更大的權力，她擁有的權力起碼也要同等於父親，這點誰也無法否認。孩子在母體內成型，得到構成人體的質料及原理，我們很難想像是父親在繁衍行為的過程中，就負責把理性靈魂的那部分立刻置入了尚未成型的胚胎；就算去設想子女身上有任何源自於雙親的東西，其中的大部分肯定也要歸功於母親。如上所述，因為不能否認母親在生育孩子時至少和父親有同等的功勞，因此**父親**的絕對權力就不會是源自於生育子女。我們的作者的確有另一種想法，他說：「我們知道上帝創造人類時給男人主權去支配女人，正如男人在繁衍後代時是更高貴的主要參與者。」（《論亞里斯多德、霍布斯等人》頁一七二）但我記得聖經中從來沒這樣寫，要是上帝在**創造**人類時真的給了男人主權去支配女人，而且這麼做的理由是因為「男人在繁衍後代時是更高貴的主要參與者」，那我們確實該好好思考、進行辯駁。可是儘管這位作者說的話和神聖的啟示有著天壤之別，他還是把自己的幻想當成肯定而神聖的真理來宣揚，這種情況實在是屢見不鮮，畢竟上帝在《聖經》中說的是：「生他的父母」。

56.有人聲稱，由於有人**遺棄或販賣**子女，所以可以證明父母有支配子女的權力；他們是和羅勃特爵士一樣有趣的論辯者，單純因為人性有可能採取那些最可恥的行為、最違反天性的謀殺，就把它當成立論基礎，然後直接用來支持這樣的見解。但我看連豺狼虎豹都不會這麼殘忍，這些荒野中的野生動物遵循上帝及本身的天性，照料、關愛自己的後代，牠們會狩獵、看哨、爭鬥，甚至為了保存幼崽而忍受饑餓，在幼子自立之前絕不會離開或遺棄牠們。難道做出比那些最桀驁不馴的野生動物還要更加違背天性的行為，就是所謂人類獨有的特權？難道上帝不是用最嚴厲的懲罰——死刑——來禁止我們在盛怒中奪走他人或陌生人的性命？那麼，上帝交給我們照料的生命，也就是祂基於自然理性的命令，同時還用開顯的啟示要求我們保護的生命——難道上帝會允許我們摧毀嗎？上帝在創造所有生物時，特別注意某些族群的繁衍及存續，以致於某些個體的行動強烈地執著於這個目的，有時候會不顧自己的利害，似乎忘了自然教給萬物的普遍律則，也就是自我保存；牠們把保存幼兒當成是最重要的律則，凌駕於牠們特有天性的機制。因此當幼兒需要保護的時候，我們能看到懦弱者變得勇猛，兇殘野蠻者變得仁慈，貪婪者變得溫柔而慷慨。

1 編註：丟咯里翁（Deucalion），希臘神話中的人物，普羅米修斯之子，皮拉（Pyrrha）的丈夫。他和妻子是宙斯懲罰人類的大洪水下的倖存者。洪水後，他們向正義女神忒彌斯（Themis）祈求恢復種族舊觀。女神諭示「把他們母親的骸骨扔到身後」。二人將諭示理解為：「大地是仁慈的母親，石塊是她的骸骨」。於是他們把石塊扔到身後，石頭就形成了人。丟咯里翁丟的石頭變成了男人，皮拉丟的成了女人。

57.不過，要是曾經發生的事例就能成為理應如此的通則，歷史就能為我們的作者針對**絕對的父權**提供一個絕佳而完美的實例。他也許會向我們展示秘魯人民的故事，他們生養孩子的目的是為了養肥他們以後吃掉。這個例子實在是與眾不同，我不得不引述作者的原文：「**他說**，在某些地區，他們是如此嗜吃人肉，以致於根本沒有耐性等到活人斷氣，就直接去吸屍體的傷口所流出的鮮血；他們有公開的人肉屠宰場，而且他們在那裡瘋狂到就連自己和戰俘的陌生女子所生的孩子也不能倖免：因為他們會以戰俘為妻，精心養育自己和戰俘所生的孩子，到了孩子長到十三歲左右就宰來吃掉。等到這些孩子的母親過了生育年齡，無法再替他們生產肉食後，他們也會用同樣方式對待這些母親。」（加西拉索．德．拉．維加[2]，《秘魯印加族史》）（*Hist. des Yncas de Peru,* 1. i. c. 12.）

58.人類是由於擁有理性而肖似天使，當一個人拋棄了理性，他長期以來的混亂心智就會使他墮落到比野獸還要殘暴。人類的思緒多於細沙，廣於大海，這也是其他生物所沒有的；理性是思想唯一的星辰、指南，如果沒有了理性的引導，幻想與激情就會使人誤入歧途。由於想像力總是生生不息，冒出形形色色的想法，當理性被拋到一旁，意志隨時就會做出無法無天的行徑。在這種情況下，思想越極端的人越容易被當成領導者，肯定也會有最多的追隨者；一旦他們開始讓愚行或詭計形成一股潮流，再經過習俗加以神聖化，反對或質疑這股潮流的人反而會被視為放肆或瘋狂之人。只要有人公正地調查世界上的民族，就會發現那些地區多數的宗教、政府、風俗就是以這種方式建立並延續下來，那麼他就不會崇敬那些群體所盲信與操作的活動；他也有理由認為：如果有人自稱理性開化者，卻把特例當成權威，行事起來無法無天，相較之下，那些順應自然、維持正道的非理性未開化者，即使他們身處山林原野，依然更適合為我們提供行為通則。如果上述事例就足以建立遺棄子女的通則，我們的作者應該能從神聖的文書中找到子女被父母犧牲祭神的記載，從這些人的儀式中找到他們所信的神，看看《詩篇》告訴我們：「流無辜人的血，就是自己兒女的血，把他們祭祀迦南的偶像，那地就被血污穢了。」（《詩篇》一〇六篇三十八節）不過上帝的審判並沒有採取這位作者的通則，也不允許這種現實權威違抗祂正直的律法，相對的，祂認為：「那地被血污穢了，所以，耶和華的怒氣向他的百姓發作，憎惡他的產業。」儘管犧牲子女是一種風俗，上帝還是斥之為**流無辜人的血**，因此，根據上帝的說法，犧牲子女就是謀殺罪，而犧牲人類祭拜神是偶像崇拜之罪。

59.那麼我們姑且認為——如羅勃特爵士所說的——「古時候」的人常常「販賣、閹割子女」（《論亞里斯多德、霍布斯等人》頁一五五），那就由著他說吧，他們的確遺棄了子女；進一步來說，如果你高興的話，還可以為了吃人肉而生育子女，把他們養肥吃掉，因為這可是更大的權力。要是光憑那些事例就能證明這麼做的權利，同樣的論證就能證明通姦、亂倫、雞姦，因為無論古今都能找到相關事例。我認為，所謂的罪惡最嚴重的地方，是在於它們阻礙了自然的根本取向——若要在高度完善的情況下增加子嗣、延續種族，保障優秀的家庭和婚床的潔淨，迄今仍是必要條件。

60.為了肯定父親的自然權威，我們的作者從《聖經》當中上帝的明確訓誡提出一個蹩腳的論證，他的說法是：「為了肯定君王權威的自然權利，我們從《十誡》中發現，那些教人臣服君王的律法是用『尊重你的父親』這樣的文字來表達。」（頁二十三）「有鑑於許多人承認只有抽象意義的統治才是

2 編註：加西拉索．德．拉．維加（Garcilaso de la Vega，1539-1616），歷史學家、作家。他出生於秘魯，父親是西班牙殖民者，母親是印加貴族女子。因研究書寫印加歷史、文化和社會而知名。

上帝的規定，但是他們無法在《聖經》中證明這樣的規定，只能證明父權；因此我們從訓誡中看到要人服從長者的囑咐是這麼寫的：『尊重你的父親』；因此不僅是統治的權力及權利，連統治權的形態與掌權之人全是出於上帝的規定。第一位父親擁有的不僅是普通的權力，而是他身為上帝直接創造的父親而擁有的君權。」（《論亞里斯多德、霍布斯等人》頁二五四）為了同樣的論證目的，我們這位作者在多處引用同一條律則時，都已經用同樣的手法對它加工過，那就是認定父親之後的三個字「和母親」不足為信，總是把這三個字刪除。這就是這位作者精心獨創的偉大論證，至於他一手導致的優良學說，則需要擁護者具有高度的激情，要能夠扭曲上帝的神聖準則，使之配合現在的情勢。這種推論方式對擁護者來說並不罕見，畢竟他們並不是基於理由和啟示擁抱真理，而是為了有別於真理的其他目的去擁護某些教條或黨派，然後就決定無論如何都要把錯誤捍衛到底，於是就配合自己的目的扭曲作者及文字的原意，就像普羅克拉斯塔斯[3]接待賓客是把人拉長或截短，把人當成黏土一樣硬是符合自己的意思。這種證明手法總是跟那些被普羅克拉斯塔斯處理過的賓客一樣——殘廢、蹩腳而無用。

61.要是我們的作者不作節錄，照上帝的原話引述這條訓誡，把「和母親」三個字和父親連起來，那每一位讀者都能看到，原文正好與作者的立場相違，根本就不是用來建立**父親的君權**，而是使**母親**和父親平等；它所命令的只是父親和母親雙方共同承擔的責任——這正是《聖經》一貫的要旨。「當孝敬父母，」（《出埃及記》第二十章）「打父母的，必要把他治死。」（《出埃及記》第二十一章十五節）「咒罵父母的，必要把他治死。」（《出埃及記》第二十一章十七節）——而且《利未記》第二十章第九節和我們的救主（《馬太福音》第十五章第四節）都重述了這句話。還有，「你們各人都當孝敬母親、父親。」（《利未記》第十九章第三節）「人若有頑梗悖逆的兒子，不聽從父母的話，他們雖懲治他，他仍不聽從，父母就要抓住他，將他帶到本地的城門、本城的長老那裡，對長老說：我們這兒子頑梗悖逆，不聽從我們的話。」（《申命記》第二十一章十八、十九、二十、二十一節[4]）「輕慢父母的，必受咒詛！」（《申命記》第二十七章十六節）「我兒，要聽你父親的訓誨，不可離棄你母親的法則。」這是所羅門王說的話，這位國王並不是不知道自己身為父親或君王，然而他在《箴言》中為子女留下的教誨卻始終把**父親**和**母親**相提並論。「禍哉，那對父親說：你生的是什麼呢？或對婦人（母親）說：你產的是什麼呢？」（《以賽亞書》第四十五章第十節）「在你中間有輕慢父母的，」（《以西結書》第二十二章第七節）「若再有人說預言，生他的父母必對他說：你不得存活，因為你託耶和華的名說假預言。生他的父母在他說預言的時候，要將他刺透。」（《撒迦利亞書》第十三章第三節）在本段經文當中，並非只有父親，而是父母親共同擁有定奪生死的權力。《舊約聖經》的律法是如此，《新約聖經》也是由父母來共同規訓他們的子女，該律法是這麼說的：「你們作兒女的，要在主裡聽從父母。」（《以弗所書》第六章第一節）而我也不記得自己曾讀過有哪裡是**要聽從父親**而不提母親，《聖經》裡提到子女的孝敬也都會一起提到**母親**。要是《聖經》文本當中有任何地方提到子女的孝敬或服從是直接只針對**父親**來

3 編註：普羅克拉斯塔斯（Procrustes），希臘神話中海神波塞頓的兒子。他在雅典到埃萊夫西納（Eleusis）的神聖之路上開設了一家黑店，向路過旅客聲稱店內有一張適合所有人的鐵床。旅客投宿時，他將身高者截斷雙足，身矮者強行拉長，使之與床的長短相符。

4 譯註：原文註明十八、十九、二十、二十一節，但是引文只節錄到第二十節的一部分，完全沒有二十一節的內容：「本城的眾人就要用石頭將他打死。這樣，就把那惡從你們中間除掉，以色列眾人都要聽見害怕。」

說，這位自詡一切立論以《聖經》為依歸的作者絕對不會漏掉。不僅如此，《聖經》還讓**父親與母親**對他們所生的子女享有一樣的權威，甚至在某些地方略過了一般認為屬於父親的優先順位，反而先提到**母親**，如《利未記》第十九章第三節[5]。我們幾乎翻遍整本《聖經》的引文，從中可以發現父親和母親通常就是並列，那我們就可以歸結說，父母雙親受到子女尊敬，這個資格就是兩人平等享有的共同權利，沒有誰能宣稱獨占，也沒有誰會被排除。

62.一定會有人會覺得奇怪，我們的作者是如何從《十誡》的第五誡推論出「一切權力一開始就屬於父親」，他是如何發現「君主的統治權力是由『尊重你的父母』這條訓誡所確立並規定下來」？要是十誡中的孝敬（無論其內容為何）真的都只是屬於**父親**的權利，因為這位作者說「（男人）擁有支配女人的主權，正如他在繁衍後代時是更高貴的主要參與者。」那為何上帝後來總是把**母親**和父親相提並論，讓女人共享子女的孝敬？父親能否動用作者口中的那個主權取消子女對**母親的孝敬**？然而《聖經》並沒有允許猶太人這麼做，即便考慮到夫妻之間常常會出現嚴重的隔閡，甚至於會離婚或分居，就算如此，我認為也沒有人會說，子女可以拒絕孝敬母親，甚至是**輕侮她**，儘管他的父親有可能命令他這麼做；同樣的，母親也無法免除子女對父親的**孝敬**。由此可見，上帝的訓誡並沒有賦予父親主權和最高地位。

63.我會同意這位作者的部分是『父母享有受子女**孝敬**的這種權利，這是由自然所賦予的』，那是一種他們生養子女自然形成的權利，上帝在多次明確的宣告中確認這種權利歸之於父母，我也接受這位作者的通則：「父親（我得補上『和母親』，因為上帝是把父母連用，不能把它拆開）的權力是源自於自然或上帝的一種恩賜或賦予，任何較為低等的人類權力都無法對其產生限制，也不能制定任何與之相悖的律法。」（《論亞里斯多德、霍布斯等人》頁一五八）因此，根據上帝的律法，母親受子女孝敬的權利不會屈從於其丈夫的意志，那麼我們就能看出**父親的絕對君權**既無法以這條訓誡為根據，也與訓誡的規定不一致。如果有人是憑著父親權威而對臣民享有同等資格的支配權，這個支配權和我們的作者所聲稱的**君主的**權力和絕對的權力肯定是天差地遠。因此，看來作者自己也不得不這麼說：「我看不出任何子女憑什麼不服從自己的雙親。」（頁十二）我認為，就一般的用法，**雙親**所指涉的對象既有**母親**，也有**父親**，如果這裡的雙親只能指**父親**，那真是前所未聞，令我大開眼界；要是語言能這麼用，那什麼話都能隨便說了。

64. 根據這位作者的學說，父親對子女擁有絕對的管轄權，如果父親真的握有這種權力，同樣的權力也適用於子女的後代，這個推論結果也很妥當。可是讓我請問這位作者，祖父能否憑著他的主權，取消孫子遵循第五誡來孝敬父親的本分？如果祖父擁有**父威的權利**而獨享最高權力，而**尊敬你的父親**這句話是上帝規定人們要服從至高統治者，那祖父肯定能夠免除孫子孝敬父親的本分；不過就常理來說，他辦不到。因此可知，**尊敬你的父母**並不是指對最高權力的絕對服從，而是另有所指。所以這個權利——雙親藉由生養子女而自然形成，並透過第五誡的確認——就落空了，它絕不是作者能夠推導出政治支配權的那種權利；因為在所有公民社會中，政治支配權都處於最高地位，這種權力可以取消任

5 編註：《利未記》第十九章第三節：「你們各人都當孝敬**母親**和**父親**」（Each of you must respect your **mother and father**）。不過最普遍使用的中譯和合本聖經仍譯為「父母」，看不出母親在前。

何臣民對其他同一勢力臣民的政治服從。但是又有哪個統治者的法律能給孩子不去**尊敬你的父母**的自由？那可是永恆的律令，關乎的純粹是雙親和子女的關係，其中並不包含任何統治者的權力，也不會屈從於他的權威。

65.我們的作者說：「上帝給予父親權利或自由，讓他能轉讓支配子女的權力。」（《論亞里斯多德、霍布斯等人》頁一五五）那我就會懷疑：父親能否把他應受子女**尊敬**的權利全部一起**轉讓**；即使如此，我很肯定的是，沒有誰能**轉讓**權力之後又保有同一種權力。因此，如果統治者的主權正如這位作者所說，「不過就是至高之父所掌握的權力」（頁二十三），那麼不可避免的是：如果統治者擁有所有的父系權利（只要**父威**是一切權威的泉源，他理當擁有），那他的臣民儘管身為父親，也不能支配自己的子女、不能享有接受子女孝敬的權利，畢竟所謂的權力不可能集中於統治者一人之手，同時還留了一部分給一般的雙親。於是，根據這位作者自己的學說，**尊敬你的父母**不可能理解成政治上的臣服和服從；因為這條在新、舊約聖經都存在的律法，它給出的規定是子女要**尊敬**、**服從自己的雙親**，而一般的父親也在政治社會中和子女一樣，同樣屬於公民政府所統治的臣民，那麼按照這位作者的意思，要求他們**尊敬**、**服從自己的雙親**，相當於要他們屈從於不具有父親資格的對象，畢竟他們享有臣民服從的權利全都交給別人了。這種學說設立了世界上並不存在的權力，不僅並非教人服從，反而是挑起暴亂。因此，要是**尊敬你的父母**的確涉及政治支配權，它就可以直接用來推翻這位作者的君主政體：既然每個子女都得服從父親的支配，即使處於社會中也是一樣，每個父親就必然擁有政治支配權，那麼，社會中有多少父親就存在多少主權；此外，母親也是擁有相同的資格，結果就是摧毀了唯一至高君主所具有的主權。不過，如果**尊敬你的父母**的意義有別於政治權力——其實也必然如此——那這句話就與這位作者所提倡的君主大業扯不上關係，也無助於他的立論目的。

66.我們的作者說：「規定服從君王的律令是用『尊敬你的父親』來表達，正如一切的權力一開始都屬於父親。」（《論亞里斯多德、霍布斯等人》頁二五四）那我就要說，該律令也表達了**尊敬你的母親**，正如一切的權力一開始都屬於母親。我請各位思考看看這兩種論證是否一樣有道理，畢竟無論在新、舊約聖經中，只要提到子女孝敬或服從的囑咐，**父親和母親**都是相提並論。而這位作者又告訴我們：「上帝的這條訓誡：『尊敬你的父親』賦予了父親統治權利，特地用來成立君主制度這種統治形態。」（《論亞里斯多德、霍布斯等人》頁二五四）我對此的辯駁是，如果**尊敬你的父親**指的是服從統治者的政治權力，那它就不涉及我們對自己的生父（他同樣也是臣民）應盡的本分，因為按照這位作者的說法，父親早已被剝奪的一切權力全都交給了君主，所以父親和子女一樣不過是臣民或奴隸，人民憑著父親的資格，也無權享有政治隸屬意義的**尊敬或服從**。如果按照我們救主的詮釋（《馬太福音》第十五章第四節及前述其他出處），**尊敬你的父母**是指我們對親生父母應盡的本分，那這種理解顯然是對的；它無關乎政治上的服從，只不過是一種對某些人應盡的本分，這些人既無統治頭銜、也不具有像統治者支配臣民的那種權威。因為，個人在身份上身為父親而能享有服從，與身為最高統治者而能享有的服從，是截然不同的兩種情況，因此上帝的訓誡必然是要從個人的生父這個面向來理解，它一定是指我們為人子女對生父應盡的本分，同時有別於我們身為臣民對統治者的服從，即使是最極端惡質的君主也無法解消這種本分。這種本分究竟是什麼，我們等到適當的時機再詳加深究。

67.至此，我們終於把這位作者所有看似論證的論述審視完畢。他在第八章主張亞當擁有**無限而絕對的主權**，因此人類生來就是**奴隸**，無權享有任何自由。但是，如果上帝**創造**亞當只是讓他存在於世，並沒有讓亞當擔任**人類後裔的君主**；如果亞當沒有成為人類的君主，也沒有取得將子女排除在外的**私有支配權**，擁有的卻只是和人之子所共享的權利——人類有權支配大地和次等生物（《創世紀》第一章二十八節）；再者，如果上帝並沒有賦予亞當任何支配妻子、子女的政治權力，而只是作為一種懲罰讓夏娃服從於亞當，或是預示女性在處置家庭的共同事務時會處於從屬地位，並沒有因此使身為丈夫的亞當掌握必然屬於統治者的生殺大權（《創世紀》第三章十六節）；如果父親並沒有透過生養子女就得到支配他們的權力；如果**尊敬你的父母**這條訓誡並沒有賦予那種權力，只不過是囑咐子女，應平等地盡到他們對雙親的本分，對待**母親**和**父親**一樣孝敬；如果上述的一切都所言非虛——我認為一路談下來的結果實在是顯而易見——那麼不管這位作者如何自信滿滿地否定一切，人類就是擁有**天賦自由**。這是因為，所有共享相同天性、能力、力量的人，都是生而平等，應該享有共同的權利和恩典，除非有人能證明**萬物之主**，**永享祝福**的上帝有明顯的任命，要使某個特定的人選成為至高無上的君主，或是能證明：有人同意自己永遠屈居於他人之下。這個道理實在是再明白不過了，就連我們這位作者也承認，即使是約翰．赫沃德爵士、布萊克伍德、巴克雷**這些偉大的王權捍衛者**也不能否認，**而是異口同聲的承認人類天賦的自由和平等**。因為這是無庸置疑的真理。至於這位作者主張**亞當是絕對君主**，因此**人非生而自由**，但是他拿不出任何有助於這個偉大立場的論據，甚至還使自己的證明自相矛盾。因此，用他自己的論證方式來說：「一旦最初的錯誤原則失敗，整個絕對權力及專制的龐大體系所仰賴的結構就從中自行瓦解。」因此誰也不需要再對他這種基於如此荒謬而脆弱的根據所建立的任何學說進行辯駁。

68.不過若是有需要的話，我還是省去別人的困擾吧，畢竟羅勃特爵士一直不吝惜於用自相矛盾來向別人展示其學說的弱點。他把亞當的絕對、私有支配權到處說個不停，一切主張都以此為論調，然而他又告訴我們：「亞當是自己孩子的君主，因此受他支配的孩子也擁有控制、支配自己子女的權力。」（頁十二）照我們這位作者的算法，亞當因**父威**而擁有的無限、不可分割主權維持的時間很短，只存在於第一代，一旦亞當有了孫子，羅勃特爵士就說不過去了。他說：「亞當身為父親，擁有統治其子女的絕對無限君權，憑著這點支配子女所生的後裔及世代子孫。」然而，亞當的**孩子**，即該隱與塞特，他們同時也憑著父權支配各自的孩子，因此該隱和塞特同時既是**絕對的君主**，然而又是**臣屬**和**奴隸**；亞當身為**家族的祖宗**而享有一切權威，而該隱和塞特也同樣身為父親而享有支配其子女的部分權威。亞當因生育該隱、塞特而絕對支配兩個兒子及其後裔，不過兩人也憑著相同的資格絕對支配自己的子女。「不然，」我們的作者卻說：「受亞當支配的孩子有權支配自己的子女，但他們仍附屬於最初的雙親。」好一個乍聽之下還不錯的規劃，可惜的是毫無用處，況且這和他自己先前的說辭並不一致。假設亞當擁有支配其後裔的**絕對權力**，他的任何子女可以理所當然地由他授權得到**附屬權力**，然後去支配一部分人或所有人，但這根本就不是這位作者口中的那種權力；他說的並不是經由賜予或委任而來的權力，而是他設想中父親之所以能支配子女的自然父權。因為，首先，他說：「亞當是其子女的君主，所以附屬於他的子女有權支配自己的孩子。」他的子女憑著和亞當相同的方式、相同的資格去支配自己的孩子，例如繁衍後代的權利、**父威**的權利。其次，這位作者很顯然就是在指涉父親的自然權力，因為他把權力限定在**支配自己的子女**，至於委任而來的權力不會有『只能支配自己子女』的限制，它同樣能支配別人。第三，如果那真的是一種委任權力，《聖經》肯定會有記載，但是《聖經》中沒有任何證據可以主張亞當的兒子除了身為父親的自然權力之外，他還有什麼支配他人的權力。

69.但是這位作者指的就是父權，不作他想，從他接下來這些話當中的推論來看也毫無疑問，「我看不出亞當或任何人的兒子如何能擺脫他們對雙親的從屬關係。」由此可見，我們這位作者所謂其中一方的**權力**，和另一方的**從屬**，其實是雙親與子女間的**自然權力**與**從屬關係**，因為已經沒有其他『每個人的子女所應當服從的權力』了；不過他總是主張那是絕對而無限的權力。我們的作者說，亞當以雙親支配子女的自然**權力**來支配其後裔；他又說，亞當在世時，他的子女也擁有這種雙親的**權力**來支配自己的孩子，因此根據父親的自然權利，亞當擁有絕對、無限的權力來支配所有後裔，特別是與此同時，他的子女也憑著相同權利，而擁有絕對而毫無限制的權力來支配自己的後裔。結果就同時出現了兩個絕對、無限的權力，我倒希望有人能替他整合一下這兩者的權力，或是把話說得符合常識，畢竟把**從屬**概念當成**遁詞**來用只會顯得更為荒謬。要一個**絕對、無限**，甚至**不可限制的權力**從屬於另一個絕對無限的權力，很顯然是矛盾到無以復加了吧。「亞當是絕對君主，以父威的無限權威支配所有後裔。」那他所有後裔就絕對都是他的臣民，特別如同這位作者所說，都是他的奴隸；兒子、孫子都平等地處於從屬、奴隸狀態。然而我們的作者又說：「亞當的兒子擁有父權，也就是擁有絕對、無限的權力支配自己的孩子。」用白話來說，就是他們在同一個政府中既是奴隸同時又是絕對君主，而這個政府當中，還有部分臣民憑著身為父親的自然權利掌握了絕對、無限的權力去支配別人。

70.如果有人想支持這位作者，認為有人可以一方面從屬於父親的絕對權威，然而又以雙親之姿握有一些支配其子女的權力，那我可以承認，這種說法幾乎無懈可擊，然而依然對作者的論點於事無補；因為作者談到的父權無一不是絕對、無限的權威，除非他自己加以限制，或是自己指出這種權力的限度，不然根本無法設想出其他的理解方式。而且作者所謂的父親權威涵蓋的相當廣泛，在接下來這段話就寫得明明白白，他說：「子女的從屬是所有君王權威的基礎。」（頁十二）既然他之前就說**從屬**是指「每個人都從屬於自己的雙親」，結果又能指涉亞當的孫子從屬於自己的雙親，說這就是一切**君權**的根源，換言之，按照這位作者的說法，父親權威就是**絕對、無限制的權威**。因此亞當的兒子擁有支配自己子女的**君王權威**，同時他們自己還得服從父親，自己和子女都是追隨父親的臣民。不過他要怎樣就由他去吧，顯然他就是允許「亞當的兒子擁有父權」（頁十二）和其他所有父親都擁有「支配子女的父權」（《論亞里斯多德、霍布斯等人》頁一五六）由此必然只能推出以下兩種情況：若不是如作者所說的那樣，即便亞當在世，亞當的兒子和其他所有的父親仍能「憑著父威的權利擁有支配子女的君王權威」（頁十二）；不然就是「亞當憑著父威的權利並不享有君王權威」。因為對於擁有**父權**的人來說，他們不外乎就是有得到或是並沒有得到**君王權威**。如果他們沒有得到，那亞當無法憑著父親資格君臨天下，其他人也辦不到，於是我們這位作者的所有統治學說當場完結；如果他們得到**君王權威**，每一個擁有**父權**的人都擁有**君王權威**，那麼按照這位作者的父權體制，在這個政府當中，有多少父親就有多少君主。

71.因此，這位作者成立的君權究竟是怎麼一回事，就讓他和他的信徒好好想想吧。君王們肯定有很好的理由感謝他們這種新的政治學說，只要每個國家有多少父親就能設立多少絕對君主。若是按照我們這位作者的原則去推論，情況就無從避免，又有誰能譴責他呢？畢竟作者把**絕對的權力**置於**憑著生育子女而形成的父親權利**之上，那就很難決定要把多大的權力歸屬於亞當的兒子去支配他所生育的子女；因此，如同作者的作法，先把一切權力交給了亞當，然而亞當在世的時候，又得允許那些成為父母的亞當子女享有作者自己也無可否認的部分權力去支配他們各自的孩子，整個狀況就十分棘手。

這個困難令作者的表述十分含糊，被稱之為**父威**而自然享有的絕對權力該置於何處？他根本無從確定：有時只有亞當握有一切權力。（頁十三，《論亞里斯多德、霍布斯等人》頁二四四、二四五、序）

有時**雙親**都擁有，這個字很少單指父親一人（頁十二、十九）

有時父親在世時的**兒子**也能擁有。（頁十二）

有時屬於**家族的父親**。（頁七十八、七十九）

有時泛指**父親們**。（《論亞里斯多德、霍布斯等人》頁一五五）

有時指**亞當的繼承人**。（《論亞里斯多德、霍布斯等人》頁二五三）

有時是**亞當的後裔**。（頁二四四、二四六）

有時是**先祖們，諾亞所有的兒子、孫子**。（《論亞里斯多德、霍布斯等人》頁二四四）

有時是**最年長的雙親**。（頁十二）

有時是所有**君王**。（頁十九）

有時是所有至高權力的擁有者。（《論亞里斯多德、霍布斯等人》頁二四五）

有時是**初代人類始祖，也就是生出全人類的第一代雙親**。（頁十九）

有時是一個選王。（頁二十三）

有時是指管理**國家**之人，無論人數是多是寡。（頁二十三）

有時是指奪得權力之人——**篡位者**。（頁二十三，《論亞里斯多德、霍布斯等人》頁一五五）

72.因此，這個**新的子虛烏有**承擔了一切權力、權威及統治權；按照羅勃特爵士的論點，這個他設計好規定人民服從、使人登上君主大位的**父威**——可以通過任何方式歸諸於任何人之手，因此按照他的政治學說，君主權威可以變成民主制度，篡位者可以成為合法君主。要是他的政治學說可以立下如此豐功偉業，我們這位作者和他的追隨者實在貢獻非凡，因為**父威**簡直無所不能；不過這種父威其實一無是處，只會動搖、摧毀世上所有合法政府，引發動亂、暴政及篡位行動。

第七章　論父威及財產權共同成為主權的根源

73.我們從前面幾章已經看到這位作者心中的亞當君主制度，以及他是基於什麼資格為這種制度立論。他主要強調的基礎，也就是他認為最能夠替未來的君主推導出君權的要點有二，即為**父威及財產權**。因此，他提出「排除天賦自由學說的謬論及障礙」的方法，就是「維護亞當自然及私有的支配權。」（《論亞里斯多德、霍布斯等人》頁二二二）於是他順著這點一路談下來，告訴我們：「統治的基礎及原則必然取決於財產權的建立。」（《論亞里斯多德、霍布斯等人》頁一〇八）「子女對雙親的從屬是所有君王權威的根源。」（頁十二）「世上一切權力都是由父權導出，或是由篡奪父權得來，任何權力都沒有其他別的來源。」（《論亞里斯多德、霍布斯等人》頁一五八）至於他說「統治的最早基礎及原則必然取決於財產權的建立。」又說「除了父權以外，再也找不到其他任何權力的來源。」這兩句話如何放在一起又不產生矛盾，我在此就先不處理了。其實我們很難理解，他怎麼會主張「除了父威以外沒有別的起源」，又說「統治的基礎及原則必然取決於財產權的建立。」因為**財產權和父威**實在大不相同，這兩者間的差別，就如同領地的領主之於子女的父親。至於作者引用上帝對夏娃的斥責（《創世紀》第三章十六節）時說過「（亞當）就受賜原初統治權」（《論亞里斯多德、霍布斯等人》頁二四四），我也看不出這與作者所說的兩種論點有什麼一致之處：如果這就是**原初統治權**，那麼根據我們作者自己承認的，無論是以**財產權或父威**來看，都不具備**原初統治權**。再者，他用來證明亞當有權支配夏娃的這段原文，必然會與他口中的**父威**相衝突，因為父威是**一切權力的唯一根源**，要是亞當擁有這位作者聲稱的任何君權來支配夏娃，那肯定是源自於他身為生育子女的父親以外的其他資格。

74.不過我還是讓作者自己去化解這些矛盾與類似的情況吧，任何人只要稍加仔細地閱讀他的作品，就能發現大量自相矛盾。我們現在該來考慮看看：**亞當自然及私有的支配權**這兩個統治權的起源該如何調和，如何用它們來替後繼君主符合並建立資格——按照作者的規定，成為君主的資格全都得從這兩個權力的**起源**推導出來。那就讓我們假定亞當**受上帝授予**而成為君主及全世界的唯一財產所有者，其權限大到如羅勃特爵士希望那般無垠無涯；同時也假定亞當**憑著父威的權利**成為支配子女的絕對統治者，擁有無限的至高權力。然後我要問，亞當死後，他那**自然**和**私有的支配權**會何去何從？如同我們的作者在其他論著中的說法，想必答案是：那些權力會留傳給下一代的繼承人。但是很顯然的，這種方式無法同時把亞當**自然**和**私有的支配權**轉移給同一個人，因為，我們的確會允許父親把所有的財產、產業留傳給長子（雖然這還需要一點證明來確立），因此他憑著繼承的資格得到父親全部的**私有支配權**，然而父親的**自然支配權**——父權——根本無法用繼承的方式留傳給他，畢竟那是一種只能經過生育子女才自然形成的權利，沒有人能夠不經**生育**就對別人擁有這種自然支配權，除非可以假定有人能夠不用符合相關權利的指定條件，卻又能擁有任何事物的任何權利。因為如果一個父親不是憑著其他資格，而是單憑**生育**子女而得到支配子女的**自然支配權**，那麼不曾生育子女的人就不能擁有這種**自然支配權**；那麼就算我們的作者說：「每個人只要一生出來，在出生的當下就成為其生育之人的臣民。」（《論亞里斯多德、霍布斯等人》頁一五六）無論這句話是否為真，必然會推導出以下結果：一個人只要出生後就不能成為自己兄弟的臣民，因為他不是由兄弟所生養。除非我們可以假定，一個人可以基於同一份資格而同時被不同的兩人**自然而絕對地支配**。用更好理解的話來說，就是：一個人生來就該受制於父親的**自然支配權**，因為父親生養了他；他也應該受制於長兄的**自然支配權**，儘管長兄並沒有生養他。

75.如果亞當的**私有支配權**，也就是他對於所有生物的財產權，在他死後全都會留傳給他的長子，也就是他的繼承人（畢竟如果不這麼做的話，羅勃特爵士設想的君權與一切權力就立刻終結了），那麼亞當憑著生育子女而以父親支配他們的**自然支配權**，在亞當亡故之後，就被他的兒子們憑著和父親相同的資格平分，如此一來，基於**財產權**的主權和基於**父威**的主權就分開了，因為該隱以繼承人的身份獨自獲得一切**財產權**，而塞特和其他兒子一起平分了**父威**的支配權。就我們這位作者的學說而論，這就是最好的解釋了；就他為亞當設立兩種資格的主權來說，其中一種可說是毫無意義，或者是兩種必須同時成立，於是只能用來混淆君主的權利，為後代的統治帶來混亂，因為他是基於兩種資格建立支配權，然而兩種資格又不能一併傳承，同時還允許兩種資格可以分離（因為他妥協說「亞當的兒子們憑著各自的私有支配權而擁有各自的領地。」（《論亞里斯多德、霍布斯等人》頁二一〇、《先祖論》頁四十）。所以說，這位作者的原則只會讓人一直懷疑：所謂的主權究竟傳到何方，我們應該向誰服從？既然**父威**和**財產權**是有所區別的資格，而且在亞當死後就馬上落到不同人頭上，那究竟哪一種資格才應該退一步？

76.讓我們再看看作者自己所做的說明。他藉著格勞秀斯的話說：「亞當之子在亞當死前得到了授予、任命或某種轉讓，憑著私有支配權的權利擁有各自的領地；亞伯擁有羊群和牧羊的牧地，該隱擁有種穀物的田地和挪得之地[1]，在那裡建了一座城市。」（《論亞里斯多德、霍布斯等人》頁二一〇）這顯然令人想問，亞當死後，這兩人誰才是統治者？我們的作者說是該隱，（頁十九）憑什麼資格？這位作者說：「繼承人，因為他是先祖的繼承者，而先祖是人民的親生父母，他們不僅是自己子女的君主，也是其兄弟的君主。」（頁十九）該隱繼承了什麼？他沒有繼承全部財產權，也沒有得到亞當曾掌握的一切**私有支配權**，因為我們的作者允許亞伯藉由父親傳給他的資格「憑著私有支配權而擁有自己那塊放牧的領地。」那麼亞伯憑著**私有支配權**所掌控的事物就不受該隱的支配。由於該隱的**私有支配權**不能支配一個已經被別的**私有支配權**所支配的事物，因此他用來支配兄弟的主權就和這個**私有支配權**一起失效了，結果就出現了兩個統治者，於是作者虛構的**父威**資格就沒用了，該隱也並非身為能夠支配其兄弟的君主。否則，如果維持該隱對亞伯的支配，儘管亞伯仍握有其**私有支配權**，其結果會是：無論作者如何反對，**統治的原初基礎及原則**都與**財產權**扯不上關係。誠然，亞伯比他的父親還要早死，但這件事無關乎這個論證，因為無論是亞伯、塞特或任何一個不是該隱所生的亞當後裔，全都可以用同樣的論點來反駁羅勃特爵士的說法。

77.這位作者說到諾亞的三個兒子時也遇到同樣的障礙，他說：「他們的父親把全世界分給他們。」（頁十三）那我就要問，在諾亞死後，我們能從三人中的誰身上**建立君權**？如果三人都擁有君權（我們的作者似乎是這麼說的）後果就是：君權是建立在土地的財產權之上，因而**私有支配權**並不是基於**父權**或**自然支配權**，於是作為君權根源之一的父權就此終結，而他大肆吹捧的**父威**形同幻滅。如果諾亞的君權是傳承給身為長子暨繼承人的閃，那麼我們作者說：「諾亞用抽籤把世界分給三個兒子，或花了十年周遊整個地中海，然後把土地一一分給每個兒子」（頁十五）這件事根本就是白費力氣。根據他的理論，諾亞分封世界的方式很糟，根本沒有成效，因為只要等到諾亞死後，閃就成了兄弟們的君主，儘管含與雅弗得到了諾亞的賜予，但諾亞的分封終究沒什麼價值。結果只會有兩種情況：如果諾亞讓兒子各自管理領地所賜予的**私有支配權**是有效的，那麼就出現了兩種不同的權力，兩種權力彼此互不從屬，結果是作者自己點名反對**人民的權力**時可能會出現的所有障礙就全都冒出來了，我就用他自己的話來呈現，只要把**人民**改成**財產權**就可以了：「世上一切權力是由父權導出，或是由篡奪父權得來，此外再也找不到任何權力的其他來源。要是有兩種不同的權力，彼此互不從屬，那麼哪一種才是至高權力的爭論就會永無休止，因為一山不容二虎。如果父權是至高權力，那麼基於私有支配權的權力就得成為附屬，依賴父權；如果基於財產權的那種才是至高權力，那父權就必須從屬於財產權，若非得到財產權所有者的許可不得行使父權，但這樣必然會破壞自然的架構與演進。」（《論亞里斯多德、霍布斯等人》頁一五八）這是作者自己反駁兩種獨立區別權力的論證，我引用了他的說法，只是把『來自財產權的權力』代換成**來自人民的權力**。看到作者辯駁自己所極力反對兩種不同的權力，我們就更能夠看出作者是如何在一切勉強說的過去的意義下，從上**天特許給亞當自然及私有的支配權**，還有基於**父威**與**財產權**，用這兩種並非總是集於一人之手的資格，去推導出一切君王權威的起源。根據作者自己的自白，很顯然亞當和諾亞死後，繼承權利的方式就使兩種權力分開了。然而我們的作者在著作中常常把兩者混在一起，因為只要這種寫法最能符合他的立論目的，他就不會放過任何機會去混淆概念。但是這種作法有多麼荒謬，在下一章更是一覽無遺，我們將會審視亞當的主權是透過什麼方式傳給後世統治的君主。

1 編註：挪得之地（land of Nod），伊甸東方之地。這裡也是該隱殺害亞伯後，上帝放逐他的地方。

第八章　論亞當至高君權的轉移

78. 羅勃特爵士替亞當的主權所作的一切證明都不甚妥善，關於主權轉移給後世君主的討論也好不了多少；如果他的政治學說為真，那後世君主肯定會從第一位君主那得到所有頭銜。由於他認定的轉移方式四散於各篇著作之中，我將會引述他自己的說法。他在序言中告訴我們：「亞當成為世界的君主；他的後裔除非得到他的賞賜、允許，或是繼承他的權利，否則都無權享有任何事物。」他在此提出了兩種亞當持有之物的轉移方式，就是**賜予**或是**繼承**。他又說：「所有君王都是、或者被認為是第一代先祖的後裔——因為他們是全人類的親生父母。」（頁十九）「無論是人數多少的任何人群，就這個群體而論，只要這群人之中有一個人是亞當的繼承人，他自然有權成為其他所有人的君王。」（《論亞里斯多德、霍布斯等人》頁二五三）就這幾個段落來看，作者認為**世襲**是把君權轉移給後世君主的唯一方式。他在其他段落（《論亞里斯多德、霍布斯等人》頁一五五）[1]說：「世上一切權力是由父權導出，或是由篡奪父權得來。」（《論亞里斯多德、霍布斯等人》頁一五八）「所有現任或過去的君王都是、曾是人民的父親，或是那些父親的繼承人，或者篡奪了那些父權。」（《論亞里斯多德、霍布斯等人》頁二

1 編註：此處只寫了出處，但並沒有引用頁一五五的內容：「父權不會失去，可能會轉移或篡奪，但從來不會失去或停止。上帝是權力的賦予者，可以將權力從父親轉移給其他人。」

五三）他在此把**世襲**或**篡位**當成君王得到原初**權力**的唯二辦法。然而他又說：「這種屬於父親的支配權力，就本身而言是世代相傳，所以可以藉著公開轉讓，或是被篡位者奪取。」（《論亞里斯多德、霍布斯等人》頁一九〇）因此這裡說世襲、賜予、篡奪都可以轉移主權。最後，最叫人驚嘆的是，這位作者告訴我們：「君王獲得權力的方式其實無關緊要，無論是經過選舉、授予、繼承或任何手段，因為他們是以最高權力維持統治的方式來名正言順地稱王，而不是取決於獲得王位的手段。」（頁一〇〇）我認為光憑上面那句話，就可以一語道盡這位作者論及『亞當的君王權威作為所有君主得到權力的根源』所需的一切**假設**與推論。如果任何人**名正言順地稱王**需要的不過就是**以至高權力進行統治**，**如何得到權力並不重要**，那他大可省去許多麻煩，不必像之前那樣，翻來覆去地談論什麼繼承人和世襲傳承。

79. 藉著這種驚人的方式，我們的作者可以把奧立佛[2]或任何他所想得到的人物**名正言順地立為君王**，要是他有幸受到馬薩尼洛[3]的統治，按照他自己的通說，想必他會忍不住臣服在對方面前，同時大喊：「吾王萬歲！」因為馬薩尼洛是以至高權力維持統治而成為**名正言順**的君王，就算他前一天仍**理所當然地**還只是一介漁夫。再者，如果唐吉訶德叫他的隨從以至高權威進行統治，我們的作者毫無疑問地會成為桑丘．潘薩[4]那個島上忠心的臣民，而且必定會在諸如此類的統治之下平步青雲，因為我認為他是第一個聲稱把統治建立在真正的基礎之上，甚至還確立了合法君主王位的政治家，畢竟他總是告訴世人：「無論用什麼手段、何種方式，凡是以至高權力進行統治的人就是名正言順的君王。」用更淺白的話來說，就是不管用任何手段，任何人只要奪得君權和至高權力，這些權力就名正言順、貨真價實地歸他所有。如果這樣能稱為**名正言順的君王**，我很懷疑他要怎麼理解**篡位者**，或是說，他得上哪去才能找到**篡位者**。

80. 這個學說如此地匪夷所思，我訝異到只能對這些文字一掠而過，無法妥善思索他陷入的許多矛盾。他有時候說只能**世襲**，有時只能**賜予**或**世襲**，有時只能**世襲**或**篡奪**，有時三者皆可，最後還會用上**選舉**，或是**追加任何手段**；經由這些辦法，亞當的君王**權威**——也就是他握有最高統治權的權利——可以轉移給後世君王及統治者，使他們得到享有人民服從、臣服的資格。但是其中的矛盾實在昭然若揭，任何理解能力正常的人，只要親自讀過這位作者自己的說法就能一一看穿。儘管我所引用的句子（已經比他的原話還要更連貫、通順），讓我不用再對這些論證多費口舌，不過既然我已經打算檢視其學說的主要部分，我就會略為仔細地探討**世襲**、**賜予**、**篡奪**或**選舉**這些概念，如何依據作者的理論原則在世界上建立統治，或是看他如何充分地證明亞當曾是絕對的君主、全世界的君主，或是如何從亞當的君王權威推導出任何人都服從的支配權利。

2 譯註：奧立佛．克倫威爾（Oliver Cromwell，1599-1658），英格蘭議會代表、圓顱黨政治家、清教徒領袖。一六四九年清教徒革命後，處斬查理一世，改行共和，他掌握大權、施行軍事獨裁統治。一六五三年出任英格蘭共和國護國公，成為「無冕之王」。臨終前將護國公一職交由兒子繼承，卻無力控制局面，一六六〇年國會迎接查理二世回國，君王復辟。

3 編註：馬薩尼洛（Massaniello，1620-1647），一位義大利漁民，他在一六四七年領導那不勒斯王國反對西班牙哈布斯堡王朝的統治，成為起義領袖。

4 編註：桑丘．潘薩（Sancho Pancha），《唐吉訶德》小說中的虛構人物，主角唐吉訶德的忠實隨從。唐吉訶德說服桑丘追隨他的方法，是宣稱若能奪得一座島嶼，便讓桑丘擔任這座島嶼的統治者。

第九章　論承襲自亞當的君權

81. 世界上需要有政府統治，儘管這是很顯然的道理，甚至，縱使所有人都同意我們作者的主張，以為神的授意已經規定把統治形態規定成**君主制度**，然而，儘管幻想中的政府觀念如此完美、如此正確，它卻不能頒布法律，無法制定規定人民行動的準則，因為它無法發號施令，人民無法服從；除非有辦法教導人民如何去辨識誰才是握有權力、能夠對他人行使支配權的人物，不然只是用政府觀念來建立秩序，光憑這點就想在人群中成立政府、實行統治，其實是行不通的。若不告訴我們誰才是應該服從的對象，那無論是服從還是臣服都是空談；即使我已經充分地認同，世界上應該要有統治者和法規進行管理，然而在那個有權利接受我服從的人物出現之前，我依舊相當自由。如果沒有明確的標誌讓人認識應該服從的對象，讓人能把掌握統治權利的人物和其他人區別開來，那麼我自己、甚至於任何人，都可以被當成是那號人物。因此，儘管服從統治是每個人的本分，但它的意思只是，要服從於有權發佈命令和指揮的那個人；僅僅只是讓人相信世界上存在著**君權**，仍不足以使人成為臣民，必須要有指定的辦法讓人認識那個享有**君權**權利的人物；除非一個人能夠非常清楚誰才是有權對他行使權力的人物，不然他不會心甘情願地受制於任何權力。如果不是這樣，那海盜和合法君主就沒有什麼差別；擁有武力的人可以輕易地叫人服從，那麼王冠和權杖就成了暴力和掠奪的戰利品。要是人們不知道誰才有權利指揮自己，不知道自己必須服從誰的規定，那麼他們就可以像更換醫生那樣，頻繁而輕率地更換統治者。因此，為了讓人們心誠悅服地履行應盡的本分，那就有必要讓大家知道世上的確存在這種權力，同時還知道，是誰有權運用這種權力來統治他們。

82.我們這位作者試圖從亞當身上建立**絕對君權**，他到底有多成功，任憑讀者根據之前的分析加以論斷；不過就算這種**君主專制**真如作者所期望的那麼明確（但我認為正好相反），那種制度對於現今世上的人類統治還是毫無用處，除非他同時能證明以下兩點：

一、**亞當的權力**不會隨著他的去世而終止，而是在他死後徹底轉移給另一個人，然後世代相傳。

二、現今世上的君主及統治者都是藉著正當的轉移途徑傳承、掌握**亞當的權力**。

83.如果其中第一個條件不能成立，那麼就算**亞當的權力**再怎麼偉大、再怎麼確實，對現今世上的統治及社會依然毫無意義，我們必須在亞當的權力之外尋求政治統治權的其他根源，否則世上就根本沒有所謂的統治存在。如果第二個條件不能成立，那就會摧毀現今統治者的權威，解除人民對他們的臣服，因為只要統治者並沒有比別人更資格主張自己擁有權力──作為一切權威唯一根源的權力──他們就沒有資格去統治別人。

84.我們的作者曾在亞當身上虛構絕對的主權，提出了許多把它轉移給其他君主的方式，把這些君主當成亞當的繼承者。他主要強調的方式是**世襲**，這在他的論述中出現了好幾次，我已經在之前的章節中引述過許多段落，那就不再贅述了。這位作者所樹立的主權，如之前所述，就是建立在**財產權**及**父威**的雙重基礎之上。他認為其中一個是擁有所有生物的權利，藉此掌握了世上的野獸和其他次等動物，而且排除了其他所有人，只供亞當獨自使用；而他認為另一個是亞當統治、管理所有人類的權利。

85.這兩種權利都被認為是其他所有人所沒有的，必定基於某些理由而專屬於亞當，這正是這兩種權利的基礎。

作者認為亞當的**財產權**來自上帝的直接**授予**（《創世紀》第一章二十八節），而**父威**的權利由**生育子女**的行為形成。就一切的世襲傳承來說，如果繼承者並沒有延續父親的權利所奠基的理由，他就不能繼承這種理由所導出的權利。例如，萬能的上帝是萬物的主人及所有者，亞當對生物的財產權是基於上帝的**授予**、**恩賜**（姑且先順著這位作者的說法），然而在亞當死後，他的繼承人並沒有這種頭銜，不具有生物的財產權，除非這個**繼承人**也基於同樣的理由，也就是基於上帝的**授予**而得到同樣的權利。因為，如果亞當沒有得自於上帝確實的**授予**，就並不享有其他生物的財產權，不能加以利用，而且這份**授予**又只是給亞當個人，那他的**繼承人**就無權繼承；亞當死後，這種權利必須再度歸還給上帝——萬物的主人及擁有者，因為確實授予的效力不能超過它本身的明文表述，權利只能按照表述的內容成立。因此，要是《創世紀》第一章二十八節的**授予**正如這位作者所承認的，只是給亞當個人，亞當的繼承人就不能繼承亞當享有的生物財產權；如果那份授予是給亞當以外的任何人，那就應該表明它是交給這位作者心目中的亞當繼承人，也就是把其他所有人排除，只交給其中一個亞當的兒子。

86.不過可別跟著我們的作者誤入歧途了，情況很顯然是：上帝創造了人類，就和祂對待其他動物一樣，上帝在人的身上植入了自我保存的強烈欲望，還在這個世界提供了適合作為衣食及其他生活所需的事物，在上帝的設計之下，人類可以在大地之上生存、堅持好一段時間，不至於讓這如此稀奇、美妙的上帝之作僅僅因為自身的疏忽或必需品的缺乏，結果只延續了一小段時間就立刻消滅。我認為，上帝就此創造了世界和人類之後告訴過人類，（那就是）指引他們憑著感官和理性——就像祂讓低等動物利用感官和本能一樣——藉以延續生命，並給予人類**自我保護**的手段。因此，我不得不認為在

《創世紀》第一章二十八、二十九節的那些話說出來之前（若是非得要把它們照字面理解成上帝所說過的），或是毋須任何化為語言的**授予**，人類就憑著上帝的意志和恩賜有權利用其他生物。因為，這種保存自我生命、生存的欲望，這種強烈的欲望早已成為人類的行動原則，由上帝親自植入人類心中；理性作為**人心的上帝之聲**，它不得不指引、確保人類順著自身的自然傾向來保存性命，人類遵循造物主的意志，因此有權使用一切他憑著理性或感官所找到的事物。因此，人類對生物的**財產權**是基於以下基礎：人類有權使用生存必須或對生活有用的事物。

87.這就是亞當的**財產權**所依據的理由及基礎，上帝不僅是在亞當死後，而是在他生前，就基於相同的基礎把同一種資格賜給亞當所有的子女，因此亞當的**繼承人**享有的特權並未超越其他子女，別人也有平等的權利去使用低等生物來保存生命、過著舒適生活，這就是人類可以利用其他生物的**財產權**。如此說來，無論是奠基於**財產權**之上的亞當主權，或我們的作者所謂的**私有支配權**，根本只是空口說白話。人人都憑著和亞當一樣的資格，有權照料自己、謀求生存，所以每個人都享有利用生物的權利，於是人類是共享著同一種權利，因此亞當的子女也和他一樣共享那種權利。但是，要是任何人開始把任何特定事物的財產權據為己有（關於他或任何人憑什麼這麼做，我將在其他地方進行說明），而且如果財產所有人並沒有經過確實的賜予對財物做出其他處置的話，那麼該財物本來就可以留傳給他的子女，他的子女有權繼承及佔有它。

88.至此可以提出一個合理的問題：雙親去世之後，子女如何在其他人之前就憑著佔有事物的權利繼承雙親的財產？因為財產權是屬於雙親個人的，他們去世時並沒有把他們的權利實際轉讓給別人，為何這種權利並沒有再度交還給全人類共享？有人也許會回答：大家共同同意把死者的財產交給他們的子女處置。我們的確是知道，通常的作法就是這麼處理的，但我們不能說這是全人類的共同同意，因為並沒有人尋求同意，也沒有人實際對此同意。如果它是基於公眾默認的同意而成立的話，子女繼承雙親的財物就是一種出於人為而非基於自然的權利；不過這種作法極其普遍，我們還是有很好的理由認為這種權利的由來是出於自然。我認為它的根據如下：上帝替人類植入最原始、最強烈的欲望，並融鑄成人類天性的根本原則，就是自我保存，這是每個人為了各自的需求及使用而有權利用其他生物的基礎。但是，除此之外，上帝植入人類的強烈欲望還包括繁衍族類，把後代當成自身的延續，這就給予子女資格去分享屬於父母的**財產權**，讓他們有權去繼承雙親的財產。人們並非只是為了自己而保有自己的財物，他們的子女也有資格享有部分財產；當雙親去世，與財產分開而不能繼續使用時，子女享有的部分權利就和雙親的權利結合起來，於是財產就全部歸諸於子女；這就是我們所謂的繼承：就像自我保存的義務一樣，人類有責任保護自己生育的後代，於是他們的子女就得到保有父母財產的權利。那麼子女享有這種權利很顯然是依據上帝的律法，而人們深信子女的確有權繼承財產的根據，則來自於人間的法律，兩種律令都要求雙親為自己的子女提供照料。

89.由於孩子的成長過程自然相當脆弱，無法自己謀生，既然上帝如此安排，祂也親自規定了子女擁有權利得到雙親的養育扶持；不僅如此，這種權利非但只是讓子女生存下去，雙親還得盡可能讓子女過著便利而舒適的生活。因此，雙親一旦去世，理當養育子女的行動只得停止，為了讓照料子女的效果盡可能延伸下去，於是，正如自然所要求的責任，雙親在世時得到的財產，就被當成是在他們去世之後還能照料子女的手段。儘管去世的雙親沒有明文宣佈，但上天已經規定雙親的遺產要留給他們的子女，因此子女具有資格和自然的權利去繼承父親的財物，而其他人都不得覬覦。

90.上帝和自然都給予子女接受雙親養育、扶持的權利，把它規定成雙親應盡的責任，若非這種安排的存在，祖父優先於孫子去繼承兒子的資產也就非常合理，畢竟祖父付出了長時間的照料和心血，培養教育自己的兒子，有人會認為他得到這樣的回報也非常公平。但是，他也已經從自己的雙親得到過培養教育，他對兒子的養育也是遵循同樣的法則；一個人得自於父親的教養是用他照料、扶養自己的子女來償還。至於這裡的償還，我的意思是採取財產權移交的方式償還，除非說，雙親現在的處境為了延續自己的生命和生活，還必須用上子女償還的財物。因為我們目前在談的，並不是子女對雙親應有的尊敬、感激、敬重、孝敬，而是在說能用金錢計算的財產和生活用品。不過，儘管雙親都有責任拉拔扶養自己的子女，但子女應盡的責任並不能用來抵消自己對雙親的回報，而只是自然之理使前者優先於後者，因為只要一個人虧欠了對父親的回報，父親就有權繼承兒子的財物，在兒子沒有後代的情況下，兒子不能排除父親的繼承權。所以，如果有人有這個需要，而且子女的財產足以供應下一代時，他有權要求子女撫養自己，能夠享有舒適的生活；如果兒子死了而沒有後代，父親自然有權得到他的財物、繼承他的遺產（即使有些國家的地方法律可能有悖常理而做出其他規定），然後再由他的其他兒子及其下一代來繼承，如果也沒有這種人選，就由他的父親及其後人來繼承。但是如果完全找不到這樣的人選，也就是沒有親屬可以繼承，那麼私人的財產就要歸還給共同體，在政治社會中，就是落到公眾統治者的手上；不過這種財產在自然狀態中就再度變成共有，任何人都無權繼承，也沒有任何人可以對它宣稱財產權，就像其他的自然共有物一樣。我在適當的時機再談談這種情況。

91.我已經用了長篇大論，證明子女在什麼樣的基礎之上有權繼承父親所持有的財產，不僅是因為這樣能夠看出，就算亞當掌握了大地及其產物的財產權（那是一種有名無實、沒有意義也沒有用處的財產權，因為掌握這種財物也只能用來培養、扶育子女及其後裔），亞當所有的兒子在他死後，能根據自然法而擁有繼承的權利，都具有同樣的資格，有權能分享亞當的財產權；這種財產權並不會賦予給任何一個亞當後裔任何權利，使他得到支配其他人的主權；因為人人都有權繼承亞當的部分財產，他們可以共有、分享所繼承的權利，或是分配之後各自享有其中一部分，他們認為適合就好。但是沒有人能宣稱自己得以繼承所有權利，或是繼承任何相應的主權，因為繼承來的權利，其實是使其他的所有人、也就是每一個人都有資格分享父親的財物。我要說的是，我並不僅僅是基於這個目的，才如此詳盡地釐清子女之所以能繼承父親財產權的理由，也是因為這樣，才能進一步看出**統治**和**權力**的繼承問題：許多國家特有的國內法，是把全部領地的所有權交給長子，權力的承襲也是按照這種習俗，有人便輕易地被這種現象迷惑，以為存在著一種天賦或神授的長子繼承權來轉移**資產**及**權力**，以為支配人類的**統治權**和掌握財物的**財產權**，全都源自於同樣的基礎，都應該按照同樣的規則傳承下去。

92. 所謂的財產權，其起源是人類為了維持生命、生活便利而使用任何次等動物的權利；為了確保財產擁有者的福利和個人利益，他在必要的時候甚至可以為了利用，摧毀那些他握有財產權的事物。但是政府統治是為了保障所有人的權利與財產，確保他們免於遭受別人的暴力或侵犯，政府是以被統治者的利益為目的，因為統治者之劍是為了**嚇阻惡行**，透過嚇阻的手段迫使人們遵守社會的實定法，這種法律是為了公共善而順應自然的律法來制定，換言之，共同法規就是盡可能替社會中的每個特定的成員保障利益，人民交給統治者揮舞的統治者之劍並不是要讓他替自己謀私利。

93. 因此，前文的論述表明，子女因為依賴雙親扶養而有權繼承父親的財產權，繼承的事物是為了他們個人的好處和利益而歸他們所有，因此可以恰當地稱之為財物。任何上帝或自然的律法，都不允許長子獨佔或享有這種財物的特殊權利，因為他的其他胞弟也和長子一樣具有同樣的資格，所有人的資格都是基於他們能夠依靠雙親扶養、提攜、享受生活的權利，此外就沒別的依據了。不過政府的統治是為了確保被統治者的利益，並不是為了統治者獨享的利益而存在（因為被統治者只是為了謀求自己的利益，才會和其他人成為該政治實體的一分子，結果是該社會中的每個組成分子和每個成員都得到了照顧，並根據該社會的法律，大家各盡其能地為整體社會謀福利），因此不能像子女繼承父親的財物那樣憑著同樣的資格去繼承統治的權利。兒子有權為了生存而提取父親儲備的生活必需品和生活用品，這使他有權為了自己的利益去繼承父親的**財產**，但是這不意味著他也能繼承父親統治他人的權利。孩子有權向父親提出的一切要求，只是培養、教育他，以及自然為了讓人維持生命所提供的事物，而無權向父親要求**統治權**或**支配權**；孩子可以從父親手上得到他自然應得的部分財物和教育的福利，而不需要得到**統治權**及**支配權**也能活得下去。父親只能為了他人的好處和利益，而把這些權力交給自己的孩子（假設這個父親的確握有權力），因此，兒子沒有資格完全基於自己的私人的利益、好處來要求、繼承統治權及支配權。

94.第一個統治者究竟是如何得到他的權威，才讓他得以憑著權威而宣稱自己擁有**統治權**？他是基於什麼樣的基礎、憑著什麼樣的資格展開支配？唯有明白這一點，然後我們才能知道誰才有權繼承他的權力，或是從他手上繼承這種權力。如果一開始是出於眾人的認同和同意，才把權柄交到某人的手上，或是把王冠戴到某人的頭上，那眾人必然規定了承襲、轉移的方法，因為成就第一任合法**統治者**的權威，必然也能成就第二任統治者，並以此規定王位繼承權；在這種情況下，所謂的世襲和長子身份的權利和藉口，都無法勝過眾人的同意，而統治形態以及繼承方式正是基於這種同意確立的。因此，我們從不同的國家看到王冠的繼承會落在不同人的頭上，在某個地方的某個人基於繼承的權利成為君主，而他在別的地方可能只是一介草民。

95.如果上帝最初就通過確實的賜予及明明白白的宣告，把**統治權**和**支配權**交到某人手上，那麼任何宣稱擁有這個資格的人，都必須同樣得到上帝的確實賜予才能繼承這些權力。如果上帝沒有規定權力的傳承及轉移給他人的方式，那就沒有人能繼承第一任統治者的頭銜。統治者的子女無權世襲，長子身份也無從宣稱繼承的權利，除非上帝——該制度的創立者——已經規定好了。因此我們看到掃羅家族的掌權情況：掃羅得到上帝的直接任命而獲得了王位，他的家族在掃羅去世後就結束了統治；而大衛憑著和掃羅同樣的資格——上帝的任命登基，他是排除了約拿單及一切父系世襲的要求而繼承了掃羅的王位；如果說所羅門有權繼承父親的王位，他憑的必定是其他資格，而非長子身份。如果**長子以外的兒子**或姊妹之子也有和第一任合法君主同樣的資格，他們在繼承上必定享有優先的地位。支配權的基礎只能出自於上帝本身的確實任命，只要上帝如此規定，即便是一族當中最年幼的便雅憫，也必定能像最先得到王位的人那樣繼承王位。[1]

96.如果**父親**的權利——**生育子女**的行為——使人擁有**統治權**及**支配權**，那麼世襲和長子身份都無權獲得這種資格。因為一個人不能繼承父親**生育子女**的資格，不能從而繼承父親支配兄弟的權力，因

1 編註：便雅憫是雅各和拉結的小兒子。掃羅出自於便雅憫支派，後來成為以色列王國的開國國王，兒子約拿單是王位繼承人，但與非利士人戰鬥時負傷自殺。掃羅因多次違背神的旨意，被神所棄，另揀選大衛成為新王。大衛的兒子所羅門，是按上帝旨意繼承了父親的王位。

為要的是身為父親的資格。不過關於這一點，我視情況會再別的章節做更多的討論。此時有一點非常明確，任何政府，無論一開始是基於**父親的權利**、**大眾同意**、**上帝本身的確實任命**，任何一種都可以取代另外一種，然後在新的基礎之上開始建立新的政府。我的意思是：基於上述任何一種方式所建立的政府，按照繼承的權利，只能傳給那些與被繼承者相同資格的人：基於**契約**形成的權力只能傳承給憑著契約獲得權力的人；基於**生育子女**的權力只能由**生育子女者**擁有；基於上帝確實**恩賜**或授予的權力，就只能由恩賜規定擁有繼承權的人選取得。

97.根據我先前的論述，我認為以下主張相當明確：人類使用生物的權利，原本是基於他為了維持生命、享有便利生活的權利，而子女繼承雙親財物的自然權利，同樣是基於他們為了延續生命和便利生活的權利，至於雙親是以自然的慈愛與照料對子女進行教導，把子女視為自己的一部分，為他們提供自己積蓄的財物。這一切都是為了財產擁有者或繼承者的利益，不能作為子女繼承**統治權**和**支配權**的理由，因為後面兩種權力有著別的起源與不同的目的。長子身份也沒有任何理由可以要求權利，無法藉此單獨繼承**財產**或**權力**，這一點我們等到適當的時機再詳盡論述。在此的論述就足以顯示：無論是亞當的**財產權**或**私有支配權**，都無法把任何主權或統治權轉移給他的繼承人，他的繼承人無權繼承父親的一切所有物，無法依此獲得任何支配諸兄弟的主權。因此，縱使亞當基於他的**財產權**而獲得了任何主權（僅管事實非如此），這種主權也是隨著亞當的去世而消失。

98.就算亞當是憑著身為這個世界的擁有者而享有主權，並得到支配人類的權威，他的任何子女也不得繼承這種主權來支配別人，因為其所有子女都有平分遺產的資格，他們每個人都有權利分得父親一部分的財產。因此亞當不僅無法憑著**父威**的權利獲得主權（就算亞當真有主權），也不能傳承給他的任何孩子。因為，按照我們這位作者的說法，這是一種透過**生育行為**獲得的權利，用來支配他所生育的子女，這種支配權不可能被孩子繼承。因為這種權利完全是個人行為的結果，也徹底建立在個人行為之上，所以它所產生的權力也不可能被繼承。因為父權是一種只能起源於父子關係的自然權利，正如父子關係本身一樣，不可能被繼承；要是可以的話，一個人也可以憑著繼承人的身份，就像兒子繼承父親支配子女的父權那樣，宣稱自己繼承了父親身為丈夫的配偶權來支配父親的妻子。由於丈夫的權力是基於契約，而父權是基於**生育行為**；除非把生育行為變成一種未生育者也能獲得權力的資格，那麼一個人就可以像繼承生育子女所獲得的權力那樣，把婚配契約所得到的權力也繼承下來——然而婚配契約只能專屬於當事人。父子關係也是一樣，父權只能支配到他自己所生育的對象。

99.如此一來自然產生了一個合理的疑問：既然亞當先於夏娃去世，那他的繼承人（比如說該隱和塞特）是否有權繼承亞當的**父威**，從而得到支配母親夏娃的權力？不過，亞當的**父威**僅僅只是因生育行為而獲得支配子女的權利，就算按照我們這位作者的觀點，繼承亞當**父威**的人，除了亞當生育子女而獲得的支配權，此外什麼都繼承不了。因此，繼承人的君權不會涉及夏娃，如果會的話，那這種君權就只能是亞當傳給他繼承的**父威**，必定是由於亞當曾生了夏娃，這個繼承人才能獲得支配夏娃的權力，畢竟**父威**只能和生育行為相關，除此之外什麼都不是。

100.也許我們的作者會說，人是可以轉讓自己孩子的支配權，凡是可以透過契約移交的事物，都可以透過繼承獲得。我的答覆是，父親不得轉讓支配孩子的權力，儘管他某種程度上是會喪失這種權力，但它不得轉讓。如果有其他人獲得支配其孩子的權力，獲得者也不是得自於該父親的轉讓，而是憑著自己付出的作為。舉例來說，某個父親違背天性，不在乎自己的孩子，把孩子交給或賣給另一個人，而接收者又拋棄了這個孩子，結果是第三個人發現了孩子，把他當成自己的孩子養育、愛護、扶養。在這種情況下，我認為誰也不會懷疑：這個孩子最應該履行盡孝、服從的對象就是養父，他應該償還養父的養育之恩；若要討論還有誰能向孩子要求任何報償，頂多只有生父還有權利；生父也許已經喪失了**尊重你的父母**這個誡訓所包含的大部分權利，但他不能把這種權利轉讓給任何人。至於購買這個孩子又遺棄他的人，自然不能憑著購買行為和生父的承認，就有資格享有孩子的盡孝與尊重。只有對垂死的棄兒代行了父親的職責，並加以照料的這個人，他憑著相當於父親的養育之恩，才有資格取得相應程度的父權，而且只能憑著這種權威，享有得到孩子孝敬的權利。等到探討父權的本質時，我們會更容易接受這個論點，請讀者參閱本書的下篇。

101. 讓我回來繼續處理手邊的論證，有一點非常明確：父權只是由**生育子女**而形成——因為這是我們的作者在此的唯一根據——不能**轉讓**也不能**繼承**。沒有生育子女的人，就不能擁有源自於生育行為的父權，如同有人若沒有履行權利但書的唯一條件，就不得享有相關權利。如果有人問：父親是根據什麼律法而擁有支配孩子的權力？無庸置疑，我的答案就是——根據自然法；是自然賦予了養育子女的父親支配他們的權力。如果有人又問：我們作者所說的繼承人是憑什麼律法獲得繼承權？我認為答案同樣也是——憑著自然法。畢竟我們發現，這位作者並沒有引用任何《聖經》的文字來證明他所謂的繼承人權利。自然法之所以給予父親支配子女的父權，是因為父親的確**生育**了子女；要是相同的自然法把父權交給繼承人，讓他去支配他自己並沒有生育的兄弟們，那我們由此可以推知：情況只能是父親並沒有生育子女而獲得父權，不然就是繼承人根本就沒有這種繼承權。因為**生育子女**是父親能有父權來支配子女的唯一理由，我們很難理解自然法——理性的律則——是如何讓長子不需要符合這唯一的理由就能支配其他兄弟，換言之，這根本是毫無理由。要是根據自然法，長子不需要符合這唯一的理由就有資格繼承父權，那麼連幼子也有資格跟長子一樣繼承，甚至連陌生人都可以繼承；既然只有生育子女的人才能享有父權，在任何人都不符合條件的情況下，就是所有人都有同等的資格。我很肯定這位作者拿不出什麼理由，如果有人辦得到的話，那我們就來看看那是否站得住腳。

102.同時，如果有人認為有理由說：根據自然法，一個人有權繼承另一個人財產，其根據在於他們兩人是親屬，大家知道他們具有同樣血緣，因此，根據自然法，完全沒有血緣的陌生人也有權繼承另一個人的財產；這樣相當於是說：根據自然法，一個生育子女的人擁有支配子女的父權，因此，根據自然法，繼承人沒有生育自己的兄弟也有權支配他們。或是說，假設某個地方的法律規定，如果父親親自照看、養育子女，就能擁有支配這些子女的絕對權力，難道有人可以宣稱，沒做過這些事的人也可以根據同樣的法律，擁有絕對的權力去支配別人的子女？

103.因此，要是有人能夠證明配偶權可以屬於不是身為丈夫的人，那我相信他也可以證明這位作者的論點：儘管父權只能藉由生育子女獲得，它可以被某個兒子繼承，因此繼承父權的這個人擁有支配其他兄弟的父權，而且根據相同的法則，他也可以繼承父親的配偶權。不過在此之前，我認為我們完全能夠同意：亞當的父權，也就是基於**父威**的統治權威（就算它真的存在）其實不能夠傳承，也不能被下一代嗣子所繼承。**父權**，如果這個概念對我們的作者真有用的話，那我就乾脆地承認父權絕不會消失，因為只要世界上有父親就會有父權，但是任何父親的父權都不會變成亞當的父權，也無法從亞當那取得父權；不過每個父親都能憑著和亞當一樣的資格擁有父權，那就是透過**生育行為**，而非透過世襲或繼承，這道理和丈夫的配偶權不是從亞當那繼承過來的一樣。因此，我們可以看出，亞當並不是因為擁有**財產權**或**父權**而使他能夠**統治**管轄全人類；同理，建立在任何一種資格之上的主權（就算真有這種主權）也不能傳承給他的繼承人，而必然與他一起終結。因此，正如以上的證明，亞當並不是君主，他那虛構的君權也不能傳承，現今世界上存在的權力，皆與亞當的權力並不相同；因為，根據我們這位作者的論點，無論是**財產權**還是**父威**，亞當擁有的一切必然會隨著他一起終止，無法藉著繼承轉移給他的後代。我們在下一章將要考慮是：如這位作者所主張的，能夠繼承亞當權力的繼承者是否真的存在？

第十章　論亞當君權的繼承人

104. 我們的作者告訴我們：「任何一群人，無論群體大小，即使是來自世界天涯海角、天南地北的各個地區，就這群人本身而論，其中肯定有一個人生來就有權利成為眾人的君王，因為他是亞當後繼的繼承人，所以其他所有人都會臣服於他：每個人生來不是君王就是臣民。這是無可否認的真理。」（《論亞里斯多德、霍布斯等人》頁二五三）又說：「如果亞當本人依然在世，而目前趨近死亡，那世上肯定有一個人，也只有這麼一個人，是亞當後繼的繼承者。」（頁二十）如果我們的作者同意的話，就讓我們假設有這麼**一群人**是由全世界的君主所組成的，那麼，按照這位作者的法則，這群人之中「肯定有一個人生來就有權利成為眾人的君王，因為他是亞當權利的繼承人。」他其實是用一種絕妙的辦法建立君主的王權，那就是透過設立成百甚至上千個頭銜（要是世上的君主真有這麼多），以及同時服從這麼多王權的臣民，來對抗現今存在的所有君王，再者，按照我們這位作者的論點，那些人的君主資格和既有的君王同樣有效。如果說，要是**繼承者**持有的權利真的有任何效力，要是那種權利就像這位作者告訴我們的那樣，是基於「上帝的規定」（《論亞里斯多德、霍布斯等人》頁二四四），那豈不是所有人不分高貴貧賤都得臣服於他？如果說，那些徒有君主之名但無權成為亞當**繼承人**的人，可以憑著既有的資格得到臣民的服從，難道他就不用依循同樣的規則服從亞當的繼承者嗎？所以，情況只能是——任何人都不能憑著亞當繼承人的資格去要求掌握世界上的統治權，因此提出這種資格就沒有意義，無論他是不是身為亞當的繼承人，都與支配臣民的資格毫無關係；不然就是——如我們的作者所說的，亞當繼承人的身份的確是掌握統治權與主權的真正資格。那麼最為優先的要務，就是找出亞當真正的繼承人，讓他登上王位，然後世上所有的君主、君王都應該把**王冠**和**權杖**都交給這個繼承人，因為對他們的臣民來說，這些權力的象徵已經不再屬於他們了。

105. 因為，情況只能是——亞當的繼承人生來就有權成為支配所有人類民族的君王（所有人聚集起來就成了**一群人**），但亞當繼承人的權利對於合法君王來說並非必要條件，沒有這種權利也能出現合法君王，君王的資格和任命都不需要依賴這種權利；不然就是——除了這個繼承人之外，世上所有的君王都是不合法的，因此他們無權要人民服從。所以，情況只能是——亞當繼承人的資格就是君王掌握王位、有權得到臣民的服從的依據：那麼就只有一個人握有這個頭銜，其他君王全是他的臣民，不能要求其他同樣是臣民的人對他們服從；再不然只能是——這種資格並非君王進行統治、有權得到臣民服從的依據，那麼君王就算沒有這個資格依然是君王，所以這個『亞當繼承人生來就擁有主權』的幻想，對於臣民的服從和君王的統治來說，其實都毫無用處。畢竟，就算君王不是、也不可能是亞當的繼承人，他們照樣有權支配，或是得到臣民的服從；既然他們沒有這種資格我們也得服從他們，那這種資格到底有什麼用？既然君王不是亞當的繼承人就沒有統治的權利，那麼，只要我們的作者或他的理論支持者還沒有表明誰才是亞當權利繼承人，我們全是自由之身。如果亞當的繼承人只有一個，那世上就只有一個合法君王，在『誰才是亞當繼承人？』這個問題解決之前，任何人都沒有義務心甘情願地表示服從，因為任何人（儘管家世不甚顯赫）都有可能是亞當繼承人，畢竟所有人的資格都是一樣的。如果亞當的繼承人不止一個人，那人人都可以是他的繼承人，所以人人都擁有君權。畢竟，要是兩個兒子都能一起成為繼承人，那所有兒子都同樣身為繼承人，因此所有人都能因為身為亞當的兒子，或身為亞當兒子的兒子而成為繼承人。亞當的繼承權不能在這兩種情況之間模稜兩可，因為按照這種論點，若不是只有一個人是君王，不然就是所有人都是君王。無論你怎麼選，都會解除統治與服從間的聯繫，畢竟，要是所有人都是繼承人，他們就不必服從任何人；要是只有一個繼承人，那麼在他為人所知，在他的資格被確立之前，也沒有人有義務向他表示服從。

第十一章　誰是繼承人

106.自古以來，一直有個重大的問題困擾人類，並帶來眾多災禍，結果造成城市摧毀、國家人口減少、擾亂世界和平，這個問題並不是世上是否有權力存在，也不在於權力從何而來，關鍵是誰才應該擁有權力。因此這個問題的迫切性並不亞於君主的人身安全，以及其領地、王國的和平與福祉。有人會認為，政治改革者應該確實掌握這個問題，並對它瞭若指掌。如果這個問題仍充滿爭議，那其他所有問題也沒有太大意義。如果光是把力氣花在替權力添加絕對性所延伸的一切光彩和誘惑，而不表明誰才有權掌握權力，只會進一步刺激人類與生俱來的野心，何況這種野心本身就相當激烈。這種情況只會使人們更加熱衷於爭權奪利，於是就紮實地埋下了禍根，帶來無休止的爭執與混亂，而不是和平和穩定，結果就是無序的統治，以及人類社會的終結。所以說，這種作法究竟有什麼好處？

107.跟一般人比起來，我們的作者更應該去處理這個問題，負責指出誰才是權力擁有者，因為他主張：**是神選制度指派公民權力**，他認為這就使權力本身及權力的轉移同樣神聖，所以任何人類的考慮、行動、計謀都不能變更神選之人，人們沒有必要、也沒有任何手段能夠用其他人取代他的位置。但是，如果**由神選制度指派公民權力**確有其事，而且如這位作者在之前的章節告訴我們的：亞當的**繼承人**就是被任命之人，那麼只要並非亞當繼承人的人成為君王，那就相當於褻瀆神明，就好比說，在猶太人當中，竟然並不是由亞倫[1]的後裔當上**祭司**一樣嚴重。這**不僅**是因為祭司身份**一般乃是憑著神選**

制度產生，就連任命祭司都只能限於亞倫的家系及後裔，這使得任何其他人都不可能享有或行使祭司權力，同時，亞倫後代的崇拜者會慎重地奉行這種繼承制度，因此他們很清楚地知道，誰才是有權繼承祭司身分的人選。

108.那就讓我們看看，我們的作者做了什麼樣的處理，我們才能知道誰才是**根據神選制度而有權成為君王，成為支配全人類的那個繼承人**。我們看到他最初的說明是以下這些話：「基於上帝自身的意旨，子女的服從是一切君王權威的基礎。由此推論出，普遍來說，公民權力不僅是來自於神選制度，甚至連權力的指派，也特別要交給最年長的雙親。」（頁十二）既然這個議題如此事關重大，那就應該用明白的文字來表達，盡可能避免產生疑慮或模稜兩可。我認為，如果要找出能夠明確而清楚地表達相關概念的語言，那麼就可以使用親屬關係或不同程度的血緣關係來描述。因此，我們原本是希望這位作者在此能使用更容易理解的表述方式，這樣我們才能更清楚地知道，經由**神選制度**的任命而**取得公民權力**的人選到底是誰，不然，他最起碼得告訴我們**最年長的雙親**是什麼意思。我相信，要是有人打算直接把領地賜給或分給某個人和他家族裡**最年長的雙親**，這個人也會認為必須有人替他解釋一下那到底是指誰，不然他也很難知道這些土地以後會屬於誰。

109.就妥當的敘述而言（畢竟確實而妥當的敘述在這類的論文中是必要的），**最年長的雙親**指的是擁有子女且最年長的男人和女人，或是最早有子女的男人和女人，那麼我們這位作者的主張就會是：這世上活得最久，或是最早生兒育女的父親和母親，他們基於**神選制度**而有權掌握**公民權力**。如果在此出現了任何謬誤，我們的作者就必須回答清楚，要是他的意思和我的解釋並不一樣，那也得怪他並沒有把話講明白。我很確定的是，**雙親**不能單指男性繼承人，**最年長的雙親**也不能指幼兒；不過要是繼承人只能有一個的話，幼兒也是有可能成為真正的繼承人。儘管他說**經由神選制度的任命**，我們還是對**公民權力**該屬於誰感到茫然，彷彿這種**任命**從來都不存在，又像是我們的作者什麼都沒說過。對於是誰憑著**神選制度**的任命得到**公民權力**？這個問題，所謂最**年長的雙親**，反而把我們搞得比沒聽過他這套**繼承人**或血統論的人還要糊塗，不過這位作者通篇都這麼語焉不詳。僅管他的著作主要是教人要服從權利擁有者，又說這種權利藉由繼承轉移，然而擁有權利的人到底是誰？他繼承的權利之後又屬於誰？他留下的說法就像政治學中的賢者之石[2]一樣遙不可及，任何人從他的著作中都找不出解決辦法。

110. 像羅勃特爵士這麼偉大的巨匠，他為了解決問題而親筆所寫的論述竟然還這麼晦澀難懂，實在不能歸咎於他的語言匱乏，因此我認為，恐怕是他發現，要憑著神選制度來定下繼承規則實在是天方夜譚；而且，就算能用神選制度來定出繼承規則，結果卻發現，不管是要拿來達成他的目的，或是用來釐清、確立君主資格，這個構想根本也討不了多少好處。於是他寧可自我滿足地使用含糊而籠統的字彙，讓人聽起來不那麼刺耳，使人樂意接受，而不願意替亞當**父威**的傳承方法訂下清楚的規則。其實，人們只能憑著清楚的繼承規則才能心甘情願地同意權力由誰繼承，並且知道繼承君權的人選，大

1 編註：亞倫（Aaron）是大摩西三歲的兄長，是以色列的第一位大祭司。
2 編註：賢者之石（philosopher's stone），鍊金術傳說或神話中的物質，能把非貴重金屬變成黃金，或能製造長生不老的萬能藥。又稱哲人石、點金石、第五元素等。

家才好服從於他。

111.若非如此，像他那樣大力強調**繼承**、**亞當的繼承人**、**下一代繼承者**、**真正的繼承人**，怎麼可能卻又從來不告訴我們**繼承人**是什麼意思，也不告訴我們辨識**下一代繼承人**或**真正繼承人**的方法呢？我可不記得他曾在任何地方明確處理過這個問題，況且，他自己遇到問題時，都非常謹慎而含糊地帶過；儘管，這種處理手段的確是必要的，不然的話，所有基於他的原則所建立的統治、服從相關論述，全都會變得毫無意義，而他如此精心包裝的**父權**對任何人而言都將毫無用處。所以，這位作者告訴我們：「上帝不僅普遍規定了權力的構成方式，還限定出某一種權力形態，也就是君權，同時決定把君權交給亞當個人及其世系子孫，這就是上帝的三條法規。無論是夏娃還是她的子女，都不得限制亞當的權力，也不得分享他的權力。給予亞當個人的權力只能再交他的後裔。」（《論亞里斯多德、霍布斯等人》頁二四四）我們的作者在此又宣稱：**神選制度**已經把亞當君權的傳承限定好了。傳給誰？我們的作者說：「傳給亞當的世系及後裔」。好一個驚天動地的**限定條件**，竟然是**限定**給全人類；若是他能從全人類當中找出一個不屬於亞當**世系**及**後裔**的人，那這個人也許就能告訴他亞當後繼的繼承人到底是誰。不過，我們要怎麼利用亞當統治權的這個**限制條件**，從他的**世系**、**後裔**當中找出那**一個繼承人**？我個人對此感到絕望。我們作者的這種**限制條件**用來在野獸的族群中找出繼承人（要是裡面真有人的話）的確是可以省下不少心力，不過若是打算從人類當中找到**接下來的繼承人**，那它就沒什麼幫助。雖然作者告訴我們亞當的**世系及後裔**擁有繼承權，對於亞當君權傳承的問題而言，這不啻是一個速成而簡單的解決之道，講白一點，意思就是任何人都擁有繼承權，因為沒有哪個活人不具有亞當**世系及後裔**的資格；任何人只要擁有這種資格，那他就屬於我們的作者基於上帝法規所限制的範圍之內。確實，這位作者告訴我們：「這種繼承人不僅作自己子女的主，也作同族兄弟的主。」（頁十九）他似乎藉著這句話以及接下來的說法（我們稍後就會探討）來暗示長子是**繼承人**，但是就我所知，他在任何地方都沒有直接這麼說過；不過以他後續提到該隱和雅各的例子來看，如果傳位者有很多孩子，則長子有權**繼承**，那麼我們可以認為，這個說法一定程度上就算是他對繼承人問題的見解。不過，長子身份完全沒有資格繼承父權，這點我們已經證明過了。我們可以輕易承認：父親擁有某種支配自己子女的權力，這是他的自然權利，但若要主張長兄擁有支配其兄弟的權力，這仍有待證明。就我所知，上帝和自然從來都沒給過長子這種統轄權，人類的理性在兄弟當中也找不出長子天生的優越性。摩西的誡律給了長子兩倍的財物和財產，但是我們從來都找不到生來就擁有，或是基於**上帝的制定**這些把優越性或支配權歸諸於長子的字眼。再說，我們的作者所舉的例子拿來當成『長子有權繼承公民權力或支配權』的證據簡直是軟弱無力，更何況，那種例子的作用其實會適得其反。

112.在我們之前引述過的相同出處，這位作者還說：「因此，我們看到上帝對該隱提到他的兄弟亞伯：他必戀慕你，你卻要制伏他。」對此我的答辯是：

一、關於上帝對該隱說的這段話，已經有許多詮釋者基於充分的理由加以解釋，他們的理解和我們的作者用法截然不同。

二、無論這句話是什麼意思，都不能理解成『因為該隱身為長子就自然擁有支配亞伯的權力』，因為這些話有個條件「你若行得好」，況且這句話完全是對著該隱說的；不管這些話說的是什麼，都要取決於該隱的作為，而不是根據他天生的權利，因此這句話不能普遍地用來確立長子的支配權。畢竟在此之前，正如我們的作者自己承認過的：「亞伯基於私有支配權而擁有自己的領地。」（《論亞里斯多德、霍布斯等人》頁二一〇）要是該隱**憑著神選制度的任命**成為繼承人，繼承了父親的所有支配權，則亞伯就不能擁有領地的私有支配權，因為這已經侵害了繼承人資格。

三、如果上帝有意把這句話當成是長子繼承的特許，同時根據長子繼承的權利把支配的權力普遍地賜給長兄，那我們可以料想，這份特許應該包括他所有兄弟的長子，因為我們完全可以假定，當時世界上人類已經從亞當一族繁衍開來，他們的兒子都已經長大成人，而且這些後代所生的兒子甚至比該隱與亞伯還多；有鑑於亞伯這個名字實在很少被《聖經》提及，這段話不管結構多麼完整，按照原文脈絡，實在很難把這種意思用在亞伯身上。

四、把如此重大的學說建立在《聖經》中如此含糊、晦澀的一句話之上，這未免有點過份，因為那句話可以基於截然不同的意義進行妥善的理解，甚至能得出更好的理解，因此，引述這句話來當作證據也非常拙劣，而且和它所要證明的觀點一樣可疑，尤其是《聖經》裡根本就沒有任何相關的證據或理由來贊成或支持這種觀點。

113.這位作者接著說：「照著來看，當雅各買了哥哥的**長子名分**，因此以撒就祝福他：願你作你弟兄的主；你母親的兒子向你跪拜。」（頁十九）看吧，這是我們的作者引用的另一個例子，他打算用來顯示支配權基於長子繼承，這實在叫人拍案叫絕。因為，這個人是打算替君王的自然權力辯護，因而反對一切契約，結果他為了證明所拿出的例子，照他自己的說法，其中的一切權利都是基於契約成立，而且是讓幼弟（雅各）得到支配的權力；除非說買賣並不算是契約，否則這種推論方式實在是非比尋常，畢竟這位作者明明告訴我們：「當雅各買了他的長子名分」。不過這點先姑且不論，讓我們探討一下這段歷史的原貌，看看我們的作者做了什麼樣的利用，然後就會發現以下錯誤：

一、我們的作者把它描述得像是雅各買了**長子名分**，然後就立刻得到以撒的祝福，因為他說：「當雅各買了……因此以撒就……。」但在《聖經》中顯然並非如此。因為這兩件事其實隔了好一段時間，要是按照故事發生的順序來看，相隔的時間實在不算短，畢竟以撒在基拉耳[3]旅居的整段時間，以及他和亞比米勒[4]進行交涉的事件，全都是在這兩件事之間發生的。（《創世紀》第二十六章）當時利百加還很年輕貌美，不過等到以撒祝福雅各時，她已經年老色衰了。而且以掃也控訴過雅各，說雅各曾欺騙了他**兩次**，他說：「他從前奪了我長子的名分，你看，他現在又奪了我的福分。」（《創世紀》第二十七章三十六節）我認為，這些敘述顯示了兩件事是隔了好一段時間的不同舉動。

二、我們的作者所犯的另一個錯誤是，他認為以撒是因為雅各的**長子名分**而**祝福**他，立雅各**作兄弟的主**，因為我們的作者是引用這個例子來證明，只要一個人擁有**長子名分**，他就有權**作兄弟的主**。但《聖經》原文也明白顯示：以撒根本就沒想到雅各已經買了長子名分，畢竟當以撒在祝福的時候，他並不認為被祝福的對象是雅各，而是把雅各當成了以掃。就連以掃也不認為**長子名分**和以撒的**祝福**有什麼關聯，因為他說的是：「他欺騙了我兩次：他從前奪了我長子的名分，你看，他現在又奪了我的福分。」反過來說，要是**作兄弟的主**的這個**祝福**本來就屬於**長子名分**，那以掃就不會控訴說這是第二次欺騙，畢竟當他把**長子名分**賣給雅各時，雅各得到的就只有以掃賣掉的名分，沒別的了。所以情

3 編註：基拉耳（Gerar），迦南一重要城鎮，位於非利士平原。荒年時，亞伯拉罕的長子以撒遷居至此耕種掘井，因妻子利百加（Rebecca）容貌秀美，怕招禍而謊稱為妹。

4 編註：亞比米勒（Abimelech），以撒寄居基拉耳城時的非利士王。他曾指責以撒謊稱妻子為妹，但頒令保護他們。後來因以撒挖水井之事，與以撒立約。見《創世記》二十六章。

況非常明白，就算這段話意有所指，也沒有人把支配權當成是屬於**長子名分**的權利。

114.況且，在那些先祖的時代，支配權並不是被當成繼承人的權利，僅僅是指大批財物，因為立以撒為繼承人的撒拉[5]說過：「你把這使女和他兒子趕出去！因為這使女的兒子不可與我的兒子以撒一同承受產業。」（《創世紀》第二十一章十節）這句話沒有別的深意，只是在說不該讓這個兒子一直留著口實，讓他等到父親死後還來平分遺產，應該現在就分一點財產，立刻打發他們離開。我們對照著讀下去：「亞伯拉罕將一切所有的都給了以撒。而且亞伯拉罕把財物分給他庶出的眾子，趁著自己還在世的時候打發他們離開他的兒子以撒，往東方去。」（《創世紀》第二十五章第五、第六節）這就是說，亞伯拉罕把部分的財物分給其他所有兒子，並打發他們離開，而他保有的是他財產中的主要部分，以撒在他死後以繼承人身份得到這大部分的財產。不過即使以撒身為繼承人，他也沒有權利**作兄弟的主**，要是有的話，撒拉又何必花費力氣趕走以實瑪利[6]，畢竟這樣反而是剝奪他的**臣民**、減少他的**奴隸**。

115.因此，按照誡律的規定，**長子名分**的特權不過就是分到雙倍財產，所以我們看到，在摩西之前的先祖時代——縱使我們的作者自稱他是由此導出長子繼承的模型——沒有人知道、也沒有人認為，任何人只要擁有長子名分就有統治權、支配權、父權或是君王權威，然後藉以支配自己的兄弟。要是以撒和以實瑪利的故事還不夠明白的話，那就看看《歷代志上》第五章第一、二節，可以讀到以下的敘述：「以色列[7]的長子原是流便[8]；因他污穢了父親的床，他長子的名分就歸了約瑟[9]。只是按家譜他也不算是長子。猶大[10]勝過一切弟兄，君王也是從他而出；長子的名分卻歸於約瑟。」這裡的長子名分是什麼？雅各祝福約瑟時所用的以下這段話告訴我們：「並且我從前用弓用刀從亞摩利人[11]手下奪的那塊地，我都賜給你，使你比眾弟兄多得一分。」（《創世紀》第四十八章二十二節）我們由此不僅可以明白地看出，長子名分僅僅只是能得到雙倍財產，而且我們還知道，《歷代志》的原文敘述與這位作者的學說相反，並同時顯示支配權並不屬於長子名分；畢竟《歷代志》告訴我們：約瑟有長子名分，但猶大才有支配權。看到我們的作者竟然舉了雅各和以掃的例子，想要藉此證明雅各支配自己兄弟的支配權是歸屬於繼承人，想必有人會覺得，這位作者對於**長子名分**這個字眼簡直是愛不釋手。

116. 首先，這只不過是個糟糕的例子，它難以證明上帝規定要把支配權歸屬於長子，畢竟這裡是最年幼的雅各得到了支配權，姑且先不管他是如何得到的。如果說這個例子還能證明什麼，它也只能證明和這位作者相反的觀點，那就是**指派給長子的支配權並非基於神選制度**，不然支配權就無從變更了。要是根據上帝或是自然的律法，絕對的權力及支配權屬於長子及其繼承人，所以他們就是至高無上的君主，其他所有兄弟都是奴隸，那麼我們的作者反而會使我們有理由懷疑長子是否真的有權轉讓這種權力，從而損害其後代的權益；因為作者告訴我們：「那些源自於上帝或自然的恩賜及贈予，任

5 編註：撒拉（Sarah），亞伯拉罕的妻子，以撒的母親。

6 譯註：以實瑪利（Ishmael）即使女的兒子。

7 譯註：雅各和上帝立約後改名以色列（Israel）。「雅各從巴旦亞蘭回來，神又向他顯現，賜福與他，且對他說：你的名原是雅各，從今以後不要再叫雅各，要叫以色列。這樣，他就改名叫以色列。」（《創世紀》第三十五章第九、第十節）

8 編註：流便（Reuben），雅各的長子，與他父親的妾私通。

9 編註：約瑟（Joseph），雅各的第十一個兒子，以掃的姪子。

10 編註：猶大（Judah），雅各的第四個兒子。

11 編註：亞摩利人（Amorite），指迦南人諸族。

何人類的低等權力都無法加以限制，也不能制定任何與之相違的法規。」（《論亞里斯多德、霍布斯等人》頁一五八）

117.其次，因為我們的作者所提到的例子（《創世紀》第二十七章二十九節[12]）根本就不涉及某個兄弟支配另一個兄弟，也無關乎以掃對雅各的服從，畢竟歷史可是明明白白：以掃從未向雅各臣服，而是分開去住在西珥山[13]，並在此建立了獨立的部族及統治權，如同雅各支配他們的家族那樣，以掃自己也成為支配人民的君主。如果我們好好思考過這段原文，它敘述的對象絕不會是指以掃，也不能理解成雅各擁有支配以掃的私有支配權，因為以撒明明知道雅各只有一個兄弟，他在使用「你弟兄」、「你母親的兒子」這些詞的時候就不會是字面上的用法；這段話用字面的意思來理解的話其實很有問題，也無法用來建立什麼雅各支配以掃的權力，因為我們在《聖經》故事中看到的情況正好相反。由於雅各在《創世紀》第三十二章數次稱以掃為『主』，而對以掃自稱『你的僕人』[14]；而《創世紀》第三十三章：「（他）一連七次俯伏在地才就近他哥哥」。所以以掃到底是不是雅各的臣民和下屬（哎呀！按照這位作者的說法，所有臣民全是雅各的奴隸耶），雅各是否憑著長子名分成為支配以掃的君主，我就交給讀者自行評斷吧。如果有人能作出評斷，那就看看他是否相信以撒的這句話：「願你作你弟兄的主；你母親的兒子向你跪拜。」就能證實雅各憑著他從以掃手上得到的**長子名分**而有權支配以掃。

118.凡是讀過雅各與以掃故事的人都會發現，在他們的父親去世之後，兩人之間從來都沒有什麼誰支配誰的權力或權威，他們作為兄弟友好、平等地生活，兩兄弟既不是對方的**主人**，也不是對方的**奴隸**。他們相互獨立，兩人都身為各自家族的領袖，並不接受另一方法律的管轄，而且分開生活，然後經過兩種不同的統治過程，成為兩種不同民族的始祖。至於以撒的祝福——我們的作者想要用來建立長子支配權的那段話——其實沒別的意思，它要表示的，就只是利百加曾經聽上帝對她說過的那段話：「兩國在你腹內；兩族要從你身上出來。這族必強於那族；將來大的要服事小的。」（《創世紀》第二十五章二十三節）而且雅各也是這樣祝福猶大（《創世紀》第四十九章），並把**權杖**和**支配權**交給他。我們的作者是可以藉此主張第三個兒子就憑著管轄支配的權力支配他的兄弟，這相當於用以撒的祝福證明雅各的支配權。不過由於這兩段內容都只是預言了他們的後代子孫很久之後才發生的情況，也完全沒有繼承支配權的宣告，因此，我們就能整理出這位作者證明**繼承人作支配兄弟的主**的兩個主要且僅有的論證：

一、因為上帝告訴該隱（《創世紀》第四章），無論罪是如何誘惑他，他都應該且能夠制服它；由於最為博學的詮釋者都會把『它』這個字理解為罪[15]，而不是理解成亞伯，而且還特地為這個論點提供了強而有力的理由，所以憑著這麼模糊的原文，其實無法按照這位作者的目的作出任何具有說服力的

12 譯註：本段經文為：「願多民事奉你，多國跪拜你。願你作你弟兄的主；你母親的兒子向你跪拜。凡咒詛你的，願他受咒詛；為你祝福的，願他蒙福。」

13 編註：西珥山（Seir），從死海往南延伸到紅海亞喀巴灣之裂谷兩面的丘陵地帶。

14 譯註：「雅各打發人先往西珥地去，就是以東地，見他哥哥以掃，吩咐他們說：你們對我主以掃說：你的僕人雅各這樣說：我在拉班那裡寄居，直到如今。」（《創世紀》第三十二章第三、第四節）

15 譯註：「你若行得好，豈不蒙悅納？你若行得不好，罪就伏在門前。他必戀慕你，你卻要制伏它。」（《創世紀》第七章第四節）

推論。

二、因為以撒在《創世紀》第二十七章是預言雅各的後代以色列人將會支配以掃的後代以東人，結果我們的作者就說成**繼承人作支配兄弟的主**。但這種結論我就不予置評了。

119.所以說，關於亞當君權或父親支配權如何傳承轉移給後代，我們的作者對此做了什麼樣的安排，大家現在很清楚了，就是由亞當的**繼承人**來繼承，由他承襲父親一切的權威，在父親死後成為和他一樣的主人，**不僅支配自己的子女，還支配自己的兄弟**。一切都傳承自他的父親，且**永遠**傳承下去。然而究竟誰才是這個繼承人，作者可是連說都沒說。對於這個如此根本的問題，我們只能從他提到雅各的那個例子找出一點啟示；他只用雅各向以掃買來的**長子名分**這個字眼，去讓人猜測他所說的繼承人就是指長子，僅管我根本就不記得他在哪個地方有明確提到長子的資格，因為他一直以來都在用**繼承人**這個沒有定義的術語遮遮掩掩。不過就算他的意思真的是長子為繼承人（如果長子不是繼承人，那就沒有理由可以解釋：為何所有的兒子不能同樣成為**繼承人**？）所以長子是基於長子繼承權而擁有支配自己兄弟的權力。但是這不過是解決傳承問題的第一步，剩下的問題仍然一樣棘手，除非在現任權力持有者沒有子嗣的情況下，他還能向我們表明繼承權的人選是指誰。這位作者默默地跳過了這個困難，也許這招的確相當聰明，畢竟如果一個人宣告過「擁有權力的人選與統治的形態、權力一樣，都是基於神選制度及上帝規定」（《論亞里斯多德、霍布斯等人》頁二五四、《先祖論》頁十二）這種話之後，除了小心別再觸及任何人選的問題之外，他還能有什麼更聰明的招術？論及這個問題的解決之道肯定會逼他承認——上帝和自然根本就沒有對權力的人選作出任何決定。我們的作者大費周章設想出擁有自然支配權的君主，要是他沒有兒子，作者也無法表明，根據自然權利或是上帝清楚而確實的誡律，到底是誰最有資格繼承君權，那作者何必在其他任何地方耗費那些功夫？為了安定人心，奠定人們的臣服及擁戴，其實更有必要向大家表明：到底是誰才有資格憑著『優於人類意志、先於人類行動的那種原始權利』來繼承**父權**，而非只是證明這種**權力**是自然就存在的。如果僅僅是告訴我，有一種我應該且願意遵從的**父權**存在，這其實沒有意義，除非能夠在有許多權力覬覦者的情況下，也有辦法讓我知道誰才是該權力的合法擁有者。

120.因為，目前的主要問題涉及的，是我得服從的責任，以及我內心對於擁有權利的主人、統治者應有的順服，我必須知道那種父權的權利是交到誰的手上，所以這個人能夠要求我服從於他。我們的作者說：「公民權力普遍而言不僅是基於神選制度，甚至是權力的指派也特別要交給最年長的雙親。」（頁十二）又說：「不僅是統治的權力或權利，甚至連統治權力的形態與權力的擁有者，一切都是基於上帝規定。」（《論亞里斯多德、霍布斯等人》頁二五四）就算這些話都是真的，除非他能夠向我們表明：在任何情況下，誰才是上帝所**規定**的人選，誰才是**最年長的雙親**，否則這些君權的抽象概念在需要付諸實踐時、在人們打算真心順服時，依然根本沒有意義；畢竟**父權**本身並不是人們所服從的對象，因為父權不會發出命令，它只是能給予某個人某種別人所沒有的權利，如果透過繼承得到這種權利的人發出命令，其他沒有權利的人就得服從。若我服從於某個並非基於父權使我服從的人，卻說我是向**父權**服從，這就太荒謬了；要是這個人不能證明自己擁有神授的統治權力，那就相當於世界上根本就沒有能夠統治我的神授權力，他就不能憑著神授的名義要我服從。

121.由於我們的作者無法用『亞當的繼承人』建立起任何君主的統治資格，既然它根本就沒有用，所以最好就置之不理；作者喜歡用當前權力的持有狀態來解決所有問題，認為公民對**篡位者**的服從就等同於他們對合法君王的服從，從而使**篡位者**的資格和合法君王一樣有效。但他說的這些話值得記下來，他說：「如果篡位者放逐了真正的繼承人，臣民對父權的臣服還得維持下去，並等待上帝的旨意。」（《論亞里斯多德、霍布斯等人》頁二五三）不過我先把篡位者的資格放到適當的時機再來深究吧，希望清醒的讀者好好想想，君主們該多麼感激這種政治學說，因為它把**父權**，也就是統治權利交到凱德或克倫威爾[16]這種人手裡。既然所有人都得服從父權，根據同樣的權利，所有人都得服從這種篡位者，篡位者的權力基礎就跟合法君主一樣合理。然而，如此危險的學說也沒別的選擇，必定只能把一切政治權力歸結到**神選**制度所任命給亞當的父權，它只能說明父權傳承自亞當，卻無法表明該父權該由誰承襲，誰才是繼承人。

122. 為了建立人世的統治，為了使所有人的良心產生應有的順服，（按照我們作者的假設，一切權力都只是擁有亞當**父威**的表現，）就像之前說過的那樣，父親去世的時候由長子來繼承，有必要滿足以下條件：在父威擁有者去世且沒有子嗣能立刻繼承的時候，要能指明誰才有權得到這種**權力**與**父威**。我們還得記住，（要不是我們的作者常常忘記，我們認為這是他應該主張的重點）最重要的問題是：什麼樣的人才有權得到眾人的服從，而不是在不知道權力歸屬的情況下，浪費時間去探討世界上有沒有一種所謂**父權**的權力。既然它是一種權力，也就是統治的權利，只要我們知道誰是擁有者，無論它被稱為**父權**、**君權**、**自然權**、**獲得權**都無關緊要，無論你要稱之為**至高父威**還是**至高兄威**都沒什麼差別。

123. 那麼我接著問下去，關於這種**父權**、**至高父威**的繼承權，女兒所生的外孫是否優先於兄弟所生的外甥？長子所生的孫子（儘管還只是嬰兒），是否就優先於成年且能幹的次子？女兒是否優先於叔父或其他父系親戚？次女所生的孫子是否優先於長女所生的孫女？庶出的長子是否優先於正妻所生的幼子？由此問下去，還會引出許多合法性的問題；妻和妾本質上有什麼差別？就國內法或實定法來說沒有什麼分別。我們還可以進一步問：癡呆的長子是否有權優先於年輕而聰明的幼子繼承**父權**？長子癡呆到什麼程度才會被剝奪繼承權？這該由誰才判斷？因癡呆而被剝奪繼承權的長子，他所生的兒子是否優先於他在位的兄弟所生的兒子？如果君王去世，守寡的皇后已經懷有身孕，但誰也不知道這孩子是男是女，此時誰才擁有**父權**？如果母親剖腹生出了雙胞胎兄弟，誰該成為繼承人？同父異母或同母異父的姊妹，繼承上是否優先於同父同母的兄弟所生的女兒？

124. 圍繞著繼承資格、繼承權利，我們可以提出上述那一堆問題以及相同類型的疑難問題，而且那並不是無聊的空想，而是歷史中常常看到的，攸關於王位及王國繼承的問題。如果有需要的話，我們不必到別的王國遠求，光是從這個島上的王國就能找出相當知名的案例，在《族長非君主》一書當中，博學的作者[17]已經做了充分地記載，我就不多談了。關於下一代繼承人問題所引發的種種疑難，在我們的作者能夠加以解決之前，也就是在他證明這些困難顯然已經被自然法或上帝啟示的律法處理好之前，他對亞當的**君權**、**絕對權力**、**至高權力**、**父權**以及相關權力傳承給亞當繼承人的一切假設，對

16 編註：凱德（Jack Cade）是發生於一四五〇年英國肯特郡、蘇塞克斯郡的農民起義領導人，農民因不滿沉重賦稅及百年戰爭失利而起義，攻入倫敦並搶劫市民，最終經大主教調解才解散武裝，並受到赦免。但他後來仍被追補受傷，審判之前就死亡。克倫威爾請見上篇第八章註2。

17 編註：本書作者為詹姆斯．泰瑞爾（James Tyrrell，1642-1718），輝格黨政治哲學家和歷史學家。《族長非君主》（*Patriarcha non Monarcha*）出版於一六八一年，評論並回應了菲爾默爵士《先祖論》的錯誤觀點。

於目前在人世建立任何權威或任何君主的資格，其實都毫無用處，反而還會引起糾紛，使一切都成為疑問。因為，即使任憑這位作者的意願告訴我們，也假設所有人都會相信：亞當擁有**父權**，從而得出**君權**，這個（世界上唯一的）**權力傳承給他的繼承人**，除了這種權力之外，世界上沒有別的權力。就算上述一切都已經得到清楚的證明，其間還是有明顯的錯誤：只要**誰承襲了父權**？和權力現在歸屬於誰？這些問題還會產生疑義，那就沒有人會承擔任何要他**服從**的義務，除非有人會說：我必須向一個和我一樣沒有**父權**的人表示服從，但這樣相當於在說：我是因為某個人擁有統治的權利才服從於他，然而要是問我，我怎麼知道他有統治權利？我的回答卻是，沒有人知道他到底有沒有那種權利。既然不能讓我服從的理由無法成為我服從的理由，那麼，任何人都不知道的理由就更不可能成為我服從的理由。

125.因此，關於亞當的**父威**與相關的巨大權力，以及這個假設之所以必要的一切胡言亂語，如果這些假設不能告訴臣民應該對誰服從，或是無法讓人知道由誰統治、由誰服從，那它對於建立統治者的權力或是決定臣民所應服從的義務，都一樣毫無幫助。就目前這個世界的狀況來說，誰是亞當的繼承人？其實大家根本一無所知，也無跡可尋。這個**父威**、這個傳承給繼承人的**亞當君權**，其實對人類的統治來說一點用處都沒有，就算我們的作者使人們相信亞當擁有赦罪的**權力**或治病的能力，就算這些能力都經過神選制度傳承給亞當的**繼承人**，但是我們卻不可能知道這個繼承人是誰，結果就依然毫無用處，這種能力無法安撫人心或治療人民的疾病。如果有人基於這位作者的保證，隨便找了自命為教士的人告解，就預期得到美好的赦免，或是隨便找了自稱醫生的人拿藥，就預期能夠痊癒，又或者，有人就因此一頭熱地宣稱自己繼承了亞當，得到赦罪的權力，或是宣稱自己會被傳承自亞當的醫療權能所治癒；這一切舉動就相當於：有人承認一切權力都只傳承給亞當唯一的繼承人，他自己屈從臣服於亞當的**父權**，但他卻根本不知道亞當的繼承人到底是誰。上述的種種舉動豈不是同樣荒謬？

126. 世俗的法學家自稱他們解決了某些涉及君主繼承問題的案例，確實沒有錯，但是根據我們這位作者的原則，他們干預了不屬於他們所負責的事務；如果一切政治權力都只能從亞當身上推導出來，只能根據**上帝的規定**與**神選制度**指派給亞當代代相傳的繼承人，那麼它就是一種先於且凌駕於一切統治之上的權利，因此人類的實定法無法決定該權利的歸屬，因為它本身就是一切律法及統治的基礎，其法則只能得自於上帝與自然的律令。但有鑑於我們的作者對此保持緘默，我也傾向於認為，能夠藉由這種方式轉移的權利根本並不存在。我很肯定，就算有的話也毫無意義，而且要是涉及了統治和如何服從統治者的問題，如果沒有這種權利的話，人民也許還不至於那麼困惑。既然**神選制度**（要是真有的話）把實定法和契約的運作排除掉，而且它能妥善解決一切無窮無盡、錯綜複雜的疑難雜症，那麼這麼一種神授的自然權利，一種與世界的秩序、和平同等份量的權利，怎麼能沒有任何相關明白的神聖規定或自然規定，來把它轉移給後代子孫？這叫人根本無法理解。如果公民權力是由**神選制度指派給繼承人**，然而卻又無從知道**神選制度所任命**的人選，那一切世俗統治只能終結。既然神授的**父系君權**只能屬於亞當的繼承人，那就沒有留下讓人類使用智慧、同意把它賦予給別人的餘地。如果只有一個人擁有得到全人類服從的神聖權利，除了能證明這種權利的人以外，沒有人能出聲要求他人服從，也沒有其他任何能使人發自內心應該服從的理由。因此，這種學說從根本上斬斷了所有統治的基礎。

127. 因此，我們看到這位作者是怎麼處理的：他把上帝所**規定**的**人選**憑著**神選制度**得到的統治權當成是穩固的基礎，卻又只告訴我們有一種人是**繼承人**，就讓我們自己去猜誰才是繼承人。因此，**神選**

制度把這種權利指派給我們無從得知的人選，結果就相當於它沒有把這種權利任命給任何人。但不管我們的作者做了什麼，**神選制度**不會做出如此荒謬的任命，我們也無法設想以下情況：雖然上帝立下了一個神聖律法，規定某個人有權得到某種事物，卻又沒有給出指認那個人的法則；或者說，雖然上帝要讓一個**繼承人**擁有神授權力，卻又不指出這個**繼承人**是誰。我們寧可相信**神選制度**並沒有把這種權利指派給**繼承人**，也不會相信，上帝既打算把這種權利交給**繼承人**，同時卻又對『誰才是這個繼承人？』這個關鍵問題含糊其詞、懸而未決。

128. 如果上帝把迦南賜給亞伯拉罕，卻用籠統的語彙指定在他死後由某人繼承，而且又沒有指名是哪個亞伯拉罕的子孫，好讓大家藉此知道某人到底是誰，那指派迦南土地所有權的這種決定就沒有什麼效力可言；這就像是，在決定王位繼承權利時，說是把帝位交給亞當及其去世後承襲的繼承人，卻沒有說明誰才是亞當的繼承人。畢竟，**繼承人**這個字如果沒有搭配好加以辨識的規則，它的意思就相當於某個人，而我不知道某個人是誰。上帝立下了一個**神聖制度**，規定人們不得和**近親**通婚，祂認為僅僅是說：「你們都不可露骨肉之親的下體，親近他們。」光是說這種話還不夠，祂還進一步給出規定，讓人知道**神聖制度**所要禁止的**近親**是指誰[18]；不然的話這條律法就毫無用處。如果用這麼籠統的字眼對人限制或給人特權，卻無法讓人知道這個特定的人選到底是誰，那根本就沒有意義。不過既然上帝從沒說過下一代繼承人應能繼承父親的所有資產及支配權，那我們就不需要感到奇怪，為何祂從沒來指明過繼承人到底是誰？畢竟上帝從來都沒有這個打算，從來都沒安排過那種意義的繼承人，那我們就不能期望上帝會在什麼地方提名或指派這樣的人選；若非如此，我們還能有所指望。因此，儘管《聖經》裡出現了**繼承人**這個字，卻沒有我們的作者那種意義的繼承人——憑著自然權利，把眾兄弟排除在外，獨自繼承父親一切資產的繼承人。所以說，撒拉認為，要是以實瑪利在亞伯拉罕死後仍留在家裡分享他的遺產，這個使女之子就會和以撒一起成為繼承人，因此，撒拉說：「把使女和他兒子趕出去！因為使女的兒子不可與我的兒子一同繼承產業。」不過這樣也無法替這位作者開脫，既然他告訴我們每一個人群中都有一個亞當後繼的真正**繼承人**，他就應該告訴我們繼承的規則到底是什麼；不過他卻那麼吝惜筆墨，沒有把如何知道誰才是**繼承人**的規則教給我們。由於這位作者自稱他所謂的統治完全建立在《聖經》記載的歷史之上，下一節就讓我們看看，他對這個必要且根本的關鍵論述了些什麼。

129. 我們的作者為了讓自己的書更加出名，用以下這段話開始闡述亞當君權的傳承歷史：「亞當憑著上帝的命令得到全世界的統治權，基於他的傳承，先祖們所享有的權利極大……等等。」（頁十二）至於他是如何證明先祖繼承而享有亞當的權利？他說：「猶大擁有生殺予奪之權，我們看到身為父親的猶大只因兒媳他瑪[19]做過妓女就宣判她死刑。」（頁十三）這件事如何證明猶大擁有絕對和主權的權威？因為**他宣告了死刑**？然而宣告死刑並非確實代表著他擁有主權，因為這通常是低層行政官員的事務。制定法律以判決生死的權力的確是主權的表現，但是根據這種法律所做出的判決可以由別人來宣告，因此這個事件作為證據來說也不甚恰當。這就好比有人說傑佛瑞[20]法官最近宣判了某人死刑，所以

---

18 譯註：見《利未記》第十八章，該章內容提到母親、繼母、姊妹（包括同父異母及同母異父）、孫女、外孫女、姑母、姨母、伯叔之妻、兒婦、弟兄妻子……等等。

19 編註：他瑪（Thamar），先後嫁給猶大的長子和次子，後來因猶大毀約而設計誘惑猶大，生下孿生子。

傑佛瑞法官就擁有主權一樣。也許作者會說，猶大的判決並非受到他人委託，而是憑著自己的權利做出宣判。但是誰知道他到底有沒有權利？他有可能氣急敗壞地做出了他本來無權行使的舉動。「猶大擁有生殺予奪之權」，何以見得？他做過這件事，「宣判兒媳他瑪的死刑。」我們的作者認為猶大做過了就是非常充分的證明，所以他就有權利做這件事。不過猶大也跟他瑪同寢過，根據同樣的證明方式，猶大就有權和他瑪同寢。如果說『某人做過某件事就表示他有權做這件事』是有效的推論，那押沙龍也能算在他所謂的君王之列了，因為押沙龍在類似的情況下宣告過其兄弟暗嫩的死刑，並予以執行，如果這就足以證明押沙龍擁有生殺大權，那他當然算是君王。[21]

但是，就算把這一切都當成是可以清楚證明的最高權力，究竟誰才是那個**基於傳承自亞當的權利而享有統治權力，其效力與任何君主的絕對支配權同樣廣泛而充分**的人選？我們的作者說：「猶大」。猶大是雅各的幼子，他的兄長和父親當時還活著，因此如果接受這位作者自己的證明，那就是一個幼弟在他的父親及長兄仍在世時就**憑著繼承權享有亞當的君權**，要是這種條件的人選都可以經由繼承而成為君主，那為何不是人人皆可？要是猶大在其父親及兄長仍在世時就算是亞當繼承人之一，那我就不明白，還有誰會排除在繼承權之外？所有人都可以像猶大那樣經由繼承而成為君主。

130.「提到戰爭，我們知道亞伯拉罕指揮過家族的三百一十八名士兵，以掃也曾帶了四百名武裝戰士去會見他的兄弟雅各。為了維持和平，亞伯拉罕和亞比米勒人結成同盟……等等。」（頁十三）有人在家族中擁有三百一十八名士兵，但是他卻不是亞當的繼承人，這難道不可能成立嗎？西印度群島上的殖民者擁有的人馬還更多呢！而且只要殖民者願意，他就可以召集人馬（這毋庸置疑）去對抗印地安人，只要受到任何傷害就找對方討回公道，這一切完全不需要**亞當傳承下來的絕對君主支配權**就能辦到。作者打算以此證明：一切權力都是由上帝授予亞當後經由繼承留傳下來，這麼一個殖民者的地位及權力也是基於**上帝的旨意**，畢竟他有權支配在他家出生的奴僕以及花錢買來的奴僕。這種論證難道還不令人拍案叫絕嗎？這正好就是亞伯拉罕當時的情況；那些**先祖**時代的富人就跟現在西印度群島的殖民者一樣，是經過購買**男**、**女奴僕**，讓他們繁衍後代，同時又買入新的奴僕，然後發展成人口眾多的大家族；他們在戰時或平時都可使喚這些奴僕，然而支配奴僕的權力卻是花錢買的，難道這樣就可以主張，這種支配權是由亞當所傳承下來的遺產？一個人遠征討敵所騎的馬是經由正當管道買來的，這就足以證明馬主**憑著傳承給他的權利而享有上帝命令亞當支配全世界的統治權**，這種說法相當於：亞伯拉罕能指揮家族的奴僕，這就足以證明**先祖們**享有亞當傳承下來的統治權。因為這兩種情況下的主人，無論他們支配的是奴隸還是馬匹，他們行使權力的資格都只是購買獲得的。所以結果就變成：單純透過交易和金錢取得某種事物支配權的手段也能成為一種新的證明方式，能夠證明一個人是經過繼承傳承得到君主支配權。

131. **但是宣戰媾和就是主權的表現**。先假定政治社會中的情況就是如此吧。不過，一個在西印度群島的人，可以和自己的兒子、朋友、同伴、雇用的士兵或是花錢買來的奴隸組成團隊，或許團隊中就包含了以上所有成員，即使他的身份並非同行者當中的最高統治者或絕對君王，但只要情況需要的

20 編註：傑佛瑞（George Jeffreys，1648-1689），他在國王詹姆斯二世統治期間成為大法官，在歷史上以嚴厲和偏見著稱，也被稱為「絞刑法官」。

21 編註：押沙龍（Absalom）是大衛王的三子，他的妹妹他瑪被異母哥哥暗嫩（Amnon，大衛王的長子）玷辱同寢。押沙龍隱忍兩年後，才設計僕人殺死暗嫩復仇。他後來逃跑，最後死於叛亂。見《撒母耳記下》第十三章。

話，他不也能進行宣戰、媾和，甚至是以**宣誓的方式批准條約**？就算有人認為這個人不行，他們也不得不承認許多船主、許多私營殖民者其實就相當於專制君主，因為他們行使的權力如出一轍。在政治社會中，宣戰媾和只能由該社會的最高權力來決定，因為這兩種狀態會對這種政治實體的運作產生不同的推動作用，除了能夠指引整個政治實體運作方向的人以外，任何人都不得宣戰媾和，在政治社會中只能由最高權力來決定。不過在自願暫時組成的社會中，經由成員同意所授權的人選就可以執行宣戰或媾和，一個人也可以為自己執行這種行動。畢竟戰爭狀態並不是由**參與**人數的多寡來決定，而是在沒有上級可以申訴的情況下，由敵我雙方的敵意來決定。

132. 實際上執行宣戰或媾和的舉動，其實不足以證明其他任何權力的有無，只能證明他有權決定追隨者執行或是停止敵對行動，在許多情況下，一個人不用處於政治上的最高地位就能擁有這種權力。因此，我們無法用宣戰或媾和來證明這類行動的執行者就是政治統治者，更別說是君王。不然，任何國家[22]的掌權人必定也是君王，畢竟他們確實就跟君權政府一樣在執行宣戰媾和。

133. 不過，縱使我們接受宣戰媾和是亞伯拉罕**擁有主權的表現**，這就足以證明亞當統治全世界的**主權傳承到他手上了嗎**？若真是如此，這肯定也是亞當的**統治權傳給**別人的最佳證據。如此一來，國家的掌權人就跟亞伯拉罕一樣成了**亞當繼承人**，因為他們跟亞伯拉罕一樣能**宣戰媾和**。如果你想說：儘管國家掌權人也可以宣戰媾和，但他們無權繼承**亞當的統治權**，那我也可以說，亞伯拉罕也是一樣，於是你的論證就只能打退堂鼓。要是你堅持這個論證，堅稱能夠宣戰媾和的亞伯拉罕**的確繼承了亞當的統治權**，而國家無疑地也是一樣，那麼你的論證就無法替君權政府立論，除非你要把國家掌權人都說成是**經由繼承而享有亞當統治權**的君主。沒錯，這的確是能把全世界的政府都變成君主制度的新方法。

134. 我為了對我們這位作者的新發明表示尊重，所以最好要讓讀者知道這是來自於他本人的倡導（雖然它看起來極為荒謬），因為，坦白說，這並不是我藉著研究他的理論原則而率先發現的，也不是擅自歸諸於他。他在《先祖論》二十三頁別出心裁地說道：「在世界上所有王國和國家當中，不管君王是人民至高無上的父親，還是身為父親的真正繼承人，還是經由篡奪或選舉才取得王位，也不管那是少數人還是多數人統治的國家，這種由一個人、好幾個人、所有人所掌握的權威，都是至高無上的父親所享有的唯一權利及自然權威。」他常常對我們說，**父威**的權利就是**王者權威和君王權威**，特別在《先祖論》十二頁，他馬上就拿亞伯拉罕當例子的那一頁就是這麼說的。他說，那些國家的統治者擁有的就是君王權威。如果國家的統治者所擁有的就是王者權威和君王權威，要是這樣沒有問題的話，那麼說，任何國家都是由君王統治也必定沒有問題。如果統治者擁有君王權威就必定是君王，結果就是，世界上所有的政府都成了不折不扣的君主制度，那我們又何必糾結於這個問題？反正世界上的政府都成了他們想要的模樣，無一不是君主國家。無疑的，這是我們的作者所發明的方法，它能確實地

22 編註：「國家」的原文是「common-wealth」，這是十五世紀出現於英國的複合字，指為了公眾利益成立的政治群體，也就是「國家」、「單一共和國」。後來才演變為具有相同政治或經濟目標的國家聯合體，即「聯邦」（Commonwealth）之意。

把世界上的其他所有政府全部排除，只留下君主國家。

135. 但是這一切還是難以證明亞伯拉罕是作為亞當繼承人而成為君主。如果他經由繼承而成為君王，那麼同一家族的羅得[23]肯定得在家族的奴僕面前承認亞伯拉罕的頭銜，自願成為亞伯拉罕的臣民。不過我們看到，他們就像友人般平等地過活，而他們手下的牧羊人不和時，他們之間也沒有人搬出統轄權或優越的地位來賣弄，而是等到雙方達成共識後分開（《創世紀》第十三章），因此，儘管羅得實際上是亞伯拉罕的姪子，不過無論是亞伯拉罕還是《聖經》的原文，都把他稱為亞伯拉罕的**兄弟**；這是友好而平等的稱呼，不含統轄和權威的意味。若是我們的作者真的知道亞伯拉罕是亞當的繼承人，而且還身為君王，看來他知道的反而比亞伯拉罕本人還多，也比亞伯拉罕派出去替兒子求親的僕人還多。亞伯拉罕派出的僕人為了說服少女和她的同伴，向她們列舉了結親的好處（《創世紀》第二十四章三十五節），僕人是說：「我是亞伯拉罕的僕人。耶和華大大地賜福給我主人，使他昌大，又賜給他羊群、牛群、金銀、僕婢、駱駝，和驢。我主人的妻子撒拉年老的時候給我主人生了一個兒子；我主人也將一切所有的都給了這個兒子。」難道有人覺得這個考慮周到的僕人要是知道以撒擁有王位繼承權，那當他一一細數自己的主人有多麼顯赫時，又怎麼會漏掉以撒的王位沒說？那個時候的君王是眾所皆知的稱號，亞伯拉罕鄰近就有九個君王；如果亞伯拉罕自己就是君王，而且要是這個僕人和他的主人都知道賣弄這個稱號最有可能讓他達成使命，我們可以好好想想：難道這個僕人會在如此關鍵的情況下疏忽大意，竟然沒把這件事告訴對方嗎？

136. 不過，這件事看來一直留到兩三千年後才由我們的作者所發現，那就讓他享有這份功勞吧。只是他本來就該注意到，有些亞當的領地也該像亞當的所有統治權一樣全部傳給**繼承人**。儘管亞伯拉罕享有的統治權（如果相信這位作者的說法）和其他先祖一樣，**基於傳承給他的權利，效力就跟創世以來任何君主的絕對支配權一樣廣泛而充分。**然而他的資產、領地、支配權卻相當貧乏且狹小，畢竟他在向赫人[24]之子購買田地和洞穴以埋葬撒拉之前，根本連屬於自己的立足之地都沒有。

137. 這位作者還舉了以掃的例子來和亞伯拉罕的例子作結合，想要藉此證明「先祖們基於傳承下來的權利，享有亞當支配全世界的統治權」，然而結果更叫人莞爾。「以掃曾帶了四百名武裝戰士去會見他的兄弟雅各」，因此他就憑著亞當繼承人的權利成為君王。無論這四百人是怎麼集結起來的，看來只要有區區四百個武裝戰士集結起來，就足以證明他們的領導者能成為君王及亞當繼承人。愛爾蘭的托利黨[25]（不管其他國家有什麼黨派）將會因我們的作者對他們做出那麼敬重的評價而表示感激吧，尤其是，只要他們附近沒有一個率領五百戰士且頭銜更大的人站出來質疑這四百人的君王權威，想必他們會感激不盡。在這麼嚴肅的論證中開個小玩笑根本就是男人的恥辱，更別說鬧出更滑稽的笑話了。以掃在此被作者用來證明亞當的統治權：「亞當的絕對支配權和任何君主一樣強大，依法傳承給先祖們。」而且就在同一章的十九頁當中，這位作者也把雅各當成得到亞當統治權的其中一個例子，說他「憑著長子名分作其兄弟的主」。結果這兩兄弟憑著相同的資格成為專制君主，同時身為亞當的繼承

23 編註：羅得（Lot），亞伯拉罕的侄子，父親為哈蘭。他在父親死後就跟隨伯父亞伯拉罕。

24 編註：赫（Heth）是挪亞的曾孫，含的孫子。他是赫人的祖先，赫人某些家族住在猶大的山區。亞伯拉罕在希伯崙附近，從赫人以弗崙手裡買下麥比拉的一塊地和洞穴作為墳地。

25 編註：托利黨（Tories）即保守黨，「托利」源自愛爾蘭語的「亡命之徒、不法之徒」（tóraidhe），是政敵輝格黨（Whig）對他們的蔑稱。就如同托利黨蔑稱輝格黨是「驅趕牲畜的鄉巴佬」（whiggamore）一般。

人。長兄因為率領四百人去會見他的兄弟就成了亞當繼承人，幼弟則憑著**長子名分**成為亞當繼承人。「以掃基於傳承給他的權利，享有亞當支配全世界的統治權，其效力和任何君主的絕對支配權一樣廣泛而充分。同時之間，雅各憑著長子名分作其兄弟的主，成為以掃的主人。」麻煩別笑了好嗎？我得承認，我可沒見過有哪個才思敏捷之士會用跟羅伯特爵士一樣的方式來辯論。不過，他的不幸在於：他所關注的**假設**無法符合事物的本質與人類的活動，他所根據的原則與上帝替這個世界安排好的結構、秩序無法達成一致，因此必定會時常與常識、經驗發生衝突。

138.在下一節裡，這位作者告訴我們：「先祖的權力不僅維持到大洪水之前，還延續到大洪水之後，先祖這個稱呼一定程度上就證明了這一點。」先祖意思是，這個字不僅僅是**一定程度上的證明**，只要世界上還有先祖，**先祖權**就會一直延續下去。只要有先祖就必定應該有先祖權，正如只要有父親或丈夫，就必定應該有父權或配偶權，但這樣只不過是在玩文字遊戲。這個作者想要一邊暗示、一邊誤導的對象目前仍有待證明，那就是先假設亞當**擁有支配全世界的絕對權力，而先祖們憑著繼承的權利而享有亞當支配世界的統治權**。如果他主張這種君主專制延續到這個世界的洪水時代，我倒是很想看看他是根據什麼記錄得出這個結論，畢竟我得承認，我手上的《聖經》中從來沒寫過這樣的敘述，不過要是他所謂的**先祖權**另有所指的話，那就跟我們目前正在處理的問題毫無瓜葛了。至於**先祖**這個稱呼是如何在一定程度上證明了所謂的先祖那些人擁有專制君主的權力，坦白說我根本看不出來，因此我認為，這個問題在作者的論證得到進一步釐清之前，根本沒有答覆的必要。

139.「諾亞的三個兒子得到了全世界，」我們的作者寫道：「他們的父親把世界分給他們，因為他們的後裔遍佈整個世界。」（頁十四）僅管諾亞諸子的後代肯定是遍佈了全世界，然而諾亞並沒有把世界分給他們，畢竟這片大地不用分配也會充滿人類，因此這位作者在此所做的一切論證都無法證明上述的分配。然而，就姑且由著他吧，接下來我要問的是：既然把這個世界分給了他們，那三人之中誰才是亞當繼承人？要是亞當的**統治權**、亞當的**君權**根據繼承權只能傳給長子，則另外兩個兒子就只能是他的**臣民**、他的**奴隸**；要是三個兒子都有權繼承，按照同樣的道理，君權也應該傳給全人類，那麼作者所說的：「繼承人作其兄弟的主」（頁十九）就不可能是對的；於是所有兄弟，連帶著全人類都具有獨立而平等的地位，全都是亞當君權的繼承人，結果所有人也都成了君主，無論哪一個人都和別人一樣。不過這位作者會說，他們的父親諾亞把世界分給了他們，如此一來就表示他承認諾亞勝過了全能的上帝，因為他很難想像上帝本身會把世界直接分給諾亞和他的兒子，從而侵害了諾亞的長子名分。他寫的原文是：「諾亞是這個世界唯一剩下的繼承人，上帝怎麼會剝奪他與生俱來的權利，把這唯一管理世人的資格變成和兒子一起共有？」（《論亞里斯多德、霍布斯等人》頁二一一）然而他在此又認為諾亞剝奪了閃的長子名分應有的繼承權，把世界分給閃和兩個兄弟是恰當的。如此看來，何謂**長子名分**，端看作者的意願，有時候必定是神聖不可侵害的，有時卻又未必。

140. 如果諾亞的確把世界分給他的兒子，而且他分封給他們的支配權是有效的，結果就是神選制度的說法不攻自破。這相當於把我們的作者對亞當繼承人的一切論述，連同奠基於繼承人之上的一切觀點，全都一併掃地出門，所謂君王的自然權力轟然瓦解，於是「統治權力的形態與擁有權力的人選都不是（如他在《論亞里斯多德、霍布斯等人》頁二五四所說的那樣）出於上帝的旨意」，而是出於**人類的規定**。因為，如果繼承人的權利是出於上帝的旨意，是神授權利，那就沒有人（無論他是不是父親）能夠改變；如果繼承人的權利不是神授權利，它就只是人為的權利，取決於人類的意志。如此一來，在沒有人為制定的地方，長子就沒有優於眾兄弟的權利，人們可以根據他們的意願把統治權交到任何人手上，採用任何形態的統治。

141. 作者接著又說：「世界上多數最文明的國家都試圖從諾亞的兒子或姪子身上追溯他們的起源。」（頁十四）請問世界上多數最文明的國家一共有多少？是指哪些國家？恐怕對中國這個相當偉大而文明的國家，以及對它四面八方的許多國家來說，他們自己可不會為了這件事費心。我認為，那些信奉《聖經》的所有國家，也就是這位作者口中的「世界上多數最文明的國家」必定是會從諾亞身上追溯他們的淵源，至於世界上其他的國家，他們不大會把諾亞的兒子和姪子放在心上。但是，縱使所有國家的譜牒官和古文物研究者（因為通常就是這些人致力於尋找國家的起源）或是所有國家本身都「不屈不撓地要從諾亞的兒子或姪子身上追溯他們的起源」，這和證明**先祖們基於繼承權而享有亞當支配全世界的統治權**又有什麼關係？總結來說，任何國家、民族的人之所以**試圖追溯他們的起源**是因為那些祖先被認為是很有名望的人，他們是因為偉大的品德、行為而享譽盛名、流傳後代。但除此之外，他們不會尋找、也不會探討他們是誰的繼承人，只會把那些祖先當成是憑著自己的品德而提升到一定地位的人，因為這會讓後世自稱是他們傳人的那些人能夠引以為榮。但是，就算是古今各個國家都致力於從奧伊斯、海克力士、梵天、帖木兒、法拉蒙德[26]追溯他們的起源，甚至，即使是從朱比特、薩頓[27]身上找出民族的淵源，難道就足以證明他們**基於繼承權而享有亞當的統治權**嗎？如果不能證明的話，就表示這個論點本身根本就沒有意義，只不過是我們的作者用來誤導讀者的花言巧語。

142. 因此，作者告訴我們的分封世界也是基於同樣的目的：「有人說諾亞是用抽籤分封，也有人說他花了十年周遊整個地中海，然後把世界分成亞洲、非洲、歐洲三份之後交給三個兒子」（頁十五）那麼看來美洲是剩下來的，誰拿了就歸誰。為何我們的作者要費盡苦心地證明諾亞把世界分給他的兒子，而不肯放棄那無異於空中樓閣的幻想，以為他能藉此得到什麼樣的支持，這實在令人費解；畢竟這種**分配**就算真的能證明些什麼，也必定會剝奪亞當繼承人所擁有的資格，除非，三兄弟能一起成為亞當繼承人。因此，他接下來寫著：「無論我們對於分封方式有多麼不確定，但十分確定的是，分封是在諾亞和他兒子們的家中進行的，父母是家中的領袖暨君主。」（頁十五）就算接受他的說法為真，而且同意這種說法還有什麼作用的話，在這個一切權力都只能是繼承亞當統治權的世界，它也只能證明，所有的父親之於兒子都算是亞當統治權的繼承人。如果在那個時代，像是含、雅弗以及除了長子以外的其他父母，人人都是支配家庭的領袖暨君主，有權按照家族分封土地，那麼又憑什麼能阻止較年輕的弟弟以一家之長的身份得到相同的權利？如果含和雅弗依據繼承的權利成了君主，儘管他們的長兄有著繼承人的資格，現在較年輕的弟弟就能憑著傳承給他們的相同權利成為君主了。結果就是：我們的作者所謂的君王自然權力，其實只能影響自己的子女，任何基於這種自然權利的王國，都不會大過於一個家庭。因為**亞當支配全世界的統治權**只能出現兩種情況：一種是只有長子有權繼承，按照

26 編註：奧伊斯（Ogyges），古希臘原始神話中的統治者。海克力士（Hercules），希臘神話中的半神英雄。梵天（Brama），印度婆羅門教神話中的創造之神。帖木兒（Tamerlain），突厥化蒙古人，帖木兒帝國的創建者。法拉蒙德（Pharamond），神話和古籍中的法蘭克第一位國王。

27 編註：朱比特（Jupiter），羅馬神話中的眾神之王，相當於希臘神話中的宙斯。薩頓（Saturn），羅馬神話中的農業之神，朱比特之父。

這位作者的說法（頁十九），只能有一個繼承人；不然就是所有兒子都擁有平等的繼承權，於是每個家庭的父親就跟諾亞的三個兒子一樣，都能擁有亞當的統治權。無論你接受哪種情況，它都會破壞目前世界上既有的政府與王國。無論是誰有權繼承**君王的自然權力**，他一定會採取該隱的作法[28]去作兄弟的主，然後成為全世界的君王，這是作者自己舉過的例子；否則就必然是如作者在此所說的，由閃、含、雅弗共享那種權力，三兄弟各自成為自己家庭的君主，而且三個家庭相互獨立。整個世界只能是基於下一代亞當繼承人的權利而形成唯一的一統帝國，不然就是每個家庭基於**傳承給所有家庭父母的亞當統治權**而自成一個政府。根據這位作者在此論述的亞當統治權相關傳承方法，能夠達成的證明結果就只會是這樣。那繼續把他的傳承故事看下去，他說：

143.「自從人類在巴別塔[29]分裂之後，我們必然就要從遍布整個世界的各個王國當中找出君權建立的確實證據。」（頁十四）如果你一定要找的話，那就一邊祈禱一邊找吧，你將會為我們帶來一段新的歷史。但是，你必須先向我們證明，我們才會相信世界上的君權是按照你主張的原則建立的。因為，縱使我想沒有人會質疑君權是從**世界上的王國所建立的**，但是，要說世界上有一些王國的君王是**基於傳承自亞當的權利**而享有王位，我們會認為，這種說法可謂**向壁虛造**，甚至根本就是緣木求魚。如果我們的作者除了巴別塔的人類分裂之外，無法找出更好的見解作為他立論的基礎，即使他打算根據這個基礎建立起聯合人類的君權政府，並使它像巴別塔般高聳入雲，結果也只會如出一轍，造成人類的分裂與離異；這無法為這個世界建立世俗政府、帶來秩序，反而只會造成天下大亂。

144.因為作者告訴我們，人類被劃分成不同**國家**，是由於他們「分成了各由父親作為統治者的個別家族，因此，即使出現混亂的時候，上帝還是小心地根據大大小小的家族分配各式各樣的語言，用以保存父親權威。」（頁十四）我們的作者在此引用《聖經》，說所有國家分裂之後是由父親統治，而且**上帝小心地保有父親權威**，除了他本人以外，別人要從《聖經》原文中找到這麼明白直接的證據倒也真是一樁難事。因為原文的敘述是：「這就是閃的子孫，各隨他們的宗族、方言，所住的地土、邦國。」同一章列舉了閃與雅弗的後代之後也是這麼寫的[30]。整章的敘述其實對於他們的統治者、統治形態、**父親**、**父親權威**都隻字未提。然而我們的作者卻能夠在任何人連驚鴻一瞥都不可得的情況下，目光敏銳地探查出**父威**的存在，而且很肯定地告訴我們「父親就是他們的統治者，上帝小心地保有父親權威」，憑什麼？因為那些同一家族的人都說同一種語言，所以人們分散了之後必然還會聚集在一起。這就好比是有人這樣論證：漢尼拔的軍隊由不同國家的人組成，然後他把說同一種語言的人集結成一隊，由父親來擔任各隊隊長，因此漢尼拔小心地保存**父親權威**。或像是說：在卡羅來納殖民時期，英格蘭人、法蘭西人、蘇格蘭人、威爾斯人共同生活在那片土地上，「各隨他們所住的地土、方言、宗族、邦國。」分成各個國家，所以就小心地保存了**父親權威**。或者是，因為在美洲的許多地區，每一個小部族就是一個獨特的民族，使用不同的語言，於是有人就推論說**上帝小心地保存父親權威**，或因此就說：他們的統治者**有權繼承**、**享有亞當的統治權**，僅管我們根本不知道誰是他們的統治者，也不清

28 譯註：見《創世紀》第四章，該隱殺了他的兄弟亞伯。

29 編註：巴別塔（Babel）或稱通天塔。大洪水後，人類移往示拿之地。當時人類只說同一種語言，決定在此合力修建一座通往天堂的高塔，以傳播自己的名聲。上帝為阻止這個計畫，打亂了人類的語言，讓人們彼此無法溝通，並散居世界各地。見《創世記》第十一章。

30 譯註：見《創世紀》第十章第二十一節至最後。

楚他們的統治形態，只知道他們已經分裂成許多獨立的小型社會，說著不同的語言。

145.《聖經》根本就沒提過巴別塔之民的統治者及統治形態，只是說明了人類是如何被劃分為不同的語言和國家；因此，如果《聖經》根本就沒提過這些事，作者就不應該藉著《聖經》的權威來當成論證，甚至還篤定地告訴我們**父親**就是他們的**統治者**。明明相關記錄是一片空白，他卻還自信滿滿地堅稱自己言之有據，根本就只是對自己腦中的空中樓閣信以為真。這個作者基於類似的（也就是無中生有的）證據又說：「他們並非缺乏領袖及統治者的無知人群，並非隨心所欲地選出他們喜歡的統治者及政府。」

146.那我就要問了：難道說，當人類都還說著同一種語言、聚居在示拿[31]平原時，所有人就都接受同一個君主統治，而且這個君主就是**有權繼承**、**享有亞當的統治權**的那個人？如果不是的話，很顯然當時的人並沒有想過什麼亞當**繼承**人的問題，他們並不知道基於這個資格能享有統治的權利，因為無論是上帝還是人類，都沒有小心地保存亞當的**父親權威**。當人類仍是同一個民族、聚居在一起、說同一種語言、共同建造同一座城市的時候，他們顯然不會不知道真正的繼承人是誰，畢竟閃可是一路活到以撒的時代，那已是人類自巴別塔分裂了很久之後。那麼，我要說的是，如果當時的人類並非接受亞當的君權統治，並不是被有權繼承父威的那個繼承人所支配，那就真相大白了——當時沒有人在乎**父威**，也沒有人承認屬於亞當**繼承人**的君權，亞洲可沒有什麼閃的帝國，結果就是：根本就沒有這位作者口中的諾亞分封世界。關於《聖經》的相關記錄，我們能夠歸結的推論是：就這些記載而言，縱使當時的人類有所謂的政府存在，那也會是共和國，而非君主專制。因為《聖經》告訴我們：「他們說：來吧！我們要建造一座城和一座塔，塔頂通天，為要傳揚我們的名，免得我們分散在全地上。」（《創世紀》第十一章）由其中的「他們說」可以知道：當時並非有一個**君主**下令建造城市和高塔，而是基於許多自由的人民商議的結果。而「我們要建造一座城」，顯示了他們以自由人的身份替自己造城，而非身為奴隸為領主或主人造城。至於「免得我們分散在全地上」，這句話就表示一旦城市建造起來，他們就有了固定的住所來定居，以及安頓自己的家族。這是能夠自由分居的人們所做的協議與計畫，不過他們則是希望聚集成為一個整體。對於接受同一個君主的統治而聚集在起的人們來說，這種協議既不可能，也沒有必要；如果這些人如我們的作者所說的，全是受到專制君主所支配的**奴隸**，他們就沒有必要建造城市以免自己分散到君主的支配範圍之外。所以請回答我：看看《聖經》留下的這些線索，這豈不是比什麼亞當**繼承人**還是**父親權威**還要更加明白？

147. 但是，若是如上帝所說，他們是同一個民族（《創世紀》第十一章第六節[32]），受同一個統治者支配，有一個依據自然權利而對他們擁有絕對、至高權力的君王，要是上帝突然允許他們建立起七十二個（我們的作者說數量有這麼多）**不同的邦國**，由個別的統治者支配，而且立刻讓他們脫離原先君主的管轄，**那上帝又何必小心地保存著屬於至高父威的父親權威**？那只是把我們的喜好當成是上帝的關心。上帝小心地替那些沒有父親權威的人保存**父親權威**，這能說得通嗎？要是他們全是被至高君主所

31 編註：示拿（Shinar），即美索不達米亞（兩河流域）地區，也是建造巴別塔之地。大洪水之後，閃、含及雅弗的子孫漸漸移居至此。《創世記》第十章第一至十節。

32 譯註：《創世紀》第十一章第六節：「耶和華說：看哪，他們成為一樣的人民，都是一樣的言語，如今既做起這事來，以後他們所要做的事就沒有不成就的了。」

支配的臣民，哪有什麼權力可言？如果上帝剝奪了自然君主擁有的**至高父威**，還能算是上帝替這些被至高君主所支配的臣民保存**父親權威**嗎？上帝保存**父親權威**是為了讓那些沒有**父親權威**的統治者動手成立許多新的政府，這種說法合理嗎？那麼，上帝為了仔細地摧毀**父親權威**，在某個至高君主擁有**父親權威**時就讓他的政府四分五裂，被許多臣民所瓜分，這麼說不也同樣合理？當一個君主國家面臨瓦解，遭到反叛的臣民所分裂的時候，這個政府卻說：『上帝是藉由允許一個安定的帝國分裂成許多較小的政府，來小心地保有君主的權力。』這種論證跟上面的說法又有什麼兩樣？就算有人說：天意要保有的，上帝就會把它作為整體小心地保存起來，於是人們也就會視其為必要而有用的事物予以尊重。這種漂亮話太別出心裁了，並非人人都會認為它值得效法，況且我確信，這種說法不可能稱得上恰當或真實。舉例來說，閃（因為他當時還活著）應該是擁有**父親權威**，或是憑著**父威**而擁有主權去統治巴別塔的那一整個民族，但是過了不久，在他還活著的時候，另外七十二個擁有**父親權威**，或是憑著父威擁有主權，統治這個民族的七十二人，卻個別分裂成同等數量的政府。那麼情況只能是——這七十二名父親在巴別塔混亂之前實際上就成了統治者，所以他們並非算是同一個民族，反而是上帝自己把他們說成是同一個民族；不然就是——這七十二個政府全是共和國，那麼君權何在？又或者是——這七十二個父親的確擁有**父親權威**，但他們卻不知道！既然**父親權威**應該是人民政府的唯一起源，然而全人類都不知道。太怪了吧！更怪的是，語言的混亂竟然能讓所有人猛然醒悟過來：這裡提到的七十二個父親突然就知道他們擁有**父親權力**，而其他所有人突然就知道他們應該服從那幾位父親，而且每個人都知道，自己應該服從哪一個特定的**父親權威**。既然一個人可以從《聖經》中想出這種論證，他也可以創作出符合其幻想或利益的烏托邦模型。因此，經過這種處理的**父威**，既可以證成君王所宣稱的普世君權，也可以讓那些受到統治且身為一家之主的臣民，有理由去把世界君主的帝國瓜分成屬於他們自己的小型政府。畢竟，當閃仍在世的時候，其他七十二個君主就在他的支配之下開創了同等數量的新政權，而且他們有權去統治其臣民。那麼到底是哪一方擁有父親權威？除非作者的觀點能替我們解決這個問題，否則這個疑問終究會一直存在，畢竟這位作者告訴我們，雙方都擁有**父親的**至高權威，在他所舉的例子中，雙方的確都「基於傳承給他的權利而享有亞當的統治權，其效力和任何君主的絕對支配權一樣廣泛而充分。」這種情況是無可避免的，就算「上帝是藉由七十二個新建立的國家來小心地保存父親權威」，那麼必然結果就是，上帝同樣仔細地摧毀關於亞當繼承人的一切說辭。因為真正的亞當繼承人不可能不為人所知（只要上帝曾對這份繼承作出規定），而上帝又小心地保有至少這麼多人的父親權威（至少七十一份），那麼這些人就不可能是亞當的繼承人，畢竟閃當時還活在世上，況且他們還全都屬於同一個民族。

148. 下一個被作者列為享有父權的人物是寧錄[33]，不過我並不明白，我們的作者是基於什麼樣的理由對寧錄非常不客氣。他說：「他藉由暴力奪取其他家族領主的權利，非法擴大自己的帝國。」（頁十六）這裡提到的**家族領主**，在他所說明的巴別塔人類分裂故事中本來是被尊稱為**家族之父**，但怎麼稱呼都無關緊要，反正我們知道他們是哪些人。由於父親權威必定屬他們其中某個人，或者是屬於亞當的繼承人，那就不可能有七十二份父親權威，也不會有一份以上；不然就是：因為他們身為子女的親生

33　編註：寧錄（Nimrod）是挪亞的曾孫。聖經中說他總跟上帝作對，他還是巴別塔的王，興建了八座城。請見《創世記》第十章第九至十二節。

父親，每個父親都基於相同的權利而享有支配子女的**父親權威**，該權威的效力就和那七十二個父親一樣，因此他們各自成為支配自己後代子孫的獨立君主。作者用後面這種意思來解釋何謂**家族領主**（畢竟在此的這些敘述也很難有別的意思），接下來的這些論述就為君主的起源提供了相當巧妙的說明：「在這種意義下，寧錄可以被稱之為君權的創立者。」（頁十六）意即：如果那些家族領主基於自然權利而擁有父親權威，而且除非他們自己同意，否則沒有人能奪走父親權威的話（不然那七十二個父親要怎麼得到這種權利？）那麼寧錄就是以非法手段暴力奪取那些父親支配子女的權利。那麼我就希望我們的作者和他的友人好好思考，這件事對其他君主造成的影響到底有多大，再者，他這段論述所作出的結論，是不是免不了會把任何將支配權擴張到家族之外的君權，全都直接當成暴政或篡位者，或是把君權變得跟經由推選、同意所產生的家族之父沒什麼兩樣，畢竟這種情況跟得到人民的同意相差無幾。

149.作者在下一節（頁十七）列舉了所有例子：以東[34]十二族長、亞伯拉罕時代在小亞細亞一角的九王、被約書亞所消滅的三十一王，他苦心證明這些人都是擁有主權的君主，當時的每一個城鎮都有自己的君王，所以就出現了那麼多與其論點相反的證據，因為他們並不是**基於亞當統治權所傳承下來的權利**成為君王。要是他們全是憑著這樣的資格而得到王位，情況必定是只能出現一個支配所有人的統治者，不然就是每一個家庭的父親都足以成為君主、都有資格跟其他人一樣索求王位。因為，如果以掃的所有兒子是這樣得到王位的話，年輕的一輩跟老的一輩同樣也能得到屬於**父威**的權利，在他們的父親死後成為擁有統治權的君主，則他們的兒子在他們死後也擁有相同的權利，然後就這樣世代相傳。結果就是：屬於父威的自然權力所能支配的範圍限於自己所生的子女及其後代，所以這種父威的自然權力在每一任家族領袖去世的時候就會終結，然後才讓他們的兒子接掌類似的父威，讓他們去支配各自的後裔。如此一來，屬於父威的權力的確會被保存下來，這是可以理解的，但是完全無助於作者的立論目的。他舉的所有例子全部都無法證明這些君王所享有的任何權力是基於父親權威，也就是基於身為亞當父威之繼承人所傳承下來的這個資格；確實沒有，況且，連他們憑著一己之力所得到的任何權力也無法得到證明。由於亞當的**父威**立於全人類之上，一次只能傳給一個人，再由這個人傳給他唯一的合法繼承人，所以世界上一次只能存在一位符合這種資格的君王。至於並非傳承自亞當父威的權利，必然就只是基於擁有者身為父親的權利，能夠支配的對象就只限於自己的後裔。因此，如果以東十二族長、亞伯拉罕及其鄰近九王、雅各與以掃、迦南三十一王、遭到亞多尼比色所殺的七十二王[35]、來到便哈達[36]身邊的三十二王、和特洛伊開戰的希臘七十王，即使這些人皆如這位作者的聲稱——全是擁有主權的君王，顯然這些君王的權力是得自於**父威以外**的其他淵源，因為他們有些人的支配範圍超出了自己的後裔，於是這就證明了，他們不可能全是亞當繼承人。我敢說，任何人若是想把**父威**的權利當成索要權力的藉口，那還稱得上可以理解、或是可行的條件就只能是：這個人要身為亞當

34 編註：以東（Edom）是以掃的後裔所擁有之地。位於亞拉巴峽谷的兩側，現今主要屬於以色列和約旦。以掃是以東人的祖先，他娶了三個妻子，共生出十二個族長。

35 編註：亞多尼比色（Adonibeseck）是《士師記》第一章中提到的一位迦南王，但聖經中寫的是七十個王，第七節：「亞多尼比色說：從前有七十個王，手腳的大姆指都被我砍斷，在我桌子底下拾取零碎食物。現在神按著我所行的報應我了。」

36 編註：便哈達（Benhadad）是敘利亞國王，三十二王是向便哈達稱臣納貢的酋長國或城邦的首領。見《列王紀上》第二十章：「亞蘭王便哈達聚集他的全軍，率領三十二個王，帶著車馬上來圍攻撒瑪利亞。」亞蘭即為現在的敘利亞。

繼承人，不然就是要身為始祖去支配自己所生育的後代。若是我們的作者洋洋灑灑羅列的這些君王當中，真的有人的權威是得自於上述的資格，我還可能同意這種權力的起源。然而，顯然他們都不符合作者的用意，甚至還跟作者想要證明的論點，即**亞當支配世界的統治權已經合法傳給了先祖**，正好背道而馳。

150.這位作者告訴我們：「先祖的統治由亞伯拉罕、以撒、雅各一路延續下去，直到以色列人被埃及人奴役才結束。」（頁十六）又說：「我們可以藉由明顯的蹤跡，來追溯以色列人進入埃及之前的父權統治。最高父權的統治在此中斷，因為他們臣服於更強大的君主。」（頁十七）在我們作者的眼裡，所謂的蹤跡就是父權統治，也就是憑著**父威**的權利去行使亞當傳承下來的專制君主權，然而如我們所見——過了兩千兩百九十年——根本毫無蹤跡可言。因為作者根本舉不出那一整個時期的任何一個例子，來證明有任何人是基於**父威**的權利要求或行使君王權威，也無法證明有哪個君王的確是亞當繼承人。把他所有的證據放在一起，只能顯示那個時代的世界上存在著父親、先祖和君王，但是《聖經》完全沒記載這些父親和先祖是否真的擁有什麼絕對專斷的權力，也沒提到那些君王憑著什麼樣的資格、享有效力多大的權力。顯然，單憑這種**父威**的權利，他們不但沒有資格掌握支配權，也沒有資格要求絕對統治權。

151.作者說：「最高父權的統治在此中斷，因為他們臣服於更強大的君主。」這只能證明我之前懷疑過的觀點，那就是**先祖的管轄權或統治權**是一種謬論，不能用來代表我們的作者所指涉的**父權**或**君權**（然而他卻藉此暗示），也就是無法代表他認為屬於亞當的絕對主權。

152.如果**先祖的管轄權**就是**專制君主的管轄權**，既然埃及就有一個實行君權統治以色列人的君王，那我們的作者憑什麼說「先祖的管轄權在埃及被中斷了」？如果**先祖的管轄權**並非**專制君主的管轄權**，而是別的什麼的話，那他又何必費盡心思，論述這種無關主題且無助於其立論目的的權力？如果**先祖管轄權**就是**君權**，那麼以色列人在埃及的時候，這種**先祖管轄權**的行使並未遭到中斷。的確，當時的**君權**並不是由亞伯拉罕名下的子孫來行使，就我所知，他們之前也沒有行使君權，但是，除非我們的作者已經讓上帝選定了某個有權繼承亞當統治權的亞伯拉罕後代家系，不然這件事和**傳承自亞當的君權中斷**又有什麼關係？此外，作者列舉的七十二個統治者——巴別塔混亂時保有父親權威的那些人——究竟又有什麼意義？如果說，只要雅各的繼承人並未掌握至高權力，那麼世界上的**先祖管轄權**就等於中斷的話，作者又何必列舉以實瑪利之子的十二族長、以東十二族長，把他們連同亞伯拉罕、以撒、雅各當成是**先祖統治**真正實行的例子？恐怕**最高先祖管轄權**並不僅僅只是被**中斷**了，甚至是從他們被埃及人奴役的時代起就消失無蹤了，畢竟，從此之後我們就很難發現任何人曾把這種權力當成是傳承自先祖、亞伯拉罕、以撒、雅各的遺產來行使。我猜如果把君主統治權交到法老或其他人手上，結果就會符合作者的需要，但我們並不是在任何地方都能輕易察覺這位作者論述的意圖，特別是在這個地方，當他說「最高先祖管轄權在埃及的行使」時，實在無法清楚地猜中他到底要表達什麼意思，或是難以猜出，他這句話到底要怎麼證明亞當的統治權傳給了先祖或任何人。

153. 我本來以為這位作者會從《聖經》中找出基於傳承自亞當的父親權威，然後展開君主統治的證據或例子，而不是給我們一部猶太人的歷史，何況我們從中根本找不出任何君王，這還得等到他們許多年之後成為一個民族才會出現。而且成為猶太人統治者的君王，也未曾把身為亞當繼承人當成口實，也從來沒說自己是憑著父親權威成為君王。既然這位作者搬了那麼多《聖經》資料，我原本預期他能列出一串君主的名單，而且指出這些君主的資格顯然就是基於亞當的**父威**，是以亞當繼承人的名義行使父權支配臣民，這才是真正的先祖統治。然而，他不僅沒有證明這些先祖就是君王，也沒有證明君王或先祖就是亞當的繼承人，更沒有證明先祖們自稱為亞當繼承人。也許有人可以證明先祖都是專制君主，先祖和君王的權力只會是父權，即傳承自亞當的那種權力。那我要說的是：藉由斐迪南．索托[37]對西印度群島諸多小王混亂的記載，或是回顧我們的北美近代史，或是參考我們的作者引自荷馬的希臘七十王故事——這些命題全都可以獲得證明，因為這些史料的作用就跟這位作者從《聖經》挑出來的那一堆君王沒什麼兩樣。

154. 我認為這位作者最好還是別談荷馬和他的特洛伊之戰，因為他對真理或君權的巨大熱情，已經使他對**哲學家**與**詩人**散發如此激烈的對抗情緒，以至於他在序言中告訴我們：「如今有太多人喜歡吹捧哲學家和詩人的意見，想從中找出一種能允許他們得到更多自由的統治起源，這對基督宗教帶來極大的羞辱，還把無神論帶了進來。」然而，我們這位熱誠的基督教政治學家並沒有完全把異教的哲學家亞里斯多德和詩人荷馬拒於千里之外，只要有任何見解能夠適用於他自己的論點，他就不管是否會**對基督宗教帶來極大的羞辱，還把無神論帶了進來**。我唯一能從這位作者的論述中看出的是：他顯然並非為了真理而寫作，他那滿腔熱忱的關注和立場，只是想讓**基督宗教**符合他的計畫，如果遇到不屈服、不願意盲目接受這種無聊學說的人，他就不加思索地利用**無神論**來指控對方。

不過還是回來談談他引用的《聖經》歷史吧。他進一步告訴我們：「以色列人擺脫了奴役狀態歸來之後，上帝出於對他們的特別關愛，相繼挑選了摩西和約書亞成為君主，使這兩人有資格取代至高的父親來統治他們。」（頁十八）如果**以色列人擺脫了奴役狀態歸來**為真，那他們必定是處於自由狀態，也必然暗示著他們在被**奴役**的前後其實是自由的，除非我們的作者說，更換自己的奴隸主也能算是**擺脫奴役狀態歸來**，或是說：奴隸下了一條船又上了另一條船，就稱得上是**擺脫奴役狀態歸來**。那麼，如果以色列人**擺脫了奴役狀態歸來**的話，不管我們的作者在序言中做了哪些與此相違的論述，很顯然的，在那個時代身為一個**兒子**、一個**臣民**、一個**奴隸**是有差別的。無論是在**埃及人奴役他們**，**把他們的兒子或是臣民算成是自己的財產**之前的先祖還是之後的統治者，他們都沒有像處置其他財物那樣使用絕對支配權來處置以色列人。

155.這一點在雅各的例子中顯而易見：流便把兩個兒子獻給雅各當抵押，而猶大為了確保便雅憫平安逃離埃及而充當擔保人——如果雅各支配家族任何成員的權力就跟他支配牛或驢子的權力一樣，就像**主人**任意處置**財物**一樣，上述的抵押或擔保根本是多餘而無用之舉，可謂徒勞無功。那麼流便和猶大為了讓便雅憫離開所作的保證，就像是一個人從他主人的羊群中牽出了兩頭羊，然後就直接用其中一頭羊當作擔保，其實是直接拿主人的羊去擔保主人的另一頭羊。

156.話說以色列人擺脫了奴役狀態，然後呢？「上帝出於對他們（以色列人）的特別關愛」，我們的作者竟然在他的書中讓上帝關心起人民了呢，了不起！畢竟他在其他章節中談到人類時，彷彿上帝從不關心任何人民，只關心君主，至於君主以外的人民、人民的社會就只不過是成群的牲畜，只是用來

37 編註：斐迪南・索托（Ferdinando Soto，1500-1542），西班牙探險家，曾參與征服秘魯印加帝國的歐洲人之一，也領導了第一支深入現今美國東南部的歐洲探險隊，是第一位留下記載橫渡密西西比河的歐洲人。他留下了許多對北美印第安人的描述記錄。

服務他們的君主，提供君主利用、享樂。

157.「上帝相繼挑選了摩西和約書亞成為君主」，這就是我們的作者所找到的巧妙論證，用它來證明上帝在乎父親權威和亞當繼承人。在此，為了表達上帝對人民的關心，他挑選了最沒有理由當統治者的兩個人來擔任統治人民的君主。君主的人選是利未支派[38]的摩西和以法蓮支派[39]的約書亞，他們都沒有任何**父威**的資格。不過，我們的作者卻說他們有資格取代至高的父親。要是上帝曾在任何地方像他挑選摩西和約書亞那樣明白地宣告他的選擇，我們就可以相信摩西和約書亞**有資格取代**某個至高的**父親**。但是這樣的人選仍然有所爭議，在這個問題得到更妥善的證明之前，摩西就被上帝挑選為人民的統治者，因此不能進一步用來證明統治權是屬於亞當**繼承人**或屬於**父威**，就像是：就算上帝挑選了利未支派的亞倫擔任祭司，這也不能進一步用來證明祭司職位屬於亞當繼承人或是**先祖**；縱使上帝選擇了亞倫擔任祭司，摩西擔任以色列的統治者，然而祭司和統治者這兩種職位，本身並非安排給亞當**繼承人**或**父威**。

158.我們的作者接著說：「同樣地，在選擇了他們兩人不久之後，上帝興起了士師[40]，在危險時拯救他的人民。」（頁十八）他用這件事證明父親權威是統治的起源，完全跟之前一樣，是由亞當傳承給他的繼承人。只不過我們的作者在此似乎承認：當時作為統治者的這批士師只不過是一群勇敢的人，人民立這些人為將軍在危險時拯救他們。問題是，難道說只有父威才有資格統治，就連上帝都不能提拔這些勇敢的人嗎？

159.但是，我們的作者說：「當上帝立以色列人為王時，他重建了這個古老而首要的權利——一脈相傳的父權統治。」（頁十八）

160.上帝是如何**重建**呢？一種律法、一種確實命令？我們根本找不到這類的證據。那麼，我們的作者指的是：上帝為以色列人立王，祂就在立王時**重建了這項權利**……諸如此類的意思。**實際上來說**，重建一脈相傳的父權統治，就是讓一個人憑著他一脈相傳的權利，去獲得他的父親所享有的統治權。因為，首先，如果重建的是有別於這個人的祖先所擁有過的統治權，那他就不是繼承**古老的權利**，而是展開一種新的權利；畢竟，如果一個君主把某個人的家族多年以來被奪走的祖先遺產賜給他，此外還把這個人的祖先從未擁有過的財產也交給他，那麼我們就不能說：這種**一脈相傳的權利**被這個人**重建**之後，就可以把超出其祖先以前享有過的額外財產都算進來。因此，如果以色列諸王的權力超過了以撒、雅各的權力，他們就不是藉由一脈相傳的權利來**重建**，而是由上帝給予他們新的權力——無論你要怎麼稱呼這種權力、要不要稱之為**父權**都沒關係。我希望人人都能依據以上的論述，好好思考一下雅各、以撒是否擁有和以色列諸王相同的權力，而我認為，好好思考過的人根本不會從亞伯拉罕、以

38 編註：利未支派（tribe of Levi），亞伯拉罕的孫子雅各又名以色列，有十二個兒子，其後代成為以色列族的十二支派，其中利未支派是雅各三子利未的後代，專責協助宗教儀式和會幕、獻祭時的物品器具等，是唯一不參與分配土地的支派。

39 編註：以法蓮支派（tribe of Ephraim），以法蓮是雅各十一子約瑟的次子。由於雅各曾為約瑟的兩個兒子（長子瑪拿西和次子以法蓮）按頭祝福，按當時習俗如同收養二人，故兩人成為約瑟之下的半支派，也與雅各其他十個兒子（利未除外）平等參與分配土地。

40 編註：士師（judges），摩西和約書亞死後，以色列人再也沒有出現強有力的領袖，因此遭逢危機時，會由各部落挑選出一人作為軍事、政治領袖，也具有審判官的職權。《士師記》中計載十二位士師，《撒母耳記上》記載四位。

撒、雅各等人身上發現任何君權。

161.其次，除非這個人有權繼承他的所得之物，而且真的身為他繼承對象的下一代繼承人，不然根本就說不上**重建了這個一脈相傳、古老而首要的權利**。由新的家族所開啟的事業能稱之為重建嗎？把王位傳給一個沒有權利繼承的人，就這樣讓他的後代世代相傳下去，但是他們都無法找出自己取得王位的口實，這樣可以算是**重建一個一脈相傳的古老權利**嗎？上帝為以色列人所立的第一任君主——掃羅——是來自便雅憫支派，那麼這個**一脈相傳、古老而首要的權利**算是在掃羅身上**重建**了嗎？至於下一任以色列君主大衛是耶西的幼子，屬於雅各第三個兒子猶大的後代，這算由大衛**重建了這個古老而首要的權利——一脈相傳的父權統治**嗎？還是到了大衛的幼子暨王位繼承人所羅門才算重建？還是要到支配十個支派的耶羅波安[41]才算？或者算是由毫無王室血統卻在位六年的女性亞他利雅[42]重建？**如果這個古老而首要的權利——一脈相傳的父權統治**是由以上的任何人或是他們的後裔重建，**這個古老而首要的權利——一脈相傳的父權統治**既可以屬於幼弟，也可以屬於長兄，也許任何活著的人都可以重建，畢竟不管是多年幼的弟弟都可以憑著**一脈相傳、古老而首要的權利**和長兄一樣得到王位，那任何人只要活著，就可以藉由一脈相傳而擁有這種權利，就連羅勃特爵士也跟其他所有人一樣有資格。因此，我們的作者為了王位的權利及傳承**重建**了一種如此美好的世襲權利，這種權利是用來傳承他所謂的**父權**或**君權**統治，而且人人皆可享有。就讓世人思考看看，這到底算是什麼吧！

162.然而，我們的作者又說：「每當上帝挑出了一個特別的人選成為君王，祂也意圖讓這個人所生的子嗣享有同樣的恩惠，雖然王位的賜與只提到他們父親的名字，不過這個為人之父所享有的恩惠足以包括他的子嗣。」（頁十九）然而這還是無助於解決繼承上的問題。即使按照這位作者的說法，王位賜予的恩惠也打算交給受賜者的**子嗣**，這就不是所謂的繼承。原因在於：如果上帝要讓某個人和他的**子嗣**普遍地得到某種權利，那這種權利就不能屬於其中特定的任何一個人，而是同族的每一個人都擁有同等權利。如果說，我們的作者其實是想說**繼承人**，我相信，只要能符合他的需求，這位作者非常樂意跟別人一樣拿這個字來用。不過，在大衛之後繼位為王的所羅門，以及在所羅門之後繼位統治十個支派的耶羅波安，同樣都不是大衛的繼承人，而是大衛的子嗣。因此，當王位並非傳到繼承人手上，加上我們的作者無可反對的時候，他就有理由避免把上帝的意圖說成是讓**繼承人**享有同樣的恩惠，於是他就把他論述中的王位傳承含糊其辭，彷彿他對此毫無意見。要是上帝是把君權同時賜給某個人和他的**子嗣**，就像上帝把迦南之地賜給亞伯拉罕和他的後代那樣，豈不是該讓所有人都有繼承的資格，讓所有人都能享有君權。如果有人說：上帝賜給亞伯拉罕及其後代的迦南之地，其實是把其他人都排除在外，土地完全只屬於亞伯拉罕的某一個後代所有。這種說法就相當於：上帝把支配權交給某個人和他的**子嗣**，結果卻把其他**子嗣**排除在外，只讓特定的某個人擁有這種支配權。

163. 但是，我們的作者要如何證明：每當上帝挑出了一個特別的人選成為君王，祂也意圖讓**這個人所生的子嗣享有同樣的恩惠**（假設他的意思就是這樣）？難不成他這麼快就忘了摩西和約書亞了嗎？

41 編註：耶羅波安（Jeroboam），所羅門王死後，以色列王國分裂為南北兩國。南國在聖經裡稱為猶大，由猶大支派和便雅憫支派組成。北國稱為以色列，又稱以法蓮，由其餘十個支派組成，追隨了耶羅波安，他成為北國以色列的第一任君主。見《列王紀上》第十二章。

42 編註：亞他利雅（Athaliah），猶大國第一位女統治者。父親是北國以色列的亞哈王，她後來成為南國約蘭王的王后、太后和女王。見《列王紀下》第十一章、《歷代誌下》第二十二章。

他可是在同一節中說過：「上帝出於對他們的特別關愛，相繼挑選了摩西和約書亞成為君主」，況且不是還有那些由上帝所立的士師嗎？既然摩西和約書亞擁有和**最高父威**同等的權威，這些君主不就應該擁有和後代君王同等的權力？既然這些人是由上帝自己特地選出來的，他們的**子嗣**不就應該能像大衛和所羅門一樣，分沾到父親獲選的恩惠？如果這些人擁有的父親權威是由上帝直接交到他們手上的話，為何他們的**子嗣**沒能在繼承中享有上帝賜予所連帶的恩惠？或是說，如果他們是身為亞當繼承人而得到父親權威，而且彼此之間無法相互繼承，為何他們的繼承人在他們死後，無法憑著繼承權享有這種權力？摩西、約書亞、士師的權力是否與大衛、以色列諸王的權力相同並系出同源？他們的權力是否只能傳到一個人手上，而不能為他人所有？如果那種權力並不是**父親權威**，則上帝的子民就是被那些沒有**父親權威**的人統治，而且這些統治者即使沒有父親權威也管理的很好；如果那種權力就是**父親權威**，而上帝還挑選了這些人來行使父親權威，那我們這位作者的這個解釋原則就失效了：「每當上帝挑出了任何一個人選成為最高統治者，祂也意圖讓這個人所生的子嗣享有同樣的恩惠。」（我把『君王』改寫成『最高統治者』，因為我認為君王這個稱號沒有什麼奇效，真正的差別不在於頭銜，而在於權力。）畢竟從摩西出埃及到大衛王時代的四百年間，他們的**子嗣**從未被包括在**為人之父所享有的充分恩惠**之內，因為所有人的兒子在他們的父親死後，只能和一群士師一起接掌統治權力，一起審判以色列人。如果想為了避免這種情況而改口說：上帝總是挑選出能承擔大任的權力繼承者，然後把**父親權威**轉交給這個人選，不讓當權者的子嗣繼承。那麼耶弗他[43]的經歷顯然並非如此，《士師記》第十一章白紙黑字寫著：耶弗他和以色列人立約，人民立他為士師來統治他們。

164.那麼，就算說：「每當上帝挑出了一個特別的人選來行使父親權威，祂也意圖讓這個人所生的子嗣享有同樣的恩惠。」（這次是把『成為君王』改寫成『行使父親權威』，因為我想知道，如果不是君王的話，身為君王和行使**父親權威**的人之間到底有什麼差別。）不過其實這句話也毫無用處，因為士師擁有的權力只能由自己掌控，不能傳承給他們的**子嗣**。如果士師擁有的並不是**父親權威**，恐怕就得麻煩我們的作者，或是任何支持其理論的朋友，請他們回答：誰才擁有**父親權威**？也就是說，誰才握有統治以色列人的最高權力？我想，他們不得不承認：上帝的選民在完全不知道、根本沒想到這種**父親權威**的情況下，就作為一個民族延續了數百年之久，也許期間壓根就沒出現過什麼君權統治。

165. 為了充分理解這點，他們只需要讀讀《士師記》最後三章利未人的故事，以及因利未人所引發那場以色列人與便雅憫人之戰。只要讀者讀到：利未人要求以色列的人民替他討回公道時，當時就是由以色列眾支派和公會進行討論、做出決議並指揮一切行動，那麼讀者必然只會歸結出以下兩種可能性：一種是上帝並沒有在祂的選民中**小心地保存父親權威**；或者是沒有君權統治也可以保存**父親權威**。如果是後面那種情況，接下來可想而知：即使**父親權威**得到了相當充分的證明，我們也無法由此推論出君權政府存在的必要性；如果是前一種情況，那上帝就應該把保存在選民的眾多子嗣當中的**父親權威**規定得神聖不可侵犯，要是沒有父親權威，人民就沒有權力或統治可言；然而，上帝在替自己的選民成立政府、在為許多國家及人民之間的關係頒布規定時，竟然忽略了這一點。在所有規定當中，這是重要性和必要性最高的關鍵，然而如此重大而根本的關鍵竟然消聲匿跡了四百多年，簡直令

43 編註：耶弗他（Jephthah）是基列和妓女生的兒子，出身卑微，基列的妻與子甚至驅逐他。按理他無法承受家業。但亞捫人犯境之時，同鄉父老邀他回鄉抗敵，立他為以色列人的領袖。

人感到匪夷所思、不可置信。

166.在放下這個問題之前，我還是得問：我們這位作者是如何知道「每當上帝挑出了一個特別的人選成為君王，祂也意圖讓這個人所生的子嗣享有同樣的恩惠。」上帝是藉由自然法還是啟示說過這句話嗎？按照同樣的規則，上帝必須說出，應該由這個人的哪一個**子嗣**繼承享有父親的王位，也就是上帝必須指明繼承人，否則就是讓他的**子嗣**瓜分爭奪統治權了。這兩種情況都相當荒謬，同樣都會損害這項賜予應當為他的**子嗣**帶來的恩惠。只要上帝的意圖真的昭告天下，我們就應該相信上帝的確有這個打算，但是在此之前，我們這位作者必須向我們展示更充足的根據，然後我們才有責任把他當成是可信的啟示者，認同他所宣告的上帝意圖。

167.我們的作者說：「雖然王位的賜與只提到他們父親的名字，不過這個為人之父所享有的恩惠足以包括他的子嗣。」然而，上帝在把迦南之地賜給亞伯拉罕時（《創世紀》第十三章十五節）認為要把**亞伯拉罕的後裔**也算進來，因此，祭司職位是賜給**亞倫及其後裔**；上帝賜給大衛的王位並非只是賜給他本人，還包括**他的後裔**。無論我們的作者是如何保證「每當上帝挑出任何一個人選成為君王，祂也意圖讓這個人所生的子嗣享有同樣的恩惠。」我們看到的卻是：雖然上帝把以色列的王國交給掃羅，祂卻沒有提到掃羅的後代在他死後該當如何，王位也不歸掃羅的**子嗣**所有。如果上帝挑出一個人選，立他為王的同時也打算讓這個人的**子嗣**享有相同的恩惠，那何以祂在為以色列人挑出士師的人選時就沒這個打算？我實在很想明白箇中道理。或者說，上帝把**父親權威**賜給君王時就把**子嗣**包括在內，為何同樣的恩賜卻不把士師的子嗣包括進來呢？**父親權威**是不是只能基於繼承權傳給某個人的**子嗣**，而不能傳給別人？如果上帝賜予的都是**父親權威**，賜予的方式都同樣是經過上帝的選擇，那除了名稱的不同之外，這位作者有必要給出理由說明上述的差別，因為我認為他提到「上帝興起了士師」時，絕不會承認士師是由人民所立。

168. 不過，既然這位作者自信滿滿地要我們相信上帝小心地保存**父威**，而且自稱他所有的說法都以《聖經》的權威為依據，我們就會期待《聖經》主要記載的這個民族，它所擁有的法律、制度、歷史，能為作者提供最明確的案例，證明上帝的確小心地替那個眾所皆知、最受上帝關照的民族保存父親權威。那就讓我們瞧瞧，自猶太人開始成為一個民族以來，這種**父親權威**或父權統治在他們之間的狀態如何。根據這位作者的自白，這種父親權威自猶太人進入埃及至他們擺脫奴役狀態歸來，前後消失了兩百多年之久。接著由此算下去，直到上帝替猶太人立王，其間的四百多年，這位作者給出的說明只不過是寥寥數語，更不用說，其實在上述的整個猶太人歷史時代當中，所謂的父權或君權統治根本就無跡可尋。然而我們的作者卻說：「上帝為父權統治重建了這個一脈相傳、古老而首要的權利。」

169. 那麼，我們已經見過何謂重建**一脈相傳的父權統治**了，我現在就單單考慮這種狀態維持了多久：算到猶太人被俘時大概過了五百年左右，再由此算起，算到他們被羅馬人摧毀，大約是六百五十年間，這個**古老而首要的權利**——**一脈相傳的父權統治**又再度消失，此後的猶太人不具有這種權力，在這種情況下作為一個民族繼續在上帝的應許之地生活下去。由此可見，無論我們認為父權統治的淵源來自於哪裡：無論是源自於大衛、掃羅、亞伯拉罕，還是按照我們這位作者的主張，真正唯一的權力淵源是來自亞當——在猶太人作為上帝特選民族的一千七百五十年之間，他們擁有世襲王政的時間佔了不到三分之一，而且在那段歷史當中，根本就沒有任何**父權統治**或是**重建了一脈相傳**、**古老而首要的權利**的跡象。

下篇

探討公民政府真正的起源、權限及目的

第一章　引論

1.上篇已經表明：

第一，亞當並沒有如同某些人的宣稱，憑著父威的自然權利或上帝的確實授予而享有統治其子女的權威，或支配世界的權力。

第二，就算亞當擁有這種權力，他的繼承人也無權擁有。

第三，就算亞當的繼承人擁有這種權力，由於缺乏能夠在任何情況下都足以決定出合法繼承人的自然法，或上帝的實定法，因此無法確實決定繼承權及統治權的歸屬。

第四，即使有確定繼承人的辦法，然而亞當嫡系後裔的資訊早已無從查考，因此在人類的各家各族當中，任何人都不會比別人更有理由自稱為亞當嫡系，從而享有繼承的權利。

我認為，以上這些前提都已經交代清楚了，所以就算把**亞當的私有支配權和父權**當成是一切權力的根源，當今世上的任何統治者都無法藉由這種說法獲益，或是從中得出一絲一毫的權威。因此，任何人只要無法提出正當的理由接受以下這種想法——世上所有政府都不過是強權暴力的產物，共同生活的人類所依靠的法則沒有別的，正是那野獸般的弱肉強食，從而奠定了無窮無盡的混亂、災禍、騷擾、暴動、叛變（這全是那種假設的支持者大力聲討的現象）——那他就必須在羅勃特·菲爾默爵士的教誨之外另尋他路，找出另一種說法解釋政府的產生、政治權力的起源，並找出另一套能夠指定、指明掌權者人選的辦法。

2.為了達到這個目的，我就對『何謂政治權力？』提出自己的看法，我想這不至於有什麼不妥。我認為，**行政官員**統治臣民的權力有別於**父親**之於子女、**主人**之於奴僕、**丈夫**之於妻子、**領主**之於奴隸之類的權力。由於這些不同的權力有時是集於一人之手，如果我們從各種不同的人際關係進行探討的話，將有助於我們一一區別各種權力，說明一個國家的統治者、一個家庭的父親、一艘船的船長所具有的權力有何差別。

3.因此，我認為**政治權力**就是為了管制、保障財產而制定法律的**權利**，用來判處死刑及其他比較輕微的處分；同時也是動用共同體的力量來執行法律，用來保衛國家、抵禦外侮，一切都只是為了公共善。

第二章　論自然狀態

4.為了正確地了解政治權力，追溯它的起源，我們必須探討人類原來自然地處於什麼樣的狀態。那是一種行為**完全不受拘束的狀態**，人們可以在自然法的限度之內隨心所欲地安排自己的人身及財產，毋須亦步亦趨地聽命於他人。

這也是一種**平等的狀態**，一切權力、權限都是對等的，沒有哪個人比他人擁有更多權力。同種同等的人類生來就毫無差別地享有相同的自然優勢，能夠運用相同的能力，就應該人人平等，不存在從屬、服從關係，這是昭然若揭的事實。除非他們全體的主宰、主人明白地宣告自己的意志，把某人置於他人之上，並經過清楚明確的任命，把無庸置疑的管轄權及主權交到某個人手上。

5.明智的胡克爾[1]認為，人類基於自然的**平等**，這件事本身就不言自明、不容置疑，他將平等視為人類互愛義務的基礎，在這個基礎上建立起人類彼此應盡的種種責任，由此引伸出**正義**和**仁愛**的重要準則。他的原文是：

1 編註：胡克爾（Richard Hooker，1554-1600），十六世紀最重要的英格蘭神學家之一，他的知名著作《論教會政治法規》（*Of the Lawes of Ecclesiastical Politie*）是英格蘭教會的基石。洛克深受他的自然法倫理學及堅定捍衛人類理性的影響。

「相同的自然誘因使人們認識到，愛人和愛己是同等的責任，因為藉由同樣的尺度來收攝一切，才能平等地觀照事物。如果我不能自已地希望得到好處，甚至想從每個人手上得到更多好處，多到如同所有人發自內心的那種期盼，那麼除非我自己也設法滿足別人身上的同一種欲望——這種需求無疑的是出於相同的天性——我又如何指望自己所具有的任何欲望能得到滿足呢？如果我對他人提供的，是與其欲求相抵觸的事物，在各種意義上都會使人感到難堪，那對我而言也是感同身受。因此，要是我為害他人，我就只能等待懲罰，畢竟別人沒有理由寬宏大量地對我以德報怨。因此，如果我希望本性與我相同的人盡可能地愛我，結果就會使我負有一種自然的義務，要用充分的愛意去關照他人。自然理性就從我們和別人（與我們相同的人）之間的平等關係引伸出許多規則、規定來指導人生，不容任何人忽視。」(Eccl. Pol. i.)[2]

6. 雖然這是一種**自由的狀態**，然而**並非放任的狀態**，儘管人們在這種狀態中擁有無拘無束的自由，能處置自己的人身及財產，然而他不能自由地毀滅自身，或是毀滅他所擁有的任何生物，除非有一種比單純地保護生命還要更高貴的用途要求他這麼做。**自然狀態**，由一種人人應該遵守的自然法加以管理，而理性——也就是自然法——教導著有意聽從的全人類：既然人人皆**平等而獨立**，任何人都不該對他人的生命、健康、自由、財產有所為害。因為，既然人類是全能、擁有無限智慧的造物主所創造的作品，全都是這唯一最高主宰的僕人，奉命來到這個世界為祂行事，因此人類是祂的財產、祂的創造物，該活多久是由祂來決定，而不是任憑人類彼此作主。而且，既然我們被賦予了相同的能力，在同一個自然的共同體中共享一切，那就不能設想我們人類生來就是為了彼此利用（像次等生物生來就為我們所用那樣），不能以為我們彼此之間存在著允許某個人去摧毀他人的**從屬關係**。正因所有人都必須**保護自我**，不得執意放棄自己的地位，因此基於類似的理由，只要他的自我保護並沒有受到挑戰，他就應該盡可能地**保護其他人類**，除非是為了向侵犯者討回公道，否則不得奪走他人的性命，或是損害一切有助於他人保護性命的自由、健康、肢體或其他財物。

7.為了約束所有人不去侵犯他人權利、不互相傷害，讓大家都去遵守旨在維護和平、**保有全人類**的自然法，在這種狀態下，**行使**自然法的權利就交到每一個人手上，因此人人都有權懲處違法者，以便一定程度限制住違反自然法的行為。畢竟**自然法**就跟世界上其他涉及人類的法律一樣，如果在自然狀態中無人擁有**執法的權力**來保護無辜、約束犯罪，自然法就形同虛設；要是有人在自然狀態中可以因任何人所犯的罪惡予以懲罰，那人人都應該可以這麼做。畢竟在那種**完全平等的狀態**中，彼此之間本來沒有什麼凌駕於他人之上的地位或是管轄他人的權力，只要是行使自然法所允許的事，就必須是任何人都有權去做。

8.因此，在自然狀態中，**一個人就是這樣得到支配他人的權力**，然而當他抓到罪犯時，並沒有絕對、任意的權力，不得聽任自己激昂的情緒，或憑著一己之意隨心所欲地對待犯人，只能按照冷靜的理性及良心的指示，比照犯人的罪過施以相應的懲罰，盡可能達到**糾正**和**禁止**的作用。由於糾正和禁止正是一個人之所以能合法地傷害他人的唯一理由，這就是所謂的**懲罰**。違法者在違背自然法時就表明了他是依據有別於理性、公道的某種法則而活，而理性、公道的法則，正是上帝為人類彼此間的安

2 譯註：《論教會政治法規》（*Of the Lawes of Ecclesiastical Politie*）的書名縮寫。

全所設下的行為尺度，因此違法者對人類而言就是危險的。違法者輕視、破壞了確保人類免於遭受損害及暴力的約束，這既是對全人類的侵害，也侵害了自然法為全人類所規定的和平及安全，因此人人都可以基於這樣的理由，基於自己應該普遍保護全人類權利的意識去對犯罪進行限制，或是在必要的時候摧毀對他們有害的事物，藉此讓任何觸法者都大難臨頭，這可以使人痛改前非，以收威嚇之效，同時讓他人以犯罪者為鑑，避免再犯下同樣的過錯。在這種情況下，基於這個理由，**人人都有權成為自然法的執行者去懲罰罪犯**。

9.這種想法在某些人眼裡似乎會是很奇怪的學說，我認為無可厚非。不過我希望他們在譴責我之前先向我解釋：任何國家或任何君主，他們是基於什麼樣的權利，去對在他們國內犯下任何罪行的**外國人**判決死刑或**施以懲罰**？可以肯定的是，他們的法律是經過立法機構，把公民的意志加以公布後才獲得效力，那其實並不適用於一個外國人。那些法律並非針對外國人而設，就算是的話，他也沒有必要聽從。對該國臣民產生效力的立法權威，對外國人卻是無效的。那些在英格蘭、法蘭西或荷蘭能夠制定法律的至高權力擁有者，他們在印地安人眼裡就跟世界上的其他人沒什麼兩樣，只不過是無權無勢的人。由此可見，如果所有人不能依據自然法而擁有懲罰違法者的權力（即使他冷靜地判斷該案件後仍認為有此需要），那我也不明白任何共同體的行政官員要憑什麼去**懲罰**來自其他國家的**外國人**，因為，對於一個外國人來說，該國能夠對他施加的權力，只能跟每個人生來就能對他人行使的權力一模一樣。

10.所謂的犯罪除了違反法律、不符合理性的正當法則之餘，他還因此墮落，並宣稱自己背離了人性的原則，成了有害的存在；此外通常還有他對某人、其他人所造成的傷害，也就是某些人因他的違法行為所遭受的損失。在這種情況下，因犯罪而遭受任何損失的人，除了和他人共同享有的懲罰權利，還享有向犯罪者要求**賠償**的特殊權利。至於其他任何人只要認為這麼做是公道的話，就可以會同受害者，協助他向犯人取回相應而充足的損害賠償。

11. 從這**兩種不同的權利**（一種是**懲罰**犯罪、**約束**避免同類罪行的權利，也就是人人享有的懲罰權；另一種是取得**賠償**的權利，只屬於受害的那一方。）就會產生這樣的狀況：某行政官員以其行政官員的身份掌握了人民共享的懲罰權利，他往往能在公共善並不要求執行法律的情況下，以自身的權威**免除**犯罪者的懲罰，但不能使任何受到損害的個人**放棄**其應得的損害賠償。受害人有權以自己的名義要求賠償，也只有他自己能夠**免除**對方賠償。基於**自我保護的權利**，受害者有權將罪犯的財物、勞役佔為己用，這就相當於人人都是基於**保護全人類的權利**、同時為了達到這樣的目的，而去採取一切合理的手段，所以人人都擁有懲治犯罪、以防罪行再度發生的權力。因此，在自然狀態中，人人都有權力去處死殺人犯，這一方面是用懲罰來**殺一儆百**、以儆效尤（畢竟逝者已矣，無從補償），同時也是確保人們不再受罪犯的侵害。既然這個罪犯已經拋棄理性——上帝給予人類的共同規則及尺度——憑著他對另一個人所施加的不義暴行、殺戮向全人類宣戰，因此人類可以像對付**虎狼之輩**那般摧毀他，我們可以把他當成既不能共處、也不能得到保障的野生蠻獸加以消滅。「凡流人血的，他的血也必被人所流[3]」，這條重要的自然法就是以上述考量為根據。人人都有權消滅這種殺人犯。話說該隱對此深信不

3 編註：出自《創世記》第九章第六節。

疑，因此他在謀殺了自己的兄弟之後大喊：「凡遇見我的必殺我！」[4]可見這一點已如此明白地烙印在全人類的心中。

12.基於同樣的理由，自然狀態中的某個人可以對**違規情節較輕微的人進行懲罰**，也許有人會問，能否處以死刑？我的答覆是：每一種罪行要根據情節的輕重施予不同**程度**的**處罰**，處罰必須足以使犯人覺得**不值得再犯**，令他知道悔悟，而且還能夠儆戒他人，不要再犯同樣的罪行。在自然狀態中可能犯下的每一種罪行，在自然狀態中也都能像在某個國家中那樣給予同等程度的懲罰。儘管我目前還不打算開始考慮自然法的細節，或相應的**懲罰尺度**，然而可以肯定的是，的確有這種律法，而且對於一個有理性的人類和法律研究者來說，自然法就像國家的實定法一樣明白易懂，甚至可能還更淺顯，這就好比說：合理的論述比人類用語言構成的想像、錯綜複雜的手段還要好懂，因為後者還伴隨著衝突及隱藏的利益。因為許多國家多數**國內法**的實情正是如此，這些法律只有以自然法為根據時才稱得上公正，也必須用自然法來加以規範、詮釋。

13.對於這個奇怪的學說，主張**在自然狀態中的所有人都擁有行使自然法的權力**，我相信總有人會提出反對；有人會認為，讓大家判決自己的案例並不合理，因為利己的天性會使人偏袒自己及友人，另一方面，心地不良、感情用事、報復心態，都會使人們過度懲罰他人，結果只會招致混亂無序，所以上帝曾確實地指派政府來約束人們的偏私和暴力。我可以輕易承認，**公民政府**能針對自然狀態的諸多不便提供了適當的矯正，人們在替自己的案件判決時的確會造成相當大的不便，我們很容易想像一個加害自己兄弟的不義之徒，幾乎不可能會義正辭嚴地自我譴責。不過，我希望那些提出異議的人記住——**專制君主們**也不過是一群凡人，如果說，人們擔任自己案件的裁決者必然會產生種種弊端，結果導致自然狀態根本難以忍受，而政府的存在正是為了矯正那種種弊端，那我很想知道：如果一個統領群眾的人可以自由地裁決自己的案件，可以隨心所欲地處置他的所有臣民，無人能夠過問、控制他的意願是如何執行，而且不管他的所作所為是由理性、錯誤或情感所支配，臣民都必須服從，這到底算是哪門子的政府？它究竟比自然狀態好上多少？起碼自然狀態中的人們還不必屈居於他人之下，若是裁決者在自己或其他人的案件中出了差錯，他還得對其他人負起責任。

14. 往往有人會以為以下的提問是強而有力的反論：**自然狀態中的人何曾存在過？**對於這個問題，目前這樣答覆就夠了：既然全世界各**獨立**政府的君主、統治者彼此之間就是處於自然狀態，顯然不論過去還是未來，這個世界都不會沒有處於自然狀態的人。我指的是所有**獨立共同體**的統治者，無論他們是否相互結盟；因為並非每一種契約都會終止人類彼此之間的自然狀態，只有彼此相約一起加入同一個共同體，從而構成一個政治實體時，大家才會脫離自然狀態；人們是可以相互訂立其他合約、契約，但仍然處於自然狀態之中。無論是加西拉索·德·拉·維加在他的《秘魯史》提到荒島上的兩個人[5]，或是美洲森林中的瑞士人和印地安人，儘管他們完全處於自然狀態，不過他們之間所訂的交易合約、協議等契約仍然具有約束力，因為誠實和守信是人之為人就有的品德，而非人類身為社會的一員才會有的傾向。

4 編註：出自《創世記》第四章第十四節。

5 編註：這句話是一六九四年第二版修改的，洛克在一六九〇年初版時寫的是：「無論是身處索達尼亞（Soldania）孤島上的兩個人」（「加西拉索·德·拉·維加」請見上篇第六章註2）

15.對於那些聲稱『從未有人處於自然狀態』的意見，我並不排斥引用有識之士胡克爾的權威論述，他說：「上述的律法」——也就是自然法——「即使是在人類形成人群之前，就已經對人類有著絕對的約束力，雖然當時他們尚未形成固定的合夥關係，彼此之間也尚未出現莊重的協議，來決定哪些事該做還是不該做。但是由於我們的天性渴望過著某種生活——一種有尊嚴的人生——但我們又無法憑著一己之力，為自己提供這種生活所需的充分物資，因此，為了彌補我們自食其力、獨自生活無可避免的缺點、缺陷，我們會自然地去和其他人交流、同夥，這就是人們最初聯合起來形成政治社會的原因。」（Eccl. Pol. i. 10）不過，我還要進一步主張：所有人本來就自然地處於那種狀態，在他們自己同意要成為某個政治社會中的一員之前，一直都是如此。我相信，本論文後續的部分會把這件事交代得清清楚楚。

第三章　論戰爭狀態

16. **戰爭狀態是**一種**敵對**和**毀滅**的狀態，因此，如果某人並非一時衝動、意氣用事，而是沉著、有計畫地以語言或行動表明，他要把他人的生命當成目標，就會**迫使他自己**和他所宣告的對象**進入戰爭狀態**。如此一來，他自己的性命也會遭到敵對者的權力所威脅，或是受到那些協同敵方防禦、幫助對方進行爭鬥的同夥威脅。如果有人以毀滅來威脅我，我應該有權消滅對方，這是合理而正當的，因為**根據基礎的自然法**，**人類會盡可能地保護自我**，要是無法保護全人類的時候，就會優先確保無辜者的安全。任何人都可以消滅向他宣戰的人，或是消滅顯然對他懷有敵意的人，允許他這麼做的理由，就跟他可以殺死**豺狼虎豹**的道理相同，因為對方不受共同的理性法則所約束，除了強權和暴力，沒有任何法則能管住他們，只要有人落入了這些危險而有害的生物手中，結果肯定是死於非命，因此可以把對方當作攫食性的野獸來對待。

17. 因此，凡是有人試圖要別人屈服於自己的絕對權力，這就會**把他自己和對方捲入戰爭狀態**，這可以理解成，這個人對他人的性命有所圖謀。畢竟我有理由斷定，凡是不經我的同意就用權力壓迫我的人，一旦得手之後就可以任意處置我，心血來潮時也可以消滅我。但任何人都不能指望**用他的絕對權力支配我**，除非是以武力迫使我屈服於違背了我自由權利的處境，也就是使我成為奴隸。擺脫這種武力的壓迫，是自我保護的唯一保障，而自由是自我保護所需的屏障，因此理性會要求我把從我身上

奪走自由的人都視為敵人，所以，凡是**企圖奴役**我的人，就會把他自己和我捲入戰爭狀態。在自然狀態中，只要有人打算奪走任何人所享有的自由，這種人必定會被認為是企圖奪走他人的一切，因為**自由**是一切的基礎。同樣的，在社會狀態中，只要有人打算剝奪該社會、國家人民所擁有的**自由**，這種人必定會被認為是企圖奪走這個社會的一切，於是就等同於**進入戰爭狀態**。

18.同樣的道理就使人可以合法地**殺死盜賊**，就算對方完全沒傷著他，也並不打算奪走他的性命，即便說，盜賊本來只是要用武力使他屈服，以便奪走他的金錢，任意取走他的財物。由於盜賊本來就無權使用武力要我屈服，無論他有什麼藉口，我都沒有理由認為，**剝奪我自由**的那些人，他們在逼我屈服之後並不會奪走我所剩的一切。因此，我可以合法地把盜賊看作是對我**開戰的人**，換言之，我就該盡可能地殺了對方。任何人只要引發了戰爭狀態、身為戰爭狀態中的侵犯者，他自己就得面對被殺的危險。

19.由此可見，**自然狀態和戰爭狀態有顯著的差異**，無論某些人再怎麼把這兩者混為一談，這兩者間的區別，就像『和平、善意、互助、維護的狀態』對上『敵對、惡意、暴力、互相殘殺的狀態』那樣天差地遠。人類根據理性而生活在一起，人世間並不存在一個有權對他們裁決一切的共同尊長，這就是**所謂的自然狀態**。但是，一旦對他人使用武力或宣告使用武力，而人世間又並不存在可以訴諸解救的共同尊長，就是**進入戰爭狀態**。正因為缺乏可以訴諸的對象，這才使一個人有權去向**侵略者**宣戰，即使對方也是社會中的一份子。因此，就算我不能因為某個**盜賊**偷走了我一切財產而傷害對方，只能訴諸法律的裁決，但是只要他直接搶奪我的馬匹或衣物，我就可以殺了對方。這是因為，用來維護我性命的那個法律無法立即介入形成保障，無法使我免於當下的武力威脅，而且寶貴的性命一旦丟了就無從彌補，於是法律就會允許我進行自衛，同時享有開戰的權利，也就是享有殺死侵犯者的自由。畢竟侵犯者不會讓我有時間去訴諸我們共同的裁決者，況且，只要有可能形成無可挽救的傷害，法律的判決對於這種案件根本於事無補。缺乏具有權勢的共同裁決者會使所有人處於自然狀態，不過，只要有人不基於某種權利就對人施加武力，無論是否存在共同裁決者，都會進入戰爭狀態。

20. 但是只要實際動用的武力終止，社會中的**戰爭狀態結束**，對戰的雙方就同樣受制於法律〔公正〕[1]的判決，〔因為此時已開始訴諸對於過往損失和預防未來傷害的補償辦法；但如果無法訴諸這種裁決，就像在自然狀態下一樣，由於缺乏實定法和有權裁決訴求的人，戰爭狀態一旦開始，無辜一方有權在任何可能的情況下摧毀另一方，直到侵犯者提出和平的建議為止，並要求以下條件來達成和解：侵犯者必須對所犯下的所有錯誤加以彌補，並確保無辜一方未來的安全；不僅如此，即使在開始訴諸法律和指派裁決者的情況下，保護或賠償某些人或某群人受到暴力或傷害的補償辦法，若明顯被歪曲的裁決和公然違反的法律所拒絕，**看來**除了**戰爭狀態**之外，很難想像還會發生其他情況：因為無論任何暴力的使用、傷害的造成，即使經過委派執行裁決的人員處理，也依舊是暴力和傷害，不管如何以法律的名稱、託詞或形式來粉飾，其目的都是要透過公正無私的適當程序來保護和補償無辜一方，並適用於所有受其管轄之人；若非**真誠**的這樣去做，**戰爭就會降臨**到受害者身上，而受害者在人世若無法訴諸糾正侵犯者，在這種情況下，他們僅剩唯一的補救辦法，即訴諸上天。

---

1 編註：初版時，本章的編號至20結束，但下一章的編號卻從22開始，顯見有誤。從編號20至21中間，用中括號框起的文字，是洛克在一六九四年第二版時增添修改的內容。

21.為了避免這種**戰爭狀態**（即除了訴諸上天沒有其他辦法的狀態，並且每個最微小的分歧都以沒有權威可在爭執者之間做出裁決的方式終結），這是人們進入社會並離開自然狀態的一個重大原因，因為那裡會有一個權威，一個世間的權力，可以向其提出**訴求**而獲得救濟，持續性的**戰爭狀態**會被排除在外，並且紛爭將由該權力來裁決。如果人世間有這樣一個法庭、這樣一個最高審判權，來確定耶弗他和亞捫人之間的權利，他們就不會陷入**戰爭狀態**；但我們卻看到他被迫訴諸於上天：「願審判人的耶和華今日在以色列人和亞捫人中間判斷是非」（《士師記》第十一章二十七節）；然後控訴並依據他的訴求，率領他的軍隊去戰鬥。」因此，接下來的糾紛就會引發以下問題：**應該由誰裁決？**這當然不是在問，誰來解決這個糾紛？畢竟人人都知道耶弗他所說的：由**審判人的主**來裁決。如果人世沒有裁決者，那就只能訴諸天國的上帝。因此這個問題並不是在問：是否真的是別人迫使我和對方進入**戰爭狀態**這種問題應該由誰來裁決？也不是在問：我是不是應該像耶弗他一樣**訴諸上天**？關於這個問題，我只能由自己的良心來判斷，因為我在最後審判時，得向全人類的終極審判者負責。

第四章　論奴役

22.人類**生來的自由**，就是不受任何高等權力的支配，不用服從人類的意志或立法的權威，只以自然法作為自己的準則。一個**人**在社會中的**自由**，就是除了在國家內經由同意所建立的立法權力之外，不用服從其他立法權，也不受他人意志的任何支配或是任何法律的限制，他遵守的是立法機構基於人民的信賴所執行的法律。因此，自由並非如羅勃特爵士所說的那樣：「人人都想怎麼做就怎麼做，高興怎麼活就怎麼活，一種不受任何法律約束的自由。」（《論亞里斯多德、霍布斯等人》，頁五十五）。**人們處在政府管理下的自由**，應該根據長期有效的規則過活，而這個規則要由社會中的每一個人共同遵守，並由社會中所建立的立法權力來制定。這種自由能在規則並未規定的一切事情上按照我自己的意志採取行動，無需服從他人那反覆無常、無法確定、不能預知、任意專斷的意志，如同自然的自由一般不受制於自然法以外的任何約束。

23.這種不受絕對、專斷權力所支配的**自由**，對於一個人自我保護的天性來說不可或缺，而且關係密切，除非一個人同時失去了自我保護的手段與自己的性命，否則他不能放棄自由。要是一個人沒有處置自己生命的權力，他就**無法**藉由契約或自己的同意使自己**任由他人奴役**，也無法使自身屈服於他人的絕對、專斷權力，讓人任意取走自己的性命。誰也不能把超出自己權限的那份權力交給別人，一個不能自取性命的人，就不能把支配自身性命的權力交到別人手上。誠然，一個人若是犯罪做了該當處死的罪行，他就等同放棄自己的性命，不管他所放棄的這條命交到了誰的手上，誰就有權暫時先不取他性命，並使喚他為自己服務，這麼做並沒有損害他的權益。這是因為，只要他發現奴役之苦令他覺得歹活不如好死，他就擁有反抗主人意志的權力，藉由反抗來終結自己的性命。

24.這是完全的**奴役狀態**，不外乎是**延續了戰爭狀態後的合法征服者與被征服者之間的關係**。要是他們之間訂定了**契約**，並作出了協議，要讓某一方對另一方擁有一定權力，而另一方必須服從，那麼只要契約持續有效，**戰爭和奴役狀態**就必須終止，因為如先前所述，沒有人可以透過協議把自己所沒有的東西，即支配自己性命的權力交到別人手上。

我們可以在猶太人和其他國家的人當中看到有人出賣自己的情況，這我承認。不過顯然他們只是**做苦工，而不是當奴隸**，因為顯而易見的是，那些賣身的人並沒有受到絕對、專斷的專制權力所支配，畢竟他們的主人無論何時都沒有權力殺死他們，而且到了一定的時間點，還必須解除他們的勞役、放他們自由；這類奴僕的主人所擁有的支配權，跟處置奴隸性命的專斷權力比起來可差多了，他甚至不能任意殘害奴僕，要是打壞了他奴僕的一隻眼或一顆牙就得放他們自由。（《出埃及記》第二十一章）

第五章　論財產

25. 無論是就自然**理性**告訴我們的：人類打從出生後，就擁有自我保護的權利，從而可以享用肉食、飲水，及其他自然供給他們延續生命的事物；還是就啟示向我們說明的：上帝如何把這個世界賜給亞當、賜給諾亞和他的兒子，很清楚的是，正如大衛王的敘述：「地，祂卻給了世人（人之子）。」（《詩篇》一一五篇十六節），上帝把大地交給人類分享。但是，就算假定如此，似乎還是有人很難理解：如何使任何人享有任何事物的財產權呢？我並不會認為以下的答覆能令我自己滿意：如果基於『上帝把世界交給亞當及其後裔共享』這個假設建構的**財產權**算是很難理解的話，那麼基於『上帝把世界交給亞當及其繼承人來繼承，同時排除了亞當其他後裔繼承的權利』，這個假設所建構的**財產權**就只能由某一個世界君主來獨佔，其他任何人都不可能擁有任何**財產權**。不過我將仍努力表明：在上帝交給人類共享的一切事物當中，人類是如何將其中的許多部分變成自己的財產，同時還無須經過全體共享者的明示協議。

26. 上帝已經把世界交給人類共享，也給了人類理性，讓他們善用一切，為自己的生活提供最大的便利。這片大地及大地之上的一切，全是給人類用以維持生命及維持便利的生活。僅管大地自然生產的果實，與繁殖的獸類，全是藉著自然之手自發地生產，並為全人類所共享，不過一開始無人能夠排除其他所有人類，擅自對其中的任何事物享有私有支配權，此時，這一切資源如同處於自然狀態之中；然而，既然這些自然之物就是要提供給人類使用，那麼在他們得以利用、帶來好處之前，必定要有**某種手段**，把自然之物以某種方式分配給個別的人類。就算原始印地安人不懂得圈地，同時他們依然住在共有的土地之上，不過某個人賴以維生的果類或鹿肉必定歸他自己所有，變成他的東西，也就是變成他的一部分，至於其他人就再也無權享有那些食物，然後這些東西才能為這個人自己帶來好處、維持他的生命。

27.僅管大地及一切次等生物由全人類所共享，然而人人都還是擁有他自己這個**人身**的**所有權**，除了他自己，無人能擁有這種權利。我們可以說，他的身體所從事的**勞動**與他的雙手所完成的**工作**，是理所當然地歸屬於他。那麼，只要他使任何東西脫離了自然所提供、安排的狀態，他就已經把自己的**勞動**摻雜了進去，也就是使該事物與他結合，從而使它成為他的**財產**。既然該事物原本在自然中的共有狀態是由他所改變，他已經對它添加了自己的**勞動**，那就排除了他人共享的權利。既然**勞動**是勞動者無可爭議的財產，那麼結合了其勞動的產物，除了他以外就無人有權享有，起碼在留給他人共有之物夠多夠好的情況下就該如此。

28.任何人從橡樹下拾起橡實，或是在樹林中從樹上摘下蘋果食用時，他就確實地把這些東西歸為己有，沒有人能否認這些食物就該歸屬於他。那麼，我要問：這些東西何時開始屬於他？在他消化的時候？在他吃的時候？在他煮的時候？在他帶回家的時候？在他撿起來的時候？很顯然，如果他一開始的採集活動不算的話，那其他行動就更不可能算了。**勞動**使這些東西有別於共有之物。勞動在自然、萬物之母既有的產物上還有所增添，因此這些東西就成了他的私有權。難道有人會說：因為他並沒有得到全人類的同意允許他這麼做，所以他就無權享有這些他所佔用的橡實、蘋果？像這樣把全體共有的東西歸為己有就算是掠奪行為嗎？如果這樣的同意是必要的，就算上帝給的東西再怎麼豐富，人類早就餓死了。我們從藉著契約維繫的**共有關係**中得知：只要我們取得任何一部分的共有之物，並使之脫離了自然所安排的狀態，我們就**開始有了財產權**，若非如此，共有之物就派不上用場。至於取得共有之物的哪些部分，並不取決於全體共享者的明示同意。因此，我的馬所吃的草、我的僕人所割的草皮，以及我從任何共享之地所挖來的礦石，這些全都會成為我的**財產**，毋須經過任何人的轉讓或同意。我自己的這份**勞動**，使這些東西脫離了原來的共有狀態，**確立**了我掌握這些東西的**財產權**。

29.如果任何人把共享之物的任何部分佔為己有，都還必須經過每一個共享者的明確同意，那麼只要父親或是主人在提供讓兒子、僕人分享的肉塊時並沒有為每個人一一分配的話，這些兒子、僕人甚至不能割肉來吃。僅管池子裡的泉水是屬於每一個人的，然而裝到水壺裡的水就只屬於汲水者所有，這有什麼好質疑的呢？當泉水還留在共有的自然之手，它就由所有人平等地共享，而汲水者的**勞動**把水從自然之手中取了出來，水壺的水就**歸他自己所有**。

30.因此，這條理性的律法把被殺的鹿歸諸於殺死牠的印地安人，儘管牠原本是人人有權共享的東西，在這個印地安人付出了勞動之後，就能夠成為他的財物了。在那些被視為文明開化的某些人類當中，他們已經制定、增訂了實定法來決定**財產**歸屬，不過原初的自然法對於那些原來是共有物的**財產源頭**仍然適用。根據這一點，無論是任何人，從這個依然為人類所共享的大海中，無論是捕到魚還是採集到龍涎香，由於是**勞動**使它們脫離了自然所安排的共有狀態，於是就**成為**勞動付出者的**財產**。甚至在我們這邊，不管是誰在打獵中以野兔為目標進行追逐，這條野兔就會被認為歸他所有。因為野獸仍被視為共有的，並非任何人的私有財產，只要有人對這類的野獸耗了這麼大的**功夫**去搜尋、追逐，從而使這條野兔脫離了原來共有的自然狀態，牠就**成為一種財產**。

31.也許有人會反對這種說法，他們認為，如果採集橡實或其他大地之上的果實等等就能使人享有權利，那麼任何人都可以**恣意搜刮**。我對此的答覆是，並非如此。自然法以這種方式給了我們財產權，它同樣也會對財產權加以限制。「上帝厚賜百物給我們享受」（《提摩太前書》第六章十七節）不正是啟示所認可的理性之聲嗎？不過上帝給了我們多大限度去**享受**？任何東西損壞之前，任何人為了生活上的利益所能利用的程度越多，他藉由勞動所確立的財產就越多，至於超出這個限度的部分就不是他應得的，得歸其他人所有。上帝的創造並不是要讓人類任意毀損、破壞的。因此，考慮到這個世界有很長一段時間自然物產豐富，耗用者較少，光憑著一個人的勤勞所能搜刮、佔有（會造成他人不利）的資源，也只是龐大自然物產的一小部分，尤其理性還規定了人類的取用必須限於自身**使用**的**限度**之內，那麼，基於這種方式所建立的財產權就沒有什麼好爭執埋怨的了。

32.但是，目前**財產權的主要對象**並不是土地之上的果實，或是依靠土地生存的野獸，而是包括及連帶其餘一切產物的**土地本身**，不過我認為，**土地所有權**的取得方式顯然也跟上述情況相同。只要一個人進行了翻土、種植、改良、耕作，無論他用上多少**土地**、創造多少產出，他的**財產**就有多少。這就相當於，他憑著自己的勞動，從共有之地圈出了自己的土地。或許有其他人會說，別人具有同等的資格來佔有這些土地，而且這個人並沒有經過全體共有者、也就是全人類的同意，所以他不得佔有、圈用這些土地，但就算這麼說也不能使圈用者的權利失效。上帝把大地交給全人類共享的同時，也命令人類必須勞動，而人類的貧困處境也要求他們要勞動。上帝及其理性命令人類開墾土地，也就是說，要人為了生活所需改良土地，在其上加諸完全屬於他自己的東西，也就是勞動。遵從上帝命令的人，在任何一塊土地上開墾、翻土、播種，他就在地上添加了屬於他的**財產**，那是其他人沒有資格佔有的，旁人的剝奪肯定會損害這個人的權益。

33. 藉由改良開墾行動而**佔有**任何一小塊**土地**，並不會對任何人不利，因為還剩夠多夠好的土地，剩下的地遠比尚未取得土地利用的人還多。因此，就結果而言，並不會因為一個人圈佔了一塊土地，就導致剩下留給他人所用的土地減少，畢竟他留下了多到足以供其他人使用的土地，那就相當於他根本沒有佔用土地。沒有人會覺得另一個人喝了水就會損害自己的利益，即使另一個人牛飲，他還是有同樣的一整條河能夠讓他解渴。就土地與水源來說，兩者都相當充裕，情況根本一樣。

34. 上帝把世界交給人類共享，不過，既然上帝的賜予是要讓人類獲益、讓人盡其所能地從中獲得生活的便利，那就不能假設上帝一直都打算讓這個世界處於共有且未開墾的狀態。祂把世界交給勤勞和有理性的人利用（**勞動**才有**資格**享有），而不是要讓那些惹是生非之徒垂涎覬覦。只要留給人利用的土地和已被佔用的一樣好，那誰都無須抱怨，也不該去對那些他人已用勞力改善的土地進行干預。要是有人這麼做，顯然這個人就是想佔有他人辛勤勞動的成果，然而他並沒有這種權利。因為是這個人自己不想在上帝交給他與眾人共享的土地上勞動，況且，剩下那些能讓他善用的土地就跟已經被佔走的一樣好，而且比他懂得該如何利用的份量還多，就算他付出相當的辛勞，也用不到那麼多土地。

35. 誠然，在英格蘭或其他任何國家中有大量人民接受政府的統治，他們不但有錢，也會從事貿易，不過沒有人能夠不經全體共享者的同意就圈佔或挪用任何土地，因為那是契約——即國家的法律留下來**公共地**是不可侵犯的。儘管這種土地對某些人而言是共有的，對全人類而言就並非如此，只能算是人民和這個國家或教區的共有財產。此外，像這樣經過圈佔之後所剩的土地，對於其餘共享人來說就不會和原先的全部土地一樣好，因為他們本來是可以利用全部的土地，相反的，人類一開始在世界廣大的共有地之上群居時，情況就截然不同。當時人類所服從的法律反而是鼓勵佔有土地。上帝的命令、人類的需求都迫使人類進行**勞動**。土地就是人類的**財產**，有人使用勞動劃定財產權的地方都不得加以剝奪。因此，我們可以看到，土地的開墾、耕作與土地的支配，是聯繫在一起的，前者成為後者的根據。所以上帝藉由命令人類進行開墾，從而使人有權**佔有**土地。人類的生活條件不僅需要勞動，也需要工作的資源，這就必定帶來私有財產。

36. 自然會根據人類的**勞動程度和生活所需**的範圍設定**財產權的限度**。任何人的勞動力都無法開墾、佔有全部的土地，人類的生活享受所消耗的資源也只不過是很小的一部分，所以，在這種方式下，任何人都不可能侵犯到他人的權利，也不會只是因自己取得一份財產，就對他的鄰人造成不利，因為他的鄰人（在他取得那份財產之後）仍然有機會取得跟之前一樣夠多夠好的財產。這種**限度**確實把每個人的**財產**限制在一個非常適度的比例，因此一個人可以佔用他那份財產而不會危及他人。在最早的時代、廣大蠻荒的大地之上，人類會因落單流浪而下落不明，危險程度比缺乏土地耕作的困境還要嚴重的多。現在這個世界似乎人滿為患，但財產權仍能適用同樣的**限度**而不會危害任何人。假設某個人或某個家族，從身處亞當或諾亞的子孫最初居住的那個時代起，就在美洲內地空曠的地方耕作，我們將會發現：基於我們所設定的**限度**，他們能夠**佔用**的土地並不算太多，甚至放到現在也不會對他人不利，並不會使這個人有所侵佔，從而令他人受到損害或是有理由抱怨——儘管如今的人類已經遍佈全世界的各個角落，人數和最初那少量的居民比起來，已經趨近無限的增長。不僅如此，**沒有勞動**開墾的**土地**就沒有什麼價值，我確實聽說在西班牙的狀況是這樣：一個人即使原本沒有資格佔用土地，只要他對土地加以利用，就可以允許他耕地、播種、收穫而不受他人干擾。而且，相反的，當地居民還會認為他們受惠於這個人，因為他在這片原本因未經開墾而荒蕪的土地上勞作，增加了他們所缺乏的穀物。但是不管怎樣，這還不是我所要強調的；我敢大膽地主張：要不是**金錢的發明**，以及人們的默示同意對土地所加諸的價值，因而（經過同意）形成了大規模的土地佔有、更大的土地所有權，不然相同的**私有權規則**——每個人能利用多少就能佔有多少——對這個世界依然適用，而不會使任何人陷入窘境，因為世界上尚有足夠的土地供應成倍的居民。至於金錢所造成的影響，我將會逐步詳加說明。

37.可以肯定的是，一開始，在人類超乎其需求的佔有欲改變了事物的內在價值之前，事物的價值原本只取決於它對人類生活的作用，或者經由大家**同意**，才讓**一小片**不會損傷敗壞的**黃色金屬**值得了一大批肉食或一整堆穀物；儘管人們都有權憑著勞動佔用土地，人人都能把他所能充分利用的自然資源劃為己有，然而他們所佔用的份量並不算太多，也不會不利於他人，畢竟對於要付出同樣勞力的其他人來說，當時還剩下的資源仍相當豐富。（對此我再補充一下，透過勞動佔用土地的人，並沒有減少而是增加了人類共同的儲存量：因為用於維持人類生命的糧食，一畝圈用耕地的產出（相當謹慎地說）比起同樣豐饒的一畝共有荒地的產量要高出十倍。因此，一名圈佔土地者，從十畝地中獲取的生活所需，比他從一百畝放任自然的土地中獲取的生活所需還要多，可以確切的說，他為人類貢獻了九十畝的土地：因為他的勞動現在供給他十畝的糧食，而這些糧食是一百畝共有荒地產出的量。我在這裡把改良後的土地評估地非常低，其出產的產物僅以十比一的比例來計算，而實際上卻更接近一百比一。因為我要問，在美國的原始森林和未開墾的荒地上，放任自然、不進行任何改良的耕種或耕地，其一千畝的產量可以為貧困苦命的居民帶來的生活便利，是否會與德文郡十畝同樣肥沃、耕種得很好的土地所帶來的生活便利一樣多呢？」1

在佔用土地之前，一個人必須盡其所能地採集果物，盡力獵殺、捕捉、馴養當地的野獸。他對自然中一切的自生產物付出了自己的心力，**憑著**自己所加諸的**勞動**，改變了這些產物原本被自然所安排好的狀態，從而**得到它們的財產權**。但是，如果那些東西沒有經過適當的使用就毀壞了，要是在他耗用之前，果實或鹿肉就已經腐敗，他就違反了共同的自然法，必須受到懲罰。他這樣就使鄰人應得的那份受到了損害，因為敗壞之物已經**超出了他**供應生活所需所能**利用**的限度，所以他就**無權**佔有。

38.同樣的**限度**也能用來管理**土地的持有份量**。凡是經過某人翻土、收穫而儲存起來的產物，只要能在敗壞之前加以利用，就都是專屬於他的權利，任何他所圈入、飼養、利用的牲畜及產品也都歸他所有。不過要是他圈地範圍內的草皮在地上腐爛，他所種植的果實未經採收、儲存而敗壞，儘管這塊土地已經為他所圈用，依舊相當於荒廢的土地，所以任何人都可以佔有。因此，最早的時候，該隱可以盡其所能的開拓土地佔為己有，同時還留下夠多的土地讓亞伯去飼養羊群，他們佔用區區幾畝地就夠了。不過他們的畜群隨著家族、勞力的增加而擴大，他們所**佔用的土地**也隨著牲畜的**需要而擴大**，但是在他們結合起來共同定居、建立城市之前，他們所佔用的土地仍然算是共有，**還沒有劃定為誰的財產**。後來，他們才基於同意，開始規定各人領地的邊界，和鄰人約定好**彼此之間的界線**，再以他們內部的法律，規定出同一個社會中的人民所具有的**財產權**。因為我們可以看到，在人類一開始居住的那個地方，也大約是群居人口最多的地方，人類一直到了亞伯拉罕的時代還是帶著羊群、牲畜（也就是他們的財產）自由地游牧，況且亞伯拉罕是以外地人的身份在那個地區放牧的。由此可以明白地知道，至少大部分的**土地仍是共享的**，居民並沒有相當重視，也沒有對這些還不為他們所用的土地宣稱所有權。不過，到了這個地方不足以讓他們一起放牧、飼養羊群時，他們就基於同意，如同亞伯拉罕和羅得（《創世紀》第十三章第五節）那樣分開，各自到對他們最合適的地方去擴大牧地。基於相同的理由，以掃後來離開了他的父親和兄弟，跑到西珥山去成家立業。（《創世紀》第三十六章第六節）

39. 因此，我們毋須假設成：亞當對整個世界享有能夠排除其他所有人的私有支配權、財產權，畢竟這種假設無從證實，也無法從中引伸出任何人的財產權。我們只需要假設，這個**世界**是交由全部的人之子所**共享**，那我們就能明白，人類是如何藉著**勞動**，來對世界上的各若干區塊的土地劃出明確的佔有資格，然後把它們納為私用，在此之上的權利就毋庸置疑，沒有爭論的餘地。

40. **勞動的財產權**應該高過於土地的共有權，這種想法在未經研討之前似乎聽起來相當奇怪，其實不然，畢竟的確是**勞動造就了**一切事物的**價值差異**。任何人只要考慮一下，種了菸草、蔗糖，培植小麥、大麥的一畝地，和同樣放歸共有卻無人耕種的同樣一畝地，只要考慮過這兩者之間的差別，就會發現**勞動**的改進作用**創造**了絕大部分的價值。我認為，對人類生活有用的地表**產物**，十之八九都是出自於人類**勞動的結果**，而且這還不過是相當保守的計算。不僅如此，如果我們正確地估算我們利用過的東西，累計其各項相關耗用——看看哪些是純粹得自於**自然**，哪些是出自於**人力勞動**——我們會發現，大多數的事物當中，有百分之九十九的價值要歸諸於**勞動**產出。

41. 關於這一點，擁有廣大土地、但生活享受卻相當缺乏的各美洲部族就是最好的明證。自然就像

1 編註：本段中括號內的文字，是一七一三年第四版增加的。

對待其他人民那樣供應了他們豐富的物資，也就是適於大量生產各種產物，可以供應人類的衣食享樂所需的肥沃土地。然而，由於**缺乏加以改進的勞動**，他們所享有的資源還不到我們的百分之一。當地一個擁有廣大肥沃土地的族長，他在飲食、居住、穿著方面的享受，甚至還不如一個英格蘭的粗工。

42.為了更明確地表明這一點，我們只需追溯幾件日常生活用品在為我們所用之前的若干製程，看看它們的**價值**有多少是**得自於人類的辛勞**。麵包、酒、布匹是日常大量使用的產品，要是沒有勞作為我們提供這些用品，雖然我們手裡是有橡實、水、樹葉、獸皮，我們也必然只能用它們來代替麵包、酒類、布匹。由於**麵包**的價值無論如何都高過橡實，酒的價值高過水、**布匹**或**絲綢**的價值高過樹葉、獸皮、苔蘚，這完全要**歸功於辛勤勞作**。一種是單靠自然的未加工之物來提供我們衣食，另一種是我們付出辛勤努力來為自己準備物資，任何人只要計算一下兩者間價值的差距有多大，他就會明白，我們在這個世界上所享用的那些產品，**絕大部分的價值是由勞動所創造**，至於生產這些原料的土地幾乎沒有貢獻多少價值，最多只能說貢獻了很小一部分；其價值是如此之小，因此那些任其自然演變，未經放牧、開墾、栽培的土地，就會恰如其分地被稱之為**荒地**，我們會發現，土地本身所能帶來的好處微乎其微。

〔這表明，比起大片的領土，人口數量才是優先考量。增強並正確的利用土地，是重要的治理技能：這樣的君主應該要明智如神，透過既定的自由法則來保護和鼓勵人類辛勤的生產，反對權力的壓迫和黨派的狹隘，如此很快就會使他的鄰國倍感辛苦，但這個晚點再談。先回到目前的論點。〕[2]

43.本地年產二十蒲式耳[3]小麥的一畝地，和另一塊在美洲的一畝地，如果用相同的耕作方式就會有相同的收成，無疑地，兩者具有相同的自然價值、固有價值。然而，一個人在本地的一年產出價值有五英磅的話，在美洲的另一邊可能是分文不值；要是一個印地安人得自於土地的產出能夠在此販賣估價的話，我可以坦白說，根本不到我們的千分之一。可見是**勞動為土地上的產物加諸了絕大部分的價值**，沒有勞動的話，土地根本就一文不值。我們是靠勞動才取得土地上的大部分有用產品，因為一畝小麥田所產的麥桿、麥麩、麵包，和一畝產能同樣優秀卻乏人問津、維持荒廢的土地比起來，前者的價值高上了許多，這一切都是勞動的成果。由於不僅是犁田者的辛勞，就連收穫者、打穀者的苦工，烘焙人的汗水，都要算進我們所吃的**麵包**裡，連帶那些訓練耕牛，挖掘加工鐵石，砍伐修整木材以製作犁、臼、爐子或其他用具——這為數眾多的人們所付出的勞力，凡是穀物從播種到製成麵包的過程中所須的一切，都得**算成是勞動**，我們得承認那是勞動的作用，至於自然和土地，只是提供了那些本身幾乎沒有價值可言的原料。在每一條麵包來到我們眼前享用之前，如果我們把人為勞作為**麵包提供**、**使用過的產品**都追本溯源地一一列出來，那將會是一張相當奇怪的**表單**：鐵礦、木頭、皮革、樹皮、木材、石塊、磚頭、煤料、石灰、布料、染料、藥材、瀝青、焦油、桅杆、繩索，和一切用來造船的原料，因為各個工匠在處理各種工作中所使用的一切產品都是由船隻運來的，諸多產品不勝枚舉，真要列下去的話，未免還過於冗長。

2 編註：本段在中括號內的文字，是一七一三年第四版增加的。

3 編註：蒲式耳（bushels），又稱英斗，英制容量、重量單位，通常用於度量穀物、水果等農產品的重量，一蒲式耳等於八加侖。

44.由此可見，僅管自然之物是共享的，但是人類（憑著身為自己的主人，**作為自己人身**、**行動**、**勞動的所有者**）**本身依舊是財產權最重要的根據**，當一個人用發明和技藝改進了使生活便利的相關條件，他用來維持生命、享受生活的大部分產物就完全都歸他自己所有，不為他人所共享。

45.因此，一開始，只要有人願意為共享之物付出勞動，**勞動**就會**賦予他財產權**。在很長的一段時間內，絕大部分的事物都是共有的，至今的共享之物仍比人類正在利用的東西還多。因為，人類一開始就用只是自然所提供的未加工之物來滿足自己的需求，後來，儘管世上的某些地區因人口、牲畜的增長而**開始使用金錢**，結果導致土地稀缺並漸漸有了價值，許多**共同體**設定了各自的地界，依據他們內部的法律規定了該社會中的私人財產，因而透過**契約**和協議**確立了**由勞動、勞作所開創的**財產權**。而且數個國家、王國之間締結了盟約，以明示或默認的方式，棄絕了對其他國家所佔有的土地提出任何要求或權利，於是他們經過一致的同意，就這樣放棄了原本可以對其他國家宣告自然共享權的口實，然後就根據明文的協議，在世界上的各個地區確立了他們之間的財產權。然而此時還有**大片土地**依舊**荒蕪**、可供開墾——那些地方的居民尚未同意加入其他的人類，尚未同意使用他們共同的金錢——而且剩下的土地遠遠多於當地居民用於居住、開墾、利用所佔用的份量，所以仍算是共有的土地。不過，這種情況在已經同意使用金錢的那一方很少發生。

46.大部分對人類生活**真正有用的那些東西**，以及第一批世界共享者所尋求的生存必需品——就跟現在的美洲人所追求的一樣——通常都**是保存期限很短**物資，如果沒有利用消費掉就會自行腐爛毀壞。金、銀、鑽石的價值則是由人類的愛好及協議所賦予，價值高過它們的實際用處，也高過它們作為生活必需品的作用。這些由自然提供大家共享的好東西，人人都有權盡量享用（如之前所述），一切勞動能發揮作用的事物，都能成為某人的**財產**，凡是某人的勞作所涉及的一切，只要其原本由自然安排好的狀態是被這個人所改變，一切就歸他所有。是誰**採集**了一百蒲式耳的橡實或蘋果，誰就取得了這些果物的**財產權**，這些果物只要經他採收就成了他的財物。他只需要注意，得在這些果物敗壞之前就要進行利用，否則就是超取了自己應有的份量，相當於掠奪了他人的財物。誠然，硬是把自己無法運用的果物儲藏起來是一件蠢事，也並不誠實。如果他把一部分的果物分給其他人，使果物不致於在他的持有之下毫無作用地毀壞，這也算是他利用了這些果物。又或者，如果他把放了一週就會腐壞的梅子交易換取可以好好保存、供他吃上一整年的堅果，他就沒有損害他人的權利。只要沒有什麼東西在他手上毫無用處地毀壞，他就不算浪費共有的物資，沒有損壞任何屬於他人的財物。再者，如果他願意用堅果換來一塊金屬（基於他喜歡金屬的色澤），或是用自己的羊去換一些貝殼，用羊毛去換閃閃發亮的水晶或鑽石，然後一輩子收藏這些東西，他都不會侵犯他人的權利。他可以隨心所欲地積蓄這種可以長期保存的財物，**財產權的正當限度**並不在於他持有的份量有多少，而在於是否有什麼東西在他手上白白地浪費。

47.因此，**金錢的使用就是這樣流行起來的**，金錢是耐用的東西，人們可以長期持有而不致於毀壞，同時，基於相互認可，人們可以使用金錢換取那些真正有用但又容易毀壞的生活必需品。

48.不同程度的勞動力會帶給人們不同份量的財產，因此**金錢的發明**給了人們累積擴大財產的機會。假設有這麼一座海島，它和世界其他地方都斷絕了貿易的往來，而島上只有一百戶人家，但有著羊、馬、乳牛、其他有用的動物，還有營養豐盛的果物，土地也大到供應的糧食足以養活千百倍人口，不過由於島上的一切產物都相當平凡易損，所以沒有哪樣東西適合用來當作**金錢**。在這種情況下，無論是他們自己的勞力產出，還是和他人交易來的有用產物都一樣易損，他們除了大量供應家庭用途及**消費**所需的財物之外，還有什麼理由需要擴大自己的財產？只要當地缺乏稀有而耐久的產物，而且那還得貴重到值得囤積，即使當地的土地再怎麼肥沃、獲取資格再怎麼自由，人們也不見得會擴大他們所**佔用的土地**。如果某人在美洲中部內陸擁有萬畝、十萬畝的**良地**，而且當地已經充份開墾，擁有大量牲口、家畜，但是這個地方卻沒辦法和世界的其他地區進行貿易，這個人無法藉著銷售物產換取**金錢**，試問這個人會怎麼評價這塊土地？圈佔這種土地並不划算，我們將會看到，這個人只會留下一塊足以供應自己和家人生活利用所需的土地，然後放棄其他一切土地，使之再度回歸於自然的曠野。

49.因此，全世界一開始就像美洲，而且是過去的美洲，因為當時任何地方都沒出現過**金錢**這種東西。但只要某個人和鄰人之間找出了某種**用途及價值**都足以充當**金錢**的東西，你就會看到這個人立即開始擴大自己的財產。

50.但是，相較於食衣車馬，金銀對於人類的生活並沒有多少用處，金銀的**價值**完全來自於人類的同意，其價值還大部分**取決於勞動的限度**，這就可以明顯看出，人類的同意已經允許了**土地**的分配不均以及不平等的**佔有**，﹝他們透過默許和自願的同意，找出了一種方式，讓一個人可以公平合理地佔有超出他自己可利用產量的土地，這個方式就是用多餘的產物來換取金銀，這些金銀可以儲存起來，不會損及其他任何人。這些金屬在持有者手中並不會變質或毀壞。人們可以在超出社會限定、沒有契約的情況下，實現這種私有財產不均等的分配，唯有透過賦予金銀價值，並默許貨幣使用的方式。對政府來說，會以法律規定財產權，而土地的佔有則由實定的憲法來決定。﹞[4]

51.正因如此，我認為這就能夠相當容易、毫無困難地理解，人類**一開始是如何藉著勞動**，開始對自然中的共有物**確立他們擁有財產權的資格**，然後又是如何為了使用財產的需要，而對財產權加以限制。因此我們沒有理由對財產權的資格有所爭執，也無從質疑財產持有的多寡。權利和生活所需，這兩者是並行不悖的，因為一個人有權享有他自己勞動所帶來的產物，同時他也不願為他無從利用的東西付出勞力。這就讓人無從爭執財產權的資格，也無從藉以侵犯他人的權利。一個人能夠分佔的財產是如此顯而易見，因此硬是去佔用太多財產，或是謀取的份量多於自己的需求，不僅只是白費功夫，而且還相當不誠實。

4 編註：這裡中括號內的文字是一七一三年第四版修改的，先前版本的文字是：「當然我是指佔有份量超過了社會及契約的限定，因為這會有政府的法律加以管制。人們經過同意，然後找出了一種大家已經認同的方式，也就是把多餘的勞動產物用來交換、收取能夠長期持有又不易毀壞的金銀，同時大家都認同了這類金屬所具有的價值，這就讓一個人所持有的財產能在合法又不損害他人利益的情況下超出他所能利用的限度。」

第六章 論父權

52.也許在這類性質的論文中挑剔一些世界上已經通用的字眼、用語會受人詬病，會被當成過份吹毛求疵。不過要是舊的說法容易產生誤解的話，那提出新的用語可能還不算太過分。**父權**這個說法也許正是如此，它似乎把雙親支配子女的權力全都算在**父親**頭上，而**母親**彷彿完全沒份。然而，只要我們向理性或啟示求教一下，我們就會發現母親也有同等權力。這樣就使人有理由這麼質疑：把父權改稱**親權**（parental power）是否更為恰當？因為，無論自然和養育後代的權利要使子女承擔什麼樣的義務，它必然要求子女同等地對待共同參與生育行為的雙親。相應的，我們可以看到，上帝的實定法在規定子女的服從時，處處都一視同仁地將父母親並列：「當孝敬父母」（《出埃及記》第二十章十二節）；「凡咒罵父母的，總要治死他」（《利未記》第二十章第九節）；「你們各人都當孝敬父母」（《利未記》第十九章第三節）；「你們作兒女的，要在主裡聽從父母」（《以弗所書》第六章第一節）等等，以上這些話，就是上帝在《舊約聖經》和《新約聖經》中的語調。

53.如果當初就針對用語這件事好好考慮過，先別對權力問題深入探討，也許就能避免人們在雙親權力的問題上鑄成大錯。無論親權冠上了父權之名後，還能否較不突兀地承接絕對支配權和君王權威，只要這種權力名為**父權**，看起來就專屬於父親。然而，如果我們把這種支配子女的絕對權力稱為**親權**，聽起來就只會覺得刺耳，這種用語也顯得相當荒謬，並由此發現這種權力同時屬於**母親**。如果母親也應該分享這種權力的話，結果只會對那些聲嘶力竭地宣稱**父親身份**享有絕對權力、權威的人不利。因為他們本來是憑著父威這個字眼引伸出個人統治的基本權威，而用語的修正，只會顯示這種基本權威是由父母兩人共享，結果將難以支持他們所主張的**君權**。但是用語的問題就先擱著吧。

54. 儘管我在第二章曾說過**所有人皆生而平等**，但不能把我所說的話設想成包括一切種類的**平等**。諸如**年齡**或**品性**可以給人正當的優越地位；**卓越的才能**和**特長**可以使某些人身居一般人的水準之上；**出身**背景可以使某些人去服從一些因自然、恩義或其他理由而應予以尊敬的人物，而另一些人則是出於**關係**或**利益**的因素而表示服從。然而上述這一切，都與全人類管轄、支配關係中存在的某種**平等**並不相違，這也正是與本文的立論有關的**平等**：每一個人都擁有**天賦自由**的**平等權利**，不受制於其他任何人的意志或權威。

55. 我承認，**兒童**並非生來就處於完全**平等**的狀態，雖然他們生來就應該享有這種平等。在孩子來到人世和出世之後的一段時間內，孩童的雙親擁有一種支配他們的統治、管轄權，但這只是暫時的。這種服從的束縛，就像是在孩子脆弱的嬰兒階段用來包裹、保護他們的襁褓。隨著他們的成長，年齡和理性將漸漸放鬆這些限制，直到最後完全解脫，讓他自己一個人自由地處理一切事務。

56. 亞當一受造就是完整的人類，他的身心具有充分的力量和理性，因此他打從一開始就能夠照料自己、維持生存，因為上帝已經為他植入了理性法則，他就根據理性法則的要求來管理自己的行為。在他之後，這個世界繁衍出了亞當的後裔，他們一出生就只是嬰兒，孱弱無助、無知無識。但是為了補救這種不完整的狀態，也就是孩子直到成長、成年後才能消除的缺陷，根據自然法，亞當、夏娃及之後的所有父母，**就有責任去保護**、**養育**、**教育自己所生的子女**。他們並非把子女看作是自己的作品，而是把他們當成是自己的創造者——全能的上帝——所創造的作品，他們得為子女向上帝負責。

57.管理亞當的法則和管理他所有後裔的法則是相同的，也就是**理性法則**。不過亞當的後代和他自然出生的情況不同，他們是用另一種方式來到這個世界，這使他們愚昧無知、不會運用**理性**，因此一時之間還不受**理性法則約束**。因為沒有人會服從並非對自己頒布的法律，而這種法則又只能藉由**理性**的存在來頒布或理解，那麼如果一個人無法運用**理性**，就不能說他應該**接受這種法則的約束**。既然亞當的子女並非生來就立刻**接受理性法則的約束**，他們就暫時還不**自由**。因為，所謂的**法律**，就其真實涵義，與其說是限制，不如說是**指導一個自由且理智的行為者**去追求他的正當利益，規定他不要逾越其他守法者所享有的一般利益。如果守法的人沒有**法律**就會更快樂的話，那麼作為無用之物的法律就會自我消滅。如果法律只是用來防範我們掉入泥沼懸崖，就不應稱之為限制。因此，無論**法律**會造成什麼樣的誤解，其**目的**都並非廢除或限制自由，而是**保護及擴大自由**。所以人類所創造的一切狀態都適用法律，**沒有法律的地方就沒有自由**。因為**自由**意味著免於他人的限制及暴力，任何地方都不能沒有法律；而且自由並非某些人所說的：**每個人想怎麼樣就怎麼樣**（要是任何人都可能因他人的一時興起就遭到欺壓的話，又有誰稱得上是自由的呢？）況且，所謂的**自由**是一個人可以在他所服從的法律允許的範圍內隨意自由地處置、安排自己的人身、行動、財富和一切財產，他在這樣的範圍內並不受制於他人專斷的意志，可以自由地遵循自己的意志。

58.那麼，**雙親**的子女**支配權**是源自於他們對子女不可推卸的責任，父母有義務在自己的子女處於尚未成熟的孩提時代照料他們。孩子所需要、也是雙親應該做到的，就是在孩子懵懂無知的未成年期培養他們的心智、管理他們的行動，直到孩子的理性可以取代父母的管理，然後才解除他們的辛勞。

既然上帝給了人類一種指引行為的悟性（understanding），就是允許他在自己所服從的法律約束限度之內，自由地左右自己的意志，擁有行動的自由。但是當他還缺乏**悟性**來引導自己的**意志**時，在這種狀態下，他就缺乏任何他自己可以遵循的**意志**。為他**開悟**的人也就必須為他**下決定**，這個人必須規制他的意志、管理他的行動，當兒子到達了同樣能令**父親成為自由人**的那個階段，**兒子**自己也**成了自由人**。

59.這點在一個人所服從的一切法律都能適用，不論是自然法還是世俗法。一個人是否受自然法約束？是什麼**使他不受**這種律法**束縛**？是什麼使他能夠在自然法的界限之內，根據自己的意志自由地處置自己的財產？我的答案是，一種成熟的狀態[1]，那是一種可以確定這個人能夠理解法律的階段，因此他能夠把行為控制在法律約束的範圍之內的狀態。當他達到了這種狀態，旁人就會假設他知道自己的行為受到法律引導的程度有多大，也明白自己可以運用**自由**的程度，他就因此獲得自由。在此之前，必須有某個人指引他，而這個人應該能明白法律所容許的自由程度。如果是這種理性狀態、這種成熟的思慮使這個人**自由**，同樣的狀態也能使他的兒子自由。一個人是否受英格蘭的法律支配？是什麼使他**不受**這種法律**束縛**？也就是問：是什麼使他在這種法律的許可範圍內，能夠按照自己的意志，自由地安排自己的行動及財物。答案就是靠某種理解這類法律的能力。按照這類法律的認定，就是二十一歲[2]，某些情況下還更早一點。如果這種能力**使**父親**自由**，它也能**使**兒子**自由**。在此之前，我們看到法律不允許兒子擁有意志，必須受其父親或監護人的意志所指引，這個人就是替他開悟的人。如果父親去世，又沒有委託某個代理人來接替，要是他未曾在兒子未成年的期間、尚且缺乏悟性的階段安排一個導師，法律就會負責處理。在一個人尚未**達到自由狀態**，其悟性還不足以管理自己的意志之前，那就必須由其他人作為支配他的意志，對他進行管理。不過在此之後，父親和兒子就同等地**自由**了，正如導師之於成年後的弟子，他們都一起平等地接受同一種法律的約束。無論他們只是身處受自然法所約束的自然狀態，還是接受既有政府的實定法所統治，父親對於兒子的生命、自由、財產都不再享有支配權。

60.但是，如果有人出現了超出自然常規的嚴重缺陷，因此他無法達到確定能夠理解法律、根據法律的規定生活的程度，他就**永遠無法成為自由人**，決不能讓他按照自己的意志行事（因為這個人無法知道意志應有的限制，缺乏能夠適當指引意志的悟性），所以只要他自己的悟性無法承擔這樣的職責，就必須一直接受他人的監護及管理。因此，**瘋子**和**白痴**向來都不能脫離雙親的管理。胡克爾說：「運用理性的能力尚未達到應有年齡程度的兒童，因自然的缺陷而永遠無法運用理性的白痴，和第三種，目前暫時無法運用正確的理性來自我管理的瘋子，只有靠他們的導師用以指引他人行動的理性來為他們進行指引，為他們謀求福利。」（Eccl. Pol., lib. i., s. 7）這一切不過是上帝及自然加諸於人類的責任——其他生物也是如此——牠們在自己的後代能夠自立行動之前，也必須加以保護，所以這點其實很難當成是**雙親**享有君王權威的例子或證據。

61.因此，我們是**生而自由**，同時生而理性，但並不是說我們都能實際運用兩者，是年紀為我們帶來其中一種，也為我們帶來另一種。因此我們可以看出，**生而自由和服從父母**，是如何奠基於相同的

1 編註：「一種成熟的狀態」這句話是一六九四年第二版修改的。

2 編註：英國法定的成年年齡原本為二十一歲，一九六九年才修改《家庭法改革法》（Family Law Reform Act）降至十八歲。

法則而毫無衝突。一個**孩子**在擁有自己的**自由**之前，是依賴父親的權利、父親的悟性而自由，這將支配他直到擁有自己的悟性為止。**成年人的自由**，和尚未成熟的孩子**對雙親的服從**，這兩者雖然並行不悖，卻又判然有別，就連最盲目的君權宣揚者（他們**依賴的是父威的權利**）也無法忽視這種**差異**，最頑固的支持者也不得不接受這兩者之間的一致性。即使假設他們的學說一切為真，人們確定了亞當的合法繼承人到底是誰，大家憑著這個資格把他立為君主、送上王座，使他擁有羅勃特·菲爾默所說的無限絕對權力，要是他的繼承人剛出生時他就死了，儘管這個**嬰孩**再怎麼自由、再怎麼至高無上，在他的年紀、教育使他具有管理自己及他人的理性與能力之前，難道這個孩子可以不必服從他的母親、褓母，不必服從他的導師、監護人嗎？他的生活所需、身體的健康、心智的培育，全都要求他接受他人意志的指導，而非順從自己的意志；然而，是否有人會認為這類的限制和服從，就會和他有權享有的自由、主權產生衝突？或是以為這樣就相當於剝奪了他的這些權利？還是這就等於他的國家大權旁落，被迫交到自己未成年時的管理者手上？這種管理只是要為他做最好的準備，使他儘快享有那些權利。如果有人問我：我的兒子**幾歲可以自由**？我會回答：正好就是他的君主可以當政的歲數。博學多聞的胡克爾說：「但是，何時才可以說某個人已經達到能夠充分運用理性的程度？也就是問，他的理性足以使他了解那些用來約束、指引自己行為的法律？關於這點，憑感覺來分辨，其實會比用上技術、學問來決定還要容易的多。」（Eccl. Pol., lib. i., s. 6）

62. 各個國家都注意到，同時也承認：人們要從**某個時期開始之後**，**才會像自由人般行動**，所以在此之前，不需要人民表示效忠、擁戴或是其他公開宣誓，也不需要人民對他們各地的政府表示服從。

63. 一個人的**自由**，以及他按照自己的意志來行動的自由，其**基礎**在於他擁有**理性**，而理性能指示他去遵守用以自我管理的法律，並使他明白自己的意志享有多大程度的自由。如果在他擁有理性來指引自己的行為之前，就予以放任，使他享有無限制的自由，這樣並不是允許他得到本性自由應有的特權，反而相當於是把他流放到獸群之中，使之淪落到和野獸一樣悲慘的狀態，活得遠不如人類。這就是之所以要把管教**未成年子女**的**權威**交給**雙親**的理由。上帝要雙親以照料自己的子女為己任，並賦予他們適當的親切、關懷傾向來對待子女，用以調和管教的權力，只要子女還需要受到雙親的權力約束，他們就會按照上帝的睿智設計繼續為子女謀福利。

64.但是，有人把**雙親**應該管教子女的責任進一步引申成父親**絕對**、**專斷的支配權**，究竟是什麼道理？父親擁有的權力，不過就是採取他認為最有效的紀律，使子女的身體相當健康強壯，使他們的心靈相當活躍而純真，以最適合的方式使子女成為無論對人對己都十分有用的人。此外，如果出現了必要的情況，也可以在他們有能力工作的時候為了獨立謀生而去工作。但是，這種權力也屬於**母親**，母親也和**父親**共同掌握這個權力。

65.不僅如此，這種**權力**之所以屬於**父親**，並不是基於任何特定的自然權利，只是因為父親身為子女的保護者，因此只要子女脫離了他的保護，父親就失去了支配子女的權力。這個權力其實是伴隨著他對子女的撫養、教育，兩者之間密不可分。這個權力也可以屬於某個棄童的**養父**，就跟另一個兒童的生父所擁有的權力完全一樣。如果一個人只是透過**生育行為**給了子女生命，而沒有給予其他任何照料，他只是藉由生育行為而享有父親的名義和權威，那他並沒有什麼支配子女的權力。此外，既然世界上有某些地區的情況是一妻多夫，那麼**父權**又會產生什麼變化呢？又或者，在美洲的某些地區，那裡常常發生夫妻離異的情況，所以女子全都留給母親撫養，跟著母親，完全由母親照料撫養，那麼父權又會變得怎麼樣？再者，如果父親在孩子年紀尚幼之時就去世，那麼孩子在未成年的時期，也就一樣理所當然的在各方面都服從他們的**母親**，難道這種服從和父親在世時的服從會有什麼差別嗎？難道有人會說：母親擁有支配子女的立法權，她能夠制定子女應永久服從的常設規則，子女就應該依據這些規則來管理財產相關的一切事務，約束他們一輩子的自由？還是會說：母親為了強制實行這些規則，甚至可以動用死刑？畢竟這是**法官**才擁有的正當**權力**，對父親來說，這種權力跟影子一樣摸也摸不著。父親支配子女的權力只是暫時的，還不能涉及他們的生命及財產。那只不過是在子女孱弱而有缺陷的未成年時期所提供的幫助，是教育子女時必要的紀律。儘管**父親**在子女沒有餓死的危險時，可以任意處置他自己的財產，然而**他的權力**不能危及子女的性命；對於那些由子女憑自己的勞動所取得的財物，或是他人所贈予的財物，父親也不得動用；一旦子女成年獲得公民權後，他也不能干預子女的自由。**父親的絕對支配權**到此終止，從此之後，他對待子女的方式就必須如同對待其他人一樣，不得侵犯他們的自由。由於一個人可以基於神聖權威的許可「離開父母、與妻子結合」，而擺脫父權的束縛，所以父權遠遠稱不上是絕對或永久的管轄權力。

66.但是，儘管到了一定時候，**孩子**就跟父親自己不受他人的意志支配一樣，他也**不受**父親的意志及規定所**支配**，除了他們必須共同服從的法律，無論是自然法還是所屬國家的國內法，除此之外雙方都不受任何限制。然而根據上帝及自然的律法，這種自由並不會免除孩子**對雙親**應盡的**孝敬**。因為是上帝藉著父母來實現讓人類種族延續的偉大計畫，使他們成為孩子生活的依靠。上帝一方面讓雙親承擔養育、保護、提攜子女的責任，因此同時要子女永久承擔**孝敬父母**的義務，其中包括了用一切外在表現來體現內心的尊敬、敬愛，因此約束子女的舉動不得傷害、冒犯、擾亂、危害其生身父母的生命或幸福，還要子女對父母採取一切保護、解救、援助、撫慰的行動，畢竟子女之所以能來到人世、享受人生，全是父母的功勞。子女應盡的這種義務，是任何國家、任何自由都不能解除的。不過就算這樣，雙親所享有的權利還是與給予雙親支配子女的權力相去甚遠，也完全不是雙親可以制定法律、任意處置子女的性命或自由的權威。應該孝敬、尊重、感激、援助父母是一回事，要求子女絕對的服從、屈服又是另一回事。一個在位的君主對於自己的母親也有著他**應盡的孝敬雙親義務**，不過這並不會減少他的權威，也不至於使他受制於母親的統治。

67.未成年人的服從使父親享有一種暫時性的統治權力，這會隨著子女未成年期的結束而終止。至於**子女應盡的孝敬**，會使雙親享有一種永久的權利，得到子女的尊重、敬愛、贍養、孝順，這多少是與父親在教養過程中對他們的照料、付出、關懷相當。這種孝敬的義務並不會隨著子女的成年而終止，而是在整個人生的各個階段、各種情況下都有效。其中一種權力是父親只有在子女未成年時期才擁有的**教養**權，而另一種是父親得到**孝敬**的權利，畢生都能享有；人們對於這兩種權力不加區別，也許已經導致了絕大多數錯誤的父子問題。因為，嚴格說起來，與其說教養權是父權所享有的特權，不如說是子女特有的利益及雙親應盡的責任。養育、教育自己的子女，是雙親為了子女的好處所不可推卸的天職，沒有什麼事情可以解除他們照料子女的責任。雖然他們同時擁有**命令**、**懲戒的權力**，但是上帝已經把父母對子女的慈愛編織在人性的原則當中，幾乎不用擔心雙親會過份苛刻地使用這種權力，就算有過份之處，也很少是苛刻的那一面，至於強烈的天性傾向倒是會把它們引向另一面。因此，當全能的上帝要表示他對以色列人的寬容處置時，儘管祂訓誡了他們，祂還是對他們說：「你的神管教你，好像人管教兒子一樣。」（《申命記》第八章第五節）也就是說，用慈愛的感情使子女得到絕對有益的管教，而非僅僅只是嚴厲懲戒，要是放縱的話反而不夠慈愛。這就是那種要求**子女服從**的權力，這才不至於增加雙親照料的辛勞，也不至於害他們徒勞無功。

68.另一方面，**孝敬**、**贍養**是子女為了感激他們得自於父母的一切恩惠所作的回報，而父母所能接受及得自於子女的那份報答，是孩子責無旁貸的義務，也是他們身為雙親應得的特權。這是給予雙親的好處，如同另一種〔教養權〕是給予子女的好處；雖然說雙親的責任，教養權看起來權力很大，因為無知而脆弱的孩童需要約束及糾正，所以那是在執行一種可見的管理，是一種支配權。至於**孝敬**這個字，它所包含的義務並不那麼要求服從，儘管說這個義務對成年人的要求相較於年幼的兒童確實強的多。畢竟我們只要思考一下「孩子，聽父母的話」這條誡命，比較一下以下兩層關係：『為人父母者之於自己雙親』和『成人之於他尚且年幼的孩子』，難道有人會認為這條誡命對上述兩種情況的父子所要求的服從是一模一樣？要是有人的父親出於狂妄的權威感而輕率地把成年的他當成孩子來對待，難道大家會用這條格言來要求他完全聽從父親的命令？

69.那麼，**父權**的首要成分（不如說是責任）——也就是**教育**，它的確屬於父親，但是到了一定的時候就會終止。父權在教育的任務結束時就會自動失效，在此之前也可以轉讓他人。因為一個人可以把兒子的教養權交到別人手上；當他讓兒子作別人的**學徒**，在這段時間內，兒子對他和對母親的服從義務大部分就被他免除了。不過父權的另一部分，兒子一切應盡的**孝敬義務**仍完全歸他們所有，絕對無法解除。由於子女的孝敬義務和父母應享的權利是如此地密不可分，因而父親的權威也無法奪取母親的這份權利，也沒有任何人能免除兒子應該**孝敬**生母的義務。但是父權的這兩個部分都和『制定法律、藉由強制執行法律來施加懲罰，用以支配他人財產、自由、肢體、生命』的權力截然不同。雙親命令子女的權力隨著他們成年而終止，雖然在此之後，孩子還是應該對父母付出**孝敬**與尊重、贍養和保護，同時也該因感激之情而做出一切應有的報答，畢竟為人子女，生來就自然地享有得自於父母的最大恩惠。然而這一切都並沒有把命令子女的主權權力交到父親手上。父親無權支配子女的財產或行動，也無權規定子女在所有事情上都得按照他的意志行事。然而，只要不至於造成子女及其家庭不便，子女還是有可能在許多事情上遵從雙親的意志。

70. 一個人可能會因為尊重**崇敬**長者、智者，需要挺身保護孩子或朋友，可能會因為想要救濟扶助困苦之人，或是為了感激恩人而需要有所報答，他可能會因這一切而負有義務，結果則是盡其所有、盡其所能也不足以應付萬一。就算是這樣，這一切也不會把要人履行義務的資格變成制定法律的權威或權利。很顯然的，這一切都不是光憑父親這個頭銜就應得的權利，並非由父親獨享，因為正如之前說過的，那也是母親應得的權利。也因為這些對雙親應盡的義務，以及對於子女的要求程度，都可能隨著不同的照料、好意、辛勞、付出而千差萬別，人們在照顧孩子的時候，也常常會發生厚此薄彼的情況。

71. 這就說明了：何以**身處社會**之中的一對**父母**，能夠身為臣民的同時卻保有**支配子女的權力**，何以父母還能像在自然狀態中那樣，擁有充分的權利要求子女服從。要是一切政治權力都源自於父權，要是這兩者說穿了是同一回事，那上述情況根本就不可能發生。若真如此，則一切父權皆由君主所掌握，臣民當然無從享有任何權力。但是**政治權力**和**父權**其實是截然二分、迥然不同的兩種**權力**，兩者不僅建立在不同的基礎之上，各自的目的也不盡相同。因此，每個身為父親的臣民能夠支配自己子女的父權，也就跟君主用來支配自己子女的父權毫無區別；任何雙親健在的君主，他對父母應盡的孝道、服從，跟他最卑微的臣民所應盡的孝道也沒什麼兩樣，因此，父權的成分或地位不能跟君主或行政長官支配臣民的那種權力一模一樣。

72.雖然，雙親**養育**子女的義務和子女**孝敬**雙親的義務，都意味著其中一方握有所有權力，而另一方必須服從，而且這其實算是適當的關係，然而**父親**通常還有**另一種權力**，這就使他的子女不得不對他服從。雖然這是一種他和其他的父親都共同會有的權力，不過實施這種權力的機會幾乎總是出現在父親自家之中，在其他地方相當少見，也很少被注意，結果到了現在也被當成是**父權**的一部分。人們普遍會把自己的**財產交給**最討他們歡心的人，這裡談的就是這麼一種權力。父親的財產就是子女所預期要繼承的東西，一般來說就是根據每一個國家的法律或習俗按一定比率分配，然而父親通常有權根據各個子女迎合他性情意志的情況而厚此薄彼。

73.這種權力對於子女服從所造成的約束力並不算小；由於土地的享用，往往和持有者對於該國政府的臣服結合在一起，因而人們通常認為**父親**能夠**強制自己的後裔服從自己所臣服的政府**，使子女也受到相同契約的約束。然而，這只不過是與該國政府治下的土地相結合的必要條件，只能約束在這種條件下取得財產的人，因此它並非自然的約束或承諾，而是自願性的臣服。由於**每個人的子女**生來就跟他們或他們的祖先一樣**自由**，當他們處於這種自由狀態中，就可以選擇自己想要加入的社會、自己想要臣服的國家。不過要是他們想要**享有**祖先的遺產，他們就必須同樣接受祖先取得土地時所同意的條款，服從這份財產所附加的一切條件。誠然，父親可以運用這種權力迫使子女服從，甚至在他們成年後也一樣有用，這通常也能迫使他們臣服於某個政治勢力。但是這些都不是基於**父威**所特有的權力，而是運用他們所掌握的賞賜來執行、**酬謝**對方的順從。這種權力可不會比某個**法國人**用來支配**英**

國人的那種權力還要來的大。要是英國人希望法國人把財產留給他，他肯定願意接受要他服從對方的強力約束。要是財產交給他了，他要享用這份財產，當然就必須接受**這份土地財產**在所屬國家對他附加的種種條件，不管地是在法國還是英國。

74.那麼，結論就是：儘管**父親**命令子女的**權力**只能在孩子未成年期間行使，而且只能以符合那個年紀應有的訓誡、管理為限；儘管為人子女者應該對雙親表示**孝敬**、**尊重**，拉丁人所謂的**孝順**，以及子女對父母應該盡到的一切贍養和保護，是子女終其一生、在任何情況下都不能豁免的義務；這一切也不能使父親擁有統治子女的權力，也就是無法制定法律和處罰自己的子女。雖然父親不能憑著這種權力支配兒子的財產或行動，然而我們顯然可以設想看看：在世界最早的時候，某些地方因為人口稀少，各個家族可以分散到尚未被人佔有的地區，他們還有餘地可以遷移、定居到尚無人煙的空地，因此身為**一家之長的父親**在這種情況下有多麼容易成為家族中的君王。[3]父親從子女的孩提時起，就一直

---

[3]「因此，那位大哲學家的意見並非不足以為信，每個家庭的家長，可以說，總像是君王。所以當許多家庭結合成公民社會時，他們當中最先出現的一種統治者就是君王。這也似乎說明了何以父親的名義仍留在他們身上，他們就是以父親的身份成為統治者。統治者的古老習俗也是這樣，像是麥基洗德（Melchizedec）。至於以國王身份來行使祭司的職責，其實最早就是由父親來行使，這也許就是在同樣的情況下演變而來。然而，這並非世界上唯一被人接受的一種統治方式。只有這麼一種統治方式的不便之處促使其他各種統治形態被設計出來，一言以蔽之，一切公共統治，無論它是什麼形態，看來顯然都出自於人們進行了審慎的建議、協商、調解，認為它是方便適宜的制度。從自然本身的角度來看，人類不可能在沒有任何公共統治的情況下生活。」（Hooker, Eccl. Pol., i. 10.）（編註：麥基洗德是撒冷（耶路撒冷）王和至高神的祭司（見《創世記》十四章；《詩篇》一一〇章；《希伯來書》五、六章），此名的含意為「公義之王」。）

是這個家庭的統治者，至於到了子女長大後，由於沒有人統治整個家族，對於共同生活會有所不便，那麼很可能是基於子女明示或默示的同意，大家就繼續由父親統治，這個統治權看來就只是延續下去、沒有改變。此時，其實只需要大家允許**父親**一個人在家族之中代為執行每個自由人都自然擁有的自然法行使權，基於這種允許，當其他人還待在家裡的時候，他們就給予父親相當於君主的權力。但這種權力很顯然並不是基於什麼**父親的權利**，只不過是基於子女們的同意。因此，若是有某個外人偶然、因事來到他的家裡，然後殺了他一個孩子，或是犯下任何罪行，那麼即使父親把這個外人定罪處死，或是像對待自己的孩子一樣對這個人施以懲罰，也不會有人質疑父親是否有權這麼做。父親對一個並不是自己子女的人這麼做，當然不可能是基於什麼父親權威，而是基於他作為一個人而享有的自然法行使權。在他家裡，只有他一個人能夠懲罰那個人，這是基於子女們對父親的尊重，他們願意奉他為一家之長，把行使自然法的權力讓給尊貴而有權威的父親來執行。

75.因此，是子女的默許、或相當理所當然地同意，使**父親**具有**權威及統治權力**，這種情況很容易出現，幾乎可說是自然而然就變成這樣。他們在孩提時代就習慣遵從父親的指導，由父親處置他們之間的小小矛盾；到了他們長大時，有誰更適合統治他們？他們少量的財產和些許的貪念本來就很少引發嚴重爭執，要是爭執發生了，除了像這樣已經把他們都撫養、提攜成人，對所有子女都有所關愛的父親之外，還有誰適合替他們仲裁？無怪乎當人們還不打算擺脫被監護的身份之前，會對於自己是否成年不加區別，也並不期待使自己能夠自由處置人身及財產的二十一歲（或任何年紀）到來。他們一直以來所接受的統治依然是保護大於限制，對他們來說，沒有誰的**統治**比自己的**父親**還要更能保障他們的安寧、自由、財產。

76.因此，許多**家庭中的生父**地位不知不覺地變化，然後也變成了**政治上的君主**。如果碰巧他們活的夠長命，留下了好幾代能幹而傑出的繼承人，或是出於其他原因，人們就會隨著種種機緣、設計或某些情況的促成，根據許多組織或莊園的情況，來替世襲制或選舉制王國奠定基礎。但是，要是以為君主的資格是來自於父親的權利，以為用**父親**的自然**權利**就足以證明政治權威，卻只是因為大家發現統治權**實際上**通常是掌握在父親手裡，那麼，我要說的是：要是該論證成立的話，它也能大力證明所有君主──甚至只能是君主──應該成為祭司，因為在最早的時候，**一個家庭的父親就是祭司**，**這就相當於父親是自己這個家庭的統治者**，我們非得同樣肯定這兩種情況才行。

第七章　論政治社會或公民社會

77.上帝把人類造成這麼一種生物，根據祂的判斷，人類不適合單獨生活，於是就迫使人類基於必要、方便、愛好的強烈需求而加入**社會**，並使人類擁有悟性和語言，以便延續、享受社會生活。**最初的社會**是夫妻之間的社會，這產生了雙親及子女所組成的社會，此後又增加了主僕之間的社會。雖然這些關係可能、通常也的確是結合在一個家庭之中，主人或女主人理當掌握著某種家庭的統治權，然而如果我們好好思考一下，這幾種社會各自所擁有的不同目的、關係、範圍，我們就會明白，光憑這幾種社會本身，或是把這幾種社會結合起來，都不足以構成所謂的**政治社會**。

78.**夫妻社會**是基於男女之間自願的契約，雖然它主要包含了對彼此身體的共有及權利——也就是生殖行為——這就是成為夫婦的主要目的，然而它還帶有相互扶持、協助，以及利益共享的關係。這種關係不僅對於鞏固夫妻間的關懷、親密感情是必要的，對於他們共同的子女來說也是必要的，因為子女在能夠自立之前有權得到父母的養育扶持。

79.由於**男女結合**的目的並不只是為了生殖行為，而是繁衍種族，因此男女之間的結合，即使在生殖行為之後還是必須延續下去，一直延續到養育、扶持年幼孩子的必要階段，因為孩子在能夠自立謀生之前必須得到親生父母的撫養。這條規則是由擁有無限智慧的造物主為其親手創造的作品所確立的，我們發現低等生物也對此奉行不悖。以草食性的胎生動物來說，**雌雄之間的結合**就僅止於所謂的交尾行為，因為雌獸的乳汁在幼獸能夠吃草之前就足以維持其營養，而雄獸只是傳種，牠不大會在乎雌獸及幼獸，對牠們的生存也沒什麼貢獻。至於捕食性動物的**結合**時間就比較長久，因為雌獸光憑自己捕來的食物，根本不足以養活自己以及為數眾多的幼獸（捕食性動物的生活方式比草食性動物還要費力，也更為危險），這就需要雄獸的協助來維持牠們共有的家庭，因為幼獸在能夠自己捕食謀生之前，只能靠雌獸和雄獸的共同照料才能生存下來。我們可以觀察到所有的鳥類也是相同的情況（除了某些家禽，由於牠們有大量的食糧，雄鳥就不需要去飼養照料幼鳥）：幼鳥在巢中需要餵食，而雄鳥和雌鳥在幼鳥能夠起飛自己覓食之前，就會一直作為配偶餵養牠。

80.有鑒於此，我認為，就算不是唯一的理由，這也是**人類的男女結合比其他生物還要長久**的主要因素，那就是，孩子有很長一段時間需要依賴父母的扶持與幫助，在他自立謀生之前，需要得到一切來自父母的協助；然而女性在前一個孩子尚未脫離這種依賴狀態之前就能夠懷孕，而且，**實際上**往往就是會再度懷孕，然後又生出另一個孩子，在這種情況下，父親就必須去照料他所生下來的子女，他有責任和同一位女性繼續維持夫妻社會，這就使人類的夫妻社會比其他動物的結合時間還要長。其他生物的幼崽在父母下一次的繁殖期到來之前就能夠自己謀生，其雙親的結合就自動解除了，而婚姻之神海曼[1]往往是一年一度地再度召集這些動物選擇新的配偶，在此之前，這些動物是完全自由的。就這一點來說，任何人都不得不讚美偉大造物主的智慧，祂賦予人類既能供應當前所需、同時還能未雨綢繆的能力，這就使**人類夫妻的社會應該**比其他雌雄動物**延續得更久**，從而鼓勵人類夫妻的辛勞，使他們的利益結合的更緊密，以便替他們共同擁有的孩子供應給養、儲存物資。要是夫妻社會的結合並不穩定，或是經常且容易宣告解散，那就會嚴重地危害他們的孩子。

81.不過，儘管這些約束使**人類**的**夫妻關係**比起其他動物還要更穩固、更持久，人們還是有理由可以問：為何這種保障生殖、教育及關注於傳承的**契約**，無法像其他任何自願性的契約一樣基於同意就終止，或是到了一定時間、或是根據某些條件而終止呢？畢竟，就這些事情的本質還是其目的而言，該契約都沒有必要維持終身。我的意思是，實定法所規定的某些契約是永久性的，但是這種契約並不受到實定法的任何限制。

82.但是，雖然夫妻只有一個共同的關注目標，然而他們對事物的理解不盡相同，偶而也會無可避免地意志有所分歧。因此，最終抉擇（換言之，就是統治權）還是必須有所歸屬，這個權利就自然而然地落在較為能幹、強壯的男人身上了。但是，這只限於夫妻共有的利益和財產，妻子仍充分而確實地保有契約賦予她的特定權利，最起碼會讓她擁有支配自己性命的權力，丈夫的權力就這件事的權力並不會比她還要大。**丈夫**支配妻子的**權力**與專制君主的權力相去甚遠，在許多情況下，**妻子**在自然權利或契約允許的限度內，能自由地和丈夫分開，無論這個契約是他們在自然狀態下訂立的，還是他們基於所處國家的習俗或法律訂立的。至於子女在父母離異時，應歸屬於父親還是母親，就要根據這個契約的規定。

1 編註：海曼（Hymen），希臘神話中的婚姻之神、阿波羅和繆思女神之子。出現於婚禮中，以讚美歌、婚禮歌祝賀，他若未現身則婚姻會不幸。

83.由於**婚姻**的一切目的既是在政府管轄、也是在自然狀態中達成的，行政官員不能限制夫妻任何一方為了達到這些目的所自然必須的權利及權力，即夫妻間的生殖行為，以及夫妻共同生活時的相互支持協助，官員只能在夫妻起了爭執的時候進行裁決。若非如此，要是把絕對**主權**和生殺大權自然地歸給丈夫所有，而且把它當成是**夫妻之間的社會所必要的**權力，那麼，要是置身於不允許丈夫擁有這種絕對權威的國家當中，那裡就不可能出現婚姻關係。〔不過，既然婚姻的目的並不要求丈夫具有這種權力，**夫妻社會**既有的條件並沒有把這種權力交給丈夫，那它對於婚姻狀態根本就沒有必要。**夫妻社會**即使沒有這種權力，也能存在並達成其目的；不僅如此，對於財物的共有和權力，以及相互協助、扶養以及其他屬於**夫妻社會**的事情，都可以根據男人和妻子結成夫妻社會的契約而有所不同、有所調整，只要夫妻對於生育和養育子女、直到子女能夠自立這個目的達成一致。〕[2]至於對於結成該社會的目的並不必要的，對這個社會來說也沒有必要。

84.關於**雙親及子女所構成的社會**，以及屬於親子雙方各自不同的權利與權力，我在前一章已經提供了大量的論述，在此就毋須多言；我認為這種社會顯然和政治社會不盡相同。

85.**主人**和**僕人**，這兩種稱呼的存在和歷史一樣久遠，但是這兩種人所獲得的處境大不相同。一個自由人出賣自己一定時間內應服的勞役以換取工資，使自己成為他人的僕人；僅管這種情況通常會使他身處主人的家庭之中，且普遍會受到紀律的管束，然而這只是給予主人暫時支配他的權力，主人的支配不能超乎他們之間的**契約**所定下的範圍。但是還有另一種僕人，我們用特定的稱呼，把他們稱為**奴隸**，這些人是在正義的戰爭中被抓的俘虜，根據自然權利，他們應受制於主人專斷權力的絕對支配。正如我所說過的，這些人放棄了自己的生命，連帶放棄了自由，同時失去一切財產——處於**奴役狀**

態不能擁有任何財產——他們只要處於這種狀態就無法成為**公民社會**的一份子，因為公民社會的主要目的就是保障財產。

86.因此，讓我們來考察**一家之主**以及他和**妻子**、**子女**、**僕人**或**奴隸**構成的各種從屬關係，這些從屬關係，全都匯集在一家之主對一個家庭的內部統治之下，無論這種家庭在階級、職務、人數各方面再怎麼類似於小型的國家，但是它的組織、權力、目的皆大不相同。或者，如果非得把家庭當成是君主體制，**男性家長**是家庭中的專制君主，那麼君主專制這種制度所擁有的，就只不過是相當脆弱而短暫的權力；根據之前的論述，顯然**一家之主**能夠支配家中的各種成員的**權力**其實有所限制，各種權力的有效時期及限度都相當明確而有區別，除了奴隸（無論一個家庭當中是不是有奴隸，家庭終究是家庭，**男性家長**的權力還是一樣大），一家之主其實無權定奪任何家庭成員的生死，而且**女主人**所擁有的權力和他沒有什麼分別。既然一家之主能夠支配各個家庭成員的權力相當有限，他當然就沒有支配整個**家庭**的絕對權力。但是，一個**家庭**或任何人類社會之所以不同於真正**政治社會**的理由，等到我們探討**政治社會**本身是如何構成時就能看得一清二楚。

2 編註：中括號內的文字是一六九四年第二版的修改。初版為：「不過，既然婚姻的目的並不要求丈夫具有這種權力，那它根本就沒必要。夫妻社會既有的條件並沒有把這種權力交給丈夫；只要夫妻對於生育子女、直到子女能夠自立之前都一直給予照料的這個目的達成一致，任何事情——諸如相互協助、安慰、扶養——都可以根據他們一開始結成夫妻社會的契約而有所不同、有所調整。」

87.正如之前的論證，人類生來就有資格享有完全的自由，和任何其他人或世界上的多數人平等，都能不受控制地享有自然法的一切權利及特權。他自然就享有的權力不僅能夠保有自己的財產——也就是他自己的生命、自由、產業——不受他人的損害及侵犯，而且還能就他認為他人罪有應得的犯法行為進行裁決及處罰；在他認為犯罪事實情節嚴重，而有此需要的時候，他甚至還能夠對人處以死刑。但是，只要**政治社會**本身不具備保護財產的權力，無法合理的處罰這個社會中的一切侵權行為，政治社會在此情況下無法成立，也無以為繼。因此，只有在**政治社會**裡，社會中的每個成員都放棄了裁決他人的自然權力，在自己也能向社會所建立的法律訴諸保護的一切情況下，決定把這種權力交給共同體來處置。如此一來就排除了每個個別成員的一切私人判決，由共同體成為裁決者；大家共同使用長期有效的規則，並且明確無私、一視同仁[3]。由共同體授權給執行權力的人選，藉由這樣的規則和人選，來裁決社會成員之間對於權利相關事務可能產生的一切爭執，並以法律所規定的刑罰，來處罰任何成員對這個社會的侵犯，如此一來就能輕易地分辨，哪些人是不是共同處在同一個**政治社會**當中。結合成一個整體的人們，只要他們擁有共同建立的法律，以及可以申訴的司法機構，而且司法機構擁有的權威也能夠裁決成員之間的糾紛及懲罰犯法者，這些人彼此就處在**公民社會**當中。但是那些無法像這樣共同申訴的人——我是指這個世界上的人——就依然處於自然狀態，畢竟他們之間沒有別的裁決者，每個人自己就是裁判暨執法者。這種情況，正如我先前所表明的，就是完全的**自然狀態**。

88.因此，國家得到了權力，對社會成員所犯下的各種違法行為定下其應得的懲罰（這就是**制定法律的權力**），也有權處罰任何非社會成員對該社會任何成員所造成的損害（這就是**宣戰與媾和的權力**），這一切都是為了儘可能地保護該社會所有成員的財產。但是，雖然每個人加入該社會的時候放棄了自己能夠對侵犯**自然法**的行為施以處罰的權力，也就是執行私人判決的權力，然而，由於他已經把能夠向行政官員申訴的一切違法判決權交給立法機構，他也就給了國家一種權力，那就是讓國家在有需要的時候，能夠代為使用他的力量去執行國家的判決，而國家的判決其實就是他自己的判決，就是由他自己或他的代理人所作的判決。以上就是公民社會的**立法權**與**行政權**（executive power）的起源，這類權力要依據長期有效的法律，來決定該如何懲罰國內的違法行為，也要根據以當時實際情況為依據的臨時判斷，來決定該如何對外來的侵害進行報復；在這兩方面有必要的時候，都可以使用全體成員的全部力量。

89.因此，在任何地方，無論一個社會是由多少人結合而成，人人都得放棄他們執行自然法的權力，把它交給公眾，這個地方、也只有在這種情況下，才是一個**政治社會**或**公民社會**。這類社會是這樣形成的：處於自然狀態中的人，無論數量多寡，他們進入社會後，使一個民族成為一個由最高政府所治理的政治實體，不然就是由任何人自己加入或併入任何已經建立的政府。一個人藉由政府授權給這個社會，或是授權給該社會的立法機構（這其實是同一回事），而立法機構根據該社會公共善上的要求為他制定法律，而他本人對於這類法律的執行也應（視為自己的判決）盡力協助。藉由在人世設置裁決者，使它有權判決一切爭執，對國內任何成員可能受到的侵害能夠予以補償，而這種裁決者就是國家所指任的立法機構或行政官員；這就**使人們**脫離了自然狀態，**進入**了**國家**的狀態。至於在任何地方，無論多少人是如何結合起來，只要他們並不具可以申訴的裁決權力，他們就仍然處於**自然狀態**。

3 編註：這句話是一六九四年第二版修改的，初版為「大家共同使用明確無私的規則」。

90.由此可見，雖然有些人認為**君主專制**是世界上唯一的政體，這種政體其實**和公民社會格格不入**，因此無法成為公民政府的體制之一。因為**公民社會的目的**是為了避免、矯正自然狀態的諸多不便，那是人人都作為自身案件的裁決者必然會帶來的後果，那麼，藉由設置明確的權威，當社會中的每個人受到損害或發生爭執的時候都可以向它申訴，而社會中的每個人也應該服從它的決定。[4]無論在什麼地方，任何人只要沒有這種權威可以申訴、沒辦法裁決他們之間的衝突，這種人就仍然**處於自然狀態**。因此，每個**絕對君主**及其所**支配**的人民也是處於自然狀態。

91.假設有人獨攬大權，將立法權與行政權集於一身，那這個社會就不存在裁決者，任何可能由這個人或他的命令造成的損害及不幸，都無法向公正無私且具有權威的人來裁決，也無法指望靠著這樣的裁決得到救濟和補償。那麼，就這種人來說，無論他的稱號是沙皇[5]、大君[6]或是你喜歡的任何稱號，這個人和被他支配的所有人，其實就跟其他的人類一樣，都是**處於自然狀態**。因為，無論在什麼地方，要是任兩人在人世間缺乏長期有效的法規及共同的裁決者來裁定他們之間的權利紛爭，這兩人就依然**處於自然狀態**，必須承受自然狀態中的諸多不便。[7]至於絕對君主所統治的臣民、不如說是奴隸，他們和自然狀態中的人們僅有的區別，就只是身為奴隸更為悲慘。有鑑於一個人在一般的自然狀態下應能自由裁決自己應有的權利，並運用自己的權力去盡力維護，不過只要他的財產遭到君主的意志及命令侵犯時，他非但無法像社會中的成員一樣享有應有的申訴權，他甚至如同遭到打壓，好好一個人，卻連理性動物應有的普通狀態都還不如，就這樣被剝奪了裁決或捍衛自己權利的自由。因此，身為奴隸就得懷著恐懼面對由某個人所帶來的一切災難、困擾，至於帶來災難的那個人，則是身處毫無限制的自然狀態、握有大權，卻因為受到他人的奉承而墮落。

92.要是有人認為**絕對權力能淨化人類脾性**、糾正人性的劣根性，只需要去讀讀當代或任何時代的歷史，他就會相信情況正好相反。在美洲森林裡橫行霸道的人，就算登上王位也不會好上多少，這種人登上王位後，也許會找出學說和教義來證成自己施加於臣民的一切舉動，同時亮出刀劍，教任何膽敢質疑他的人都不敢作聲。**君主專制**的政府發展完成時，它能提供什麼樣的**保障**？會使這些國家的君主們成了什麼樣的家長？能使公民社會的幸福及安全達到了何種程度？任何人只要調查一下錫蘭近年來的情況，就很容易明白。

---

4 「一切社會的公眾權力凌駕於該社會的個人之上，該權力的首要用途在於為所有受其支配的人們制定法律。我們必須服從這樣的法律，除非有足夠的理由證明它和理性的律則或上帝的律法相抵觸。」（Hooker, Eccl. Pol., i. 16.）

5 編註：沙皇（Czar），此字源自羅馬時期的拉丁語稱號「凱撒」（Caesar），中世紀視作與「皇帝」一詞具有相同地位，在許多語言中亦保留了統治者頭銜的意義。

6 編註：大君（Grand Signior），鄂圖曼帝國蘇丹的舊稱。

7 「為了擺脫彼此之間的一切怨懟、傷害、侵犯——也就是伴隨著人類處於自然狀態會發生的種種情況——沒有別的途徑，人們只能藉由構作某種公眾統治，才能取得群體的和解與協議，使自己受制於他們所授予權威進行統治管理的代表，由他們為其他人實現和平、安寧、幸福的狀態。人們總是知道面臨武力、侵害的威脅時可以自我防衛。他們知道，儘管人們可以尋求自己的財貨，然而要是這麼做會侵犯他人，那就是不被容許的，那只會遭到所有人用上一切正當的手段來抵抗。最後，他們知道，沒有人可以合情合理地由自己來裁決自己的權利，並根據自己的判決來進行合理的維護，畢竟，每個人對自己及自己最關愛的對象總是有所偏袒。因此，衝突與紛爭將永無休止，除非他們達成一致同意，交由他們所認同的人來管理大家；如果沒有這種同意，任何人都沒有理由自命成為他人的主人或裁決者。」（Hooker, Eccl. Pol. i. 10.）

93.誠然，在**君主專制**、乃至於世界上其他政府的統治之下，臣民能夠訴諸法律及法官來裁決臣民之間可能發生的任何爭執，藉此限制一切暴力行為。這是人人都認為必要且信賴的體系，凡是想要剝奪這種權利的人，都會被視為社會及人類的公敵。但是，這一切是不是出於對人類、社會真正的愛、是不是由於我們應該相親相愛？我們是有理由加以懷疑。畢竟這一切不過是每一個愛好自己的權力、利益或威名的人，全都可能、且必定會自然地做出的舉動，其實只是讓那些用來為自己帶來愉悅、好處而勞動服苦役的牲畜們不要互相傷害或互相殘殺；他們之所以得到照料，並不是因為主人對他們的愛護，而是基於主人的自愛，以及他們為主人所帶來的利益。畢竟，要是有人問：在這種狀態下，**有什麼**安全**防護措施**能夠**對抗絕對統治者的暴行及壓迫**？其實這種問題本身就無可容忍。人們馬上就會告訴你，只要問起安全保障就是死有餘辜。他們會承認，臣民與臣民之間為了相互的和諧、安全，必定會有一些措施、法律、裁決者的存在。但是就**統治者**來說，他應該是**絕對**的存在，凌駕於這一切情況之上，因為他有權造成更多傷害及壞事，而他這麼做是合法的。如果你問起如何抵禦君主的強力之手所造成的侵害，這就立刻被當成宣傳謀反、叛亂。這就像是說，人們脫離自然狀態進入社會時，他們都同意所有人——除了某個人——都應該受到法律的限制，至於那個人，他卻保有自然狀態中的一切自由，而且他的自由還能隨著權力繼續擴大，因此他可以因為免於懲處，而變得無法無天。這不禁令人覺得：這些人竟然如此愚蠢，他們寧可小心提防**鼬鼠**或**狐狸**可能造來的危害，然而卻甘願被**猛獅**活活吞下肚，反而還認為這樣很安全。

94.但是，不論某些人再怎麼用花言巧語蠱惑人心，那也蒙蔽不了人們的感覺。當大家得知，有人無論處於任何地位都不受公民社會約束，而且人民不僅可能受到這個人的傷害，而且在人世間卻又無從申訴；當他們發現這個人是處於自然狀態時，也很容易察覺自己也處於自然狀態，那麼只要他們力有所及，就會儘快設法**在公民社會中取得安全及保障**，畢竟這就是他們一開始建立公民社會的目的，也是他們加入公民社會的理由。因此，也許起初的情況是這樣（關於這一點，本文往後的篇章還會進一步證明）：有一個相當傑出優秀的人，他鶴立雞群，而旁人都因他的善良、美德而獻上敬意，彷彿把他當成是自然的權威，於是大家都基於默示同意，把主要的統治權及仲裁眾人衝突的權力交到他的手上，因為除了這個人的公正、智慧之外，大家其實沒有別的保障。然而，由於一開始的疏忽，以及缺乏遠見的天真觀念，當時制定的習俗隨著時間推移而形成了權威，正如某些人想說服我們的那樣，那些習俗變得神聖不可侵犯，同時還產生了另外一類的繼承者，這時人們才發現，他們的財產在這種政府統治之下不像以前那麼有保障（殊不知政府除了保障財產之外，就別無其他目的），[8]因此他們在把立法權交給人民的集合體（可稱之為參議院、議會，或隨你怎麼稱呼）之前都不會感到安全、安心，**也不會認為自己處於公民社會之中**。藉由這樣的手段，每一個人和最卑賤的人，全都平等地受制於由他們自己所參與的立法機構制定出來的法律。法律制定後，任何人不能憑著自己的權威逃避法律

8 「在一開始，人們選定某種統治形態時，可能是沒有進一步思考統治方式，直到允許這些統治者憑著自己的智慧、判斷來進行統治後，他們才基於過去的經驗發現，這種統治在各方面都相當不便，即使他們確實設計了補救辦法，卻也增加了統治上應該治療的傷痛。他們明白了：依據某一個人的意志來生活，會導致所有人的苦難。這迫使大家制訂法律，所有人能先藉由法律得知自己應盡的義務，同時知道違反法律會遭到什麼樣的懲罰。」（Hooker, Eccl. Pol. i. 10.）

的制裁，也不能以地位優越當作藉口來要求為自己開脫，或是縱容任何屬下的過失行為。[9] **公民社會中的任何人，都不能免於法律的制裁**。要是有人可以為所欲為，而且他所造成的傷害，在人世間都無從透過申訴尋求保障和補償，那我要問，這個人是否還處於完全的自然狀態，因此他無法加入公民社會、成為公民社會的一員。除非有人說，自然狀態和公民社會的狀態是同一回事，不過我可從沒聽過有人膽敢這麼無法無天地堅持這種主張。

9 「民法是整個政治實體的行動，因而支配著這個政治實體的各個部門。」（Hooker, ibid.）

第八章　論政治社會的起源

95.如上所述，人類生來都是自由、平等而獨立的存在，不得未經本人同意就使任何人脫離這種狀態，屈服於其他的政治權力。放棄天生的自由並接受**公民社會約束**的唯一途徑[1]，就是為了大家舒適、安全、平靜的生活，和其他人達成共識而聯合組成一個共同體，他們彼此之間能夠安穩地享用他們的財產，並得到更大的保障以抵抗外人。任何數量的人群都可以組成這種共同體，因為他們沒有侵害其他人的自由，而其他人還是跟以前一樣處於自然狀態中的自由。只要某些人經過這樣的**同意**，**建立了共同體或政府**，他們就立刻結合起來成為**一個政治實體**，共同體當中的多數人有權採取行動，替其餘的人做決定。

96.這是因為，當任何數量的人群基於每個人的同意而建立了**共同體**，他們就使這個**共同體**成為一個整體，並有權作為一個整體展開行動，而這只能藉由其中**大多數人**的同意和決定才能達成。由於任何共同體只能根據當中各個個體的同意才能行動，而這些個體作為一個整體必須行動一致，那就有必要使這個整體隨著當中較大的力量來行動，也就是基於其中**多數人的同意**。若非如此，它就不能作

1　編註：這一句話是一七一三年第四版增加的。

為一個整體、共同體而有所行動或繼續存在，畢竟，它是根據每一個組成個體的同意才約定出它該有的形態，因此每個人都應該受自身同意的約束而服從**多數人**的決定。因此，我們看到，由實定法授權採取行動的議會，它能做出決議的人數並沒有被實定法所規定，那麼**多數人的行動**就代表了整體的行動，根據自然法與理性，多數人的決定當然就能取得整體的權力。

97.因此，只要每個人藉由同意和他人組成了一個接受政府統治的政治實體，他就使自己背上了義務，得對該社會中的每個成員負責，即必須服從**多數人**的決定、受到多數人的決定所約束，否則，他和其他人結合成**一個社會**時所訂定的**原始契約**就毫無意義；要是他還是那麼自由放任，活得比之前處於自然狀態下還要不受拘束，那契約就不成契約了。不然，他們還有什麼契約可言？如果這個人只服從自己認為適合及實際同意過的規定，而不受社會更多法令的約束，那還有什麼新的保證可言？如此一來，他就仍然跟訂定契約之前一樣自由，跟自然狀態中的其他人沒兩樣，反正他可以在自己認為適合的情況才服從法令的約束、同意多數人的決定。

98.**多數人的同意**，就是替所有個體做決定的整體行為，如果理性上無法接受，那就只有得到每一個個體的同意才能構成**整體的行動**。但是考慮到必然會有人因體弱多病、事務纏身而缺席公共會議，儘管缺席者的人數遠少於一個國家的人口總數，那就幾乎不可能取得每一個個體的同意，更何況多元的意見和利益衝突，是各個人群集合體中都在所難免的情況。因此，如果基於這樣的條件進入社會，那就只會像加圖走進戲院那樣**來了就走**[2]。像這樣的組織，也會使強大的利維坦[3]比弱小的生物還短命，使它在出生的當天就夭折。我們根本無法想像這種組織的意義，除非我們主張，理性生物組織成為社會的意欲及目的，完全只是為了讓它解體。如果**多數人**不能替其他人做決定，人們無法作為一個整體行動，結果將是這個社會再度立刻解體。

99.因而，凡是脫離自然狀態結合成為一個**共同體**的人們，他們就必須把那些為了結合成社會這一目的的所有必要權力交給共同體的**多數成員**，除非他們早已明白地協議好要把權力交給數量大於多數成員的任一群人。只要大家一致同意**聯合成一個政治社會**，就能辦到這一點，而這種個體之間達成的同意，完全可以作為他們加入或建立一個**國家**既有或應有的**全部契約**。因此，在開始組織或實際**構成任何政治社會**時，最需要的不過就是某些自由人的同意，不管人數多少，只需要他們能夠聯合起來構成這個社會的多數成員。如此一來，也僅能如此，才是世界上任何合法政府的起源，我們才能創立**合法政府**。

100.關於這一點，我發現有兩種反對意見：

一、歷史上找不到這樣的例子——由一群彼此之間獨立而平等的人集合在一起，用這樣的方式開始建立起一個政府。

二、這對人類的權利而言行不通，因為所有人生來就是受到某個政府所統治，他們必須受制於這個政府，不能自由地創立新的政府。

---

2 編註：加圖（Marcus Porcius Cato，西元前234-149），通常稱作老加圖。羅馬共和時期的政治家、監察官、演說家、執政官，也是羅馬史上第一位重要的拉丁語散文作家。他是典型的保守派人物，反對希臘文化（如酒神崇拜）所導致的社會驕奢淫逸。由於他不贊成戲劇表演，因此這裡意指他進戲院只是為了再出去。「來了就走」（*tantum ut exiret*），前三版皆用拉丁文，第四版後改用英文。

3 編註：利維坦（Leviathan），或譯為「巨靈」。《聖經》中描述的一種海中巨大怪獸。原型可能來自鱷魚和巨鯨。這裡也可能暗喻霍布斯（Thomas Hobbes，1588-1679）《利維坦》一書所說的強勢國家。

101.對於第一個反對意見可以這樣回答：**人類於自然狀態中的群居資料，歷史**留給我們的相關記載極少，這根本不足為奇。由於那種生活條件下的諸多不便，以及在人們愛好群居卻缺乏群居的情況下，一旦使任何數量的人們聚在一起，只要他們還打算繼續共同生活下去，他們就會立刻結合起來組成一個社會。若說我們因為不常聽說過**人類處於自然狀態**，就無法設想人類曾處於這種狀態，那麼我們也無法設想沙爾馬那塞爾[4]或薛西斯[5]的軍隊士兵們曾經身為孩子的模樣，因為我們只對他們直到長大成人且編入軍隊後的情況略有所聞。政府在每個地方都是先於歷史記載的存在，在一個民族的文明社會長期發展，藉由其他必要的技藝提供了人類安全、舒適、富足的生活之後，文字才開始使用。這時候他們才開始追溯民族奠基者的歷史，直到他們無從回憶那段歷史時，才會去**追本溯源**。因為**國家**也跟個別的人類一樣，通常**對自己出生和幼年的狀況不大清楚**，如果他們知道自身起源的任何資訊，那也是靠著其他國家偶然保存下來的資料。除了上帝自身直接干預的猶太人（而且他們那段歷史並不支持父權支配），世界上任何政體的起源，顯然都正如我的描述，或是至少明顯留下了類似的發展跡象。

102.羅馬和威尼斯的**創建**是由許多彼此自由、獨立的個體聚在一起結合而成，他們沒有天生的貴賤、主從之分。對於不承認這回事的人而言，在面對與其假設不一致的明顯事實時，必定會表現出一種奇怪的傾向來加以否定。如果我們引用阿科斯塔[6]的說法，那麼他告訴我們的是，美洲的許多地區完全沒有政府。「基於有力而明顯的推測，」阿科斯塔說：「這些人（秘魯的土著）長期沒有國王、也沒有國家，只是過著群居的生活，就像現今的佛羅里達人[7]、吉里夸那人[8]或是巴西及許多其他民族那樣，平時沒有固定的國王，直到他們面臨決定是戰是和的時機，才會任意選出領袖。」（lib. i. cap. 25）[9]如果要說成，那裡的每個人生來就隸屬於自己的父親或是家族的領袖，那我們之前已經證明過的論證就已經顯示：孩子對父親的服從關係並不會剝奪他應有的自由，孩子可以加入自己認為合適的政治社會；再怎麼說，無論如何，這些人實際上就是**自由的**。儘管某些政治家想要把他們當中的某些人說成是擁有優越的地位，他們自己卻沒有這種要求，反而基於大家的同意，認為所有人一致**平等**，在他們基於相同的同意來推選支配自己的統治者之前，人人一律平等。因此他們的**政治社會**完全**起源**於自願的結合，經過相互協議，自由地選擇他們的統治者以及統治形態。

4　編註：沙爾馬那塞爾一世（Salmanasser I），中亞述帝國時期的國王，西元前一三〇〇年代統治亞述三十年。在西北地區征服八個國家，大為擴展其帝國。

5　編註：薛西斯一世（Xerxes I），波斯帝國阿契美尼德王朝的國王，又稱「薛西斯大帝」。他是大流士一世之子和繼承人。名字在波斯語中為「戰士之王」。

6　編註：阿科斯塔（Josephus Acosta，即 José de Acosta，1539-1600），西班牙耶穌會傳教士和博物學家。一五六九年被派往秘魯傳教。著有關於新世界動植物的作品《印地安人的自然史與道德史》（*Historia natural y moral de las Indias*）。

7　編註：一五一三年，西班牙探險家胡安・龐塞・德萊昂（Juan Ponce de León）是第一位抵達佛羅里達（Florida）的歐洲人，但早在他之前，佛羅里達的原住民已在此生活了一・四萬年之久。

8　編註：吉里夸那人（Cheriquanas），西班牙原文為「Chiriguanas」，是「Chiriguano」的複數形。他們是安地斯山脈東部森林中的一個原住民部落，自稱是「無主之人」，以好戰聞名。

9　譯註：這段話出自阿科斯塔《印地安人的自然史與道德史》一書，卷一，第二十五章。

103. 我希望大家會承認，在查士丁[10]筆下隨著巴蘭杜斯[11]一起離開斯巴達的那些人，全都是彼此**獨立的自由人**，他們是基於自身的同意而建立了統治他們的政府。因此，我已經從一些**處於自由及自然狀態的民族**歷史中舉了一些例子，他們因聚在一起而結合起來**建立了一個國家**。就算可以拿缺乏事例來當成論證去證明**政府**的**起源**並非這樣、不可能是這樣，那我認為父權帝國的支持者最好不要用這種論證來反對人生而自由。因為，縱使他們能從歷史中舉出那麼多**政府**是**起源**於父權的例子（儘管這充其量只是拿曾經發生的事來證明事情應該是怎麼樣，這種論證方式並沒有多大的效力），我認為，在這個問題上對他們讓步也不會有多大危險。但是，如果我可以就這件事為他們提供建議的話，那他們最好不要像有些人那樣去**實際**深究，別過於深入地研究**政府的起源**，避免自己驚覺到：就大多數政府的基礎而論，其實許多事實相當不利於他們所提倡的計畫，以及他們所支持的那種權力。

104. 但是，我們可以得出結論：我們顯然有理由主張人生而自由，歷史中的事例又顯示出，這個世界上從和平狀態建立**政府**，都是以上述基礎為起點、都是**基於人民的同意**而成立。因此，關於人類**一開始建立政府**時的權利何在，或是人類當時對政府的意見或實踐為何，這些事例都沒有什麼可以質疑的餘地。

105. 我並不否認，如果我們順著歷史的指引，回頭追溯**國家的起源**，我們通常會發現，許多國家是在一個人的統治與管轄之下。我也可以相信，當一個家族人丁興旺，足以自給自足，族人完全聚集在一起發展而沒有外人混居，也就是相當於在地廣人稀的地方往往會發生的那種情況，那裡的政府通常就是源自於父親的統治。由於父親根據自然法而和其他所有人一樣享有同樣的權力，在他認為適當的情況下，可以對任何違反自然法的行為進行懲罰，也就可以懲罰自己犯法的子女，即使他的子女已經長大成人、脫離了未成年狀態後也是一樣。子女們很可能都願意接受父親的懲罰，全部追隨父親一起對抗犯罪者，這就授予父親對任何犯罪行為執行判決的權力，因此，結果就使父親成為立法者和統治者，讓他支配所有仍然構成該家族的眾家族成員。對他們來說，父親是最值得信賴的人，父親的關愛使子女的財產及利益在他的照料之下得到保障；子女在幼年時就聽從父親的這種習慣，使他們最容易服從父親。如果群居的一群人當中無可避免地會出現政府的統治，非得要有一個人來統治他們，除非父親因懶散、殘忍或任何心智或肉體上的缺陷而不適合這種職位，又有誰更有可能以眾人之父的身份擔當如此重責大任？可是，如果父親去世了，他留下的繼承人因尚未成年、缺乏智慧、勇氣或缺乏種種品格而不適合擔任統治者，又或者，情況是幾個家族聚在一起，同意繼續群居，他們就會行使自己的天賦自由，推選出他們認為最能幹又最有可能善於統治的人選來領導，這點毋庸置疑。話說美洲的民族至今仍與這種情況相符，我們發現他們（還沒有被秘魯及墨西哥兩大帝國的武力征服與擴張支配

---

10 編註：查士丁（**Justin**，全名**Marcus Junianus Justinus**），西元三世紀羅馬帝國的歷史學家，著有《腓利史概要》（*Liber Historiarum Philippicarum*），《腓利史》原作為特洛古斯（**Gnaeus Pompeius Trogus**），查士丁摘錄為《概要》一書。

11 編註：巴蘭杜斯（**Palantus**，即**Phalantus**），塔蘭托城（**Taranto**）的創建者。斯巴達與美塞尼亞（**Messinian**）在第一次戰爭期間，斯巴達的婦女因丈夫在前線而無法生育，斯巴達也因為缺少新生兒，對未來人口問題憂心忡忡。於是一些年輕士兵被召回，與未婚女性生下一批嬰兒，這批孩子被稱為帕提尼亞人（**Parthenia**，意指處女之子）。但這些年輕人長大後，卻發現自己被視為私生子，沒有平等的公民權，無法繼承母親遺產。於是在神諭建議下，由巴蘭杜斯領導這批帕提尼亞人離開斯巴達，於義大利南部建立塔蘭托城。

所影響的美洲人）仍享有自己的天賦自由，**在其他條件不變的情況下**，他們通常會推戴已故國王的繼承人；然而，如果他們發現繼承人軟弱無能的話，他們就不會考慮這個繼承人，而會另外推選最堅毅而勇敢的人選來擔任統治者。

106.因此，儘管我們盡力追溯了人類在世界上群居生活的一切記載，以及各民族的歷史，我們往往會發現**統治權**是掌握在一個人手裡，但這並不會推翻我所主張的論點，即：**政治社會的創始**要基於某些個體的同意，由這些個體加入、建立出一個政治社會，當他們像這樣組成一個整體時，就能建立他們認為適合的統治形態。但是，既然情況已經可能使人產生誤解，以為統治的形態理所當然就是君主制度，而且統治權力屬於父親，所以我們在此探討一下『為何人們最初都普遍採用了這種形態？』也不為過。有些國家在最初建立的時候，父親的優越地位會促使大家在一開始就把權力交到一個人手上，然而，很顯然，**一人統治形態**之所以能存續的理由，並非人們對於父權有任何敬意或尊重，畢竟所有小型**君主國家**，也就是幾乎所有君主國家在最接近其起源的那個階段，其君主通常（至少偶而）是**推選**出來的。

107.首先，在一開始的時候，由於父親在對子女孩提時期的統治，就使子女習於接受**一個人的支配**，而且讓他們知道，這種一人統治是在照料、誘導、關懷、愛護下行使的，這就足以使子女獲得及確保他們在社會中尋求的一切政治幸福，無怪乎他們會自然地選擇採用這種統治形態，畢竟這是他們從小就習慣的形態，而且他們根據以往的經驗，相信這種統治既自在又安全。如果我們對此還能有所補充的話，那就是因為，**君主制度**對人們來說是最簡單明瞭的形態，他們經驗上並不知道什麼統治形態，也尚未因帝國的野心及蠻橫而受到什麼教訓，不知道該提防特權的侵害與絕對權力的騷擾，然而這些權力都很容易由君主制度的統治者宣稱承襲下來，用來壓迫人民。人們一開始就把大權交到別人手上，並沒有耗費心力想辦法去限制對方可能的專橫行為，沒想過把統治權力交到不同人的手上來加以制衡，這其實不足為奇。由於他們從未經歷過暴君支配的壓迫，加上時代的風氣與他們當時的財產、生活方式，都還不至於使他們成為他人的野心所垂涎的目標，他們根本沒有任何理由去擔憂防範。因此，無怪乎他們就單純地置身於此種**統治體制**，不僅如此，正如我所說的，這是最簡單明瞭的政體，也最符合他們當時的狀態及條件，因為當時的情勢，更需要的是抵禦外來的入侵與傷害，〔而不是增加法律；在簡單貧乏的均等生活下，每個人的慾望受限在少量財產的狹窄範圍內，很少引起糾紛，因此不需要過多的法律來裁決，或是幾乎沒有違法行為、很少有違法者，不需要各種官吏來監督這一過程，或注意審判的執行。〕[12]那麼，既然人們彼此情投意合，好到共同加入社會，就不得不認定，大家有著那麼好的交情和友誼，彼此之間有著某種程度的信賴，他們彼此間的猜忌肯定不會比防範外人的憂慮還要來的大。所以，這些人首先注意、考慮的，只能認為是怎麼抵抗外侮來保護自己。很自然地，他們就這樣置身於最能達成那個目的的**統治體制**之中，推選出最賢明而勇敢的人在戰爭中進行指揮，領導他們對抗敵人，這就是他們的統治者最主要的作用。

12 編註：中括號內的文字是一七一三年第四版的修改。初版為：「而不是在資產不多的情況下增加法律；在侵害者與違法者不多的情況下，不需要各種管理者和大量官吏來掌管、監督法律的執行。」

108.因此，我們看到，美洲大陸的居民仍然維持著歐洲和亞洲最早那個時代的模式，那裡實在是地廣人稀，由於人力和財力的缺乏，無法使人產生增加佔有土地的念頭，也不會為了擴大領地而爭鬥；美洲的印地安**酋長**只不過是**當地軍隊的將帥**。雖然酋長在戰爭時的命令是絕對的，然而在家鄉境內和和平時期，酋長行使的只是些許的支配權，擁有的是相當有限的主權。至於是戰是和的決定通常屬於人民或議會，然而戰爭行為本身並不容許多頭馬車，自然會發展成，把指揮眾人的**權威歸於君王一人之手**的形態。

109.因此，就以色列這個民族本身而言，**他們的士師和初期君王的主要任務**，就是**在戰爭中成為將帥**、成為軍隊的領袖（除了**他們往往身先士卒**所表示的意義之外，他們在出戰與歸來的行軍路上，也都在隊伍的前方率領著大家），這在耶弗他的故事中說得非常明白。亞捫人對以色列開戰的時候，基列人出於害怕而派人去找回耶弗他。耶弗他本來是基列族的私生子，曾被他們放逐。然後基列族和耶弗他訂下條約，聲稱如果他願意為基列族對抗亞捫人，他們就會立他為統治者，這件事是這樣記載的：「於是百姓就立耶弗他作領袖、作元帥。」（《士師記》第十一章十一節）在我們看來，這就是立耶弗他作**士師**。「耶弗他作以色列的士師六年，」（《士師記》第十二章第七節）就是說他作他們的**將帥有六年之久**。因此當約坦[13]斥責示劍人背棄了曾經身為他們士師及**統治者**的基甸時，他說：「從前我父冒死為你們爭戰，救了你們脫離米甸人的手。」（《士師記》第九章十七節）這裡除了基甸身為**將帥**之外就沒有別的描述了，而且，的確，這就是在基甸的歷史及任何士師的歷史所記載的一切。亞比米勒是特地被稱為**君王**，然而他頂多不過是示劍人的**將帥**。當以色列百姓厭惡撒母耳之子的惡行而需要立一個**君王**時，《聖經》的記載是：「使我們像列國一樣，有王治理我們，統領我們，為我們爭戰。」（《撒母耳記上》第八章二十節）這時上帝答應他們的請求，對撒母耳說：「我必使一個人到你這裡來，你要膏他作我民以色列的君。他必救我民脫離非利士人的手。」（《撒母耳記上》第九章十六節）此時君王的唯一任務，彷彿只是率領軍隊為人民而戰，相應地，撒母耳在掃羅登基時就拿瓶膏油倒在掃羅的頭上，對他宣告：「耶和華膏你作他產業的君。」（《撒母耳記上》第十章第一節）因此，以色列**各族**在米斯巴莊嚴地推選掃羅為**君王**並進行致意之後，不願意支持掃羅為王的人沒有別的反對意見，只是說：「這人怎能救我們呢？」（《撒母耳記上》第十章二十七節）他們彷彿是在說：『這個人不適合擔任我們的**君王**，他在戰爭中沒有足以保衛我們的計謀和才幹。』當上帝決定把統治權移交給大衛時，有著這樣的記載：「現在你的王位必不長久。耶和華已經尋著一個合他心意的人，立他作百姓的君」（《撒母耳記上》第十三章十四節）**君王的**全部**權威**，就好像只是為了成為他們的將帥；因此，那些反對大衛的統治，仍忠於掃羅家族的**各部族**帶著臣服的條約來到希伯崙，他們向大衛闡述的論點是：他們不得不奉大衛為君王，因為他在掃羅的時代實質上就已經是他們的**君王**，所以他們現在沒有理由不奉大衛為他們的**君王**。他們說：「從前掃羅作我們王的時候，率領以色列人出入的是你；耶和華也曾應許你說：你必牧養我的民以色列，作以色列的君。」

13 編註：約坦（Jotham）是基甸（Gideon）的小兒子。基甸死後，亞比米勒將基甸的七十個兒子，也就是他同父異母的兄弟全都殺死，只有約坦因為躲起來逃過毒手。後來，示劍人立亞比米勒為王，約坦站在山頂上，以樹為喻，對眾人說了一個寓言來詛咒示劍人和亞比米勒。

110.因此，情況也許是：**一個家族**漸漸**發展成一個國家**，父親的權威由長子延續下去，而每一個在這種權威下成長的人都默默地加以順從，這種統治安適平穩地不會妨礙任何人，人人都默認了這種統治，然後隨著時間的推移，後來人們就用法規確認了父權統治，確立了繼承的權利；又或者是：不管是幾個家族或幾個家族的後裔偶然地成了鄰居，或是因公事需要而聚集在一起，然後就結合成了一個社會。無論是哪一種情況，由於人們在戰時需要一個能幹的將領替他們抵禦敵人，而且在那個艱苦而有道德的時代，純真與真誠使他們彼此擁有深厚的信賴——世界上延續至今的所有政府幾乎一開始都是這樣——這往往就使各國最早的開創者把統治權交到某一個人手上，除了對事情的本質與統治的目的有所要求以外，並沒有對統治者加上其他任何明白的限制或約束。（無論最初將統治權交到一個人手上的是哪種情況，可以肯定的是）[14]，都只是為了尋求公共善及安全，才把權力交給這樣的統治者，而這些統治者在國家發展的初期，往往都是為了這些目的行使權力，若非如此，新生的社會將無法延續下去。如果沒有父親般的照料，缺乏這種統治者的看護，所有政府都會因社會早期的脆弱無力而敗亡，君主和臣民過沒多久就會一起消滅。

111.不過，國家在**黃金時代**是更有道德，（在虛榮的野心、**可憎的佔有欲**和邪惡的貪念腐蝕人心，令人們扭曲了真正的權力和榮譽之前），因而有更好的統治者和不那麼惡劣的臣民。而且一來是當時並**沒有不斷擴張的特權**來壓迫人民，人們**也不會為了特權**而產生任何**爭議**，因而需要去削弱限制行政官員的權力，所以統治者和人民之間並不會為了統治者或政府的問題掀起鬥爭[15]。然而，到了後世，統治者由於野心及奢侈而想要保有及擴張權力，不去履行自己得到授予權力所應盡的職責，再加上逢迎諂媚之詞，使君主以為自身的利益和人民的利益截然二分，於是人們發現，有必要更加審慎地考察**政府**

的**起源**及**權利**，想辦法去**限制越權行為**，**防止權力濫用**；人民原本把權力交託給他人，完全是為了自己的利益著想，後來才發現這種權力被用來傷害自己。

112. 由此可見，生而自由的人們完全有可能基於自身的同意接受父親的統治；又或者是，由不同的家族結合在一起成立一個政府，他們通常就把**統治權交到某一個人手上**，選擇接受這麼**一個人的管理**。由於他們認為，在那個人篤實而賢明的統治之下就相當安全，就沒有必要用上明白的條件去限制或控管統治者的權力。僅管他們從未出現過君權還是**神授**的想法，況且這種說法在近代神學啟示我們之前，其實也沒人聽過，人們也從未允許父權能夠掌控支配的權力，或是使父權成為一切統治的基礎。因此，就歷史帶給我們的啟發，有許多證據足以證明，而且我們有理由歸結說：一切**政府**的和平創立是**基於人民的同意**。我之所以強調**和平**，是因為我在往後的篇章還有機會討論征服，畢竟有人認為征服是創立政府的其中一種方式。

關於我所闡述的政府起源，我發現存在另一種強烈的反對意見，那就是：

14 編註：中括號內的文字是一七一三年第四版增加的。

15 「在一開始，人們認可某種統治形態時，可能是沒有進一步思考統治方式，直到允許這些統治者憑著自己的智慧、判斷來進行統治後，他們才基於過去的經驗發現這種統治在各方面都相當不便，即使他們確實設計了補救辦法，卻也增加了統治上應該治療的傷痛。他們明白了依據某一個人的意志來生活會導致所有人的苦難。這迫使大家制訂法律，所有人能藉由法律得知自己應盡的義務，同時知道違反法律會遭到什麼樣的懲罰。」（Hooker, Eccl. Pol. i. 10.）」

113.「所有人生來就受到這個或另一個政府支配，那任何人都不可能以自由之身隨意地結合起來建立新的政府，或是建立合法的政權。」

要是這個論點沒有問題，那我要問：這世界上哪來那麼多合法的君主國家？如果有人能根據這個假設向我證明：這世上有任何人能夠在任何世代**自由地**創設合法的君主國家，那我當然必須向他展示，有另外十個**自由人**能夠同時自由地聯合起來創立新的王權，或任何其他形式的政府。這表明的是，如果任何一個**生來**就受他人**支配的人**也能如此**自由**，以至於他有權去建立另外一個新的帝國來支配別人，那麼任何**生來**就受人**支配的人**也能一樣**自由**，能夠成為另一個政府的統治者或臣民。因此，按照他們自己主張的那個原則，要不是：無論**出身**如何，所有人都生而**自由**，不然就是：這個世界上只能存在一個合法政權、一個合法君王。那麼其實他們就毋須多言，只需要向我們交代上述哪種情況才是對的，只要有人能夠好好解釋，我相信所有人類都會毫不猶豫地同意對他表示服從。

114.雖然這種反駁就足以顯示他們所使用的論證根本只會自打嘴巴，但我還是要努力進一步揭示這種論證的弱點。

他們說：「所有人生來就受政府支配，因而他們無法自由地創立新的政府。每一個人生來就受制於自己的父親或是君主，因此臣服與忠誠永遠都束縛他們。」很顯然，人類從未承認過**自己生來**就本該**屈服**於另外一個人的狀態，也未曾考慮過要在未經自己同意的情況下就受到束縛，還得因此向他人及其繼承人表示臣服。

115.無論在聖史還是俗史的記載中，沒有其他例子比以下的例子還要更常見了吧，那就是：人們擺脫了生來就服從的管轄權力，離開了養育他們成長的家族或共同體，然後在別的地方**建立起新的**

政府；人們藉此在歷史初期就創造了無數的小國，而這些小國只要還有空間就會不斷增加，直到它們被較強或較幸運的國家所併吞；至於那些大國又會再度分裂，分解成較小的政權。如此眾多的一切案例，全都是父權統治的反證，能明白地證明：一開始構成統治的並不是世代相傳的自然**父權**，因為基於那種論點不可能出現那麼多小的王國。要是人類一開始就不能**自由地脫離**他們所屬的家族和政府，無法按照他們的意願及適合的方式建立另一個國家或別的政府，世界上就只會存在一個大一統的君主國家。

116.這就是這個世界由古至今的慣例。現在人們打從**一出生就已經受制於已經成形的古老政體**，服從既定的法律與既有的統治形態，但是，就算跟那些生於森林之中、和無拘無束的野人共同生活的人比起來，人類的自由其實沒有受到更多妨礙。有些人想要說服我們相信**人類生來就受制於某個政府**，**我們本來就該加以服從**，人類本來就沒有資格或藉口去享有自然狀態的自由，（除了已經被我反駁過的父權）他們其實也沒別的理由了，他們拿來當論據的，只是由於我們的父親或祖先放棄了自己生來就有的自由，因此使自己和後代子孫得永遠受制於他們所臣服的政府。的確，任何人親自立下了誓約或諾言，就有義務遵守，但**不能**用任何**契約來約束自己的子女或後裔**。這是因為，他的兒子成年時和父親一樣自由，正如任何人都不能斷送他人的自由一樣，**父親的任何行動都不能斷送兒子的自由**。當然，父親可以對他身為任何國家臣民所享有的土地附帶條件，如果兒子也想像父親一樣享有這些土地，父親就能強制他成為那個共同體的一員，因為那是父親的財產，父親可以加以處理或安排。

117.這種情況往往造成了大家的誤解：由於國家不允許任何部分的土地被分裂，也不允許該共同體以外的任何人享有土地，兒子不能平白無故地享有父親的財產，他只能接受和父親相同的條款，成為該社會的一員，於是他就和那個國家的其他臣民一樣，立即使自己接受這個業已成立的政府統治。由此可見，**生來就接受政府統治的那些自由人**，唯有他們的**同意**才能**使他們成為該國家的一員**，這種同意是他們成年時分別表達的，而非大家一起表達。人們都不加詳查，以為自己沒有表示過這種同意，甚至以為沒有必要表示同意，就直接認定自己理所當然地身為某個國家的臣民，這就跟人生而為人一樣自然。

118. 但是很顯然，**政府**並不是這麼想的，他們並不會因為已經**能夠統治某個父親**，**就宣稱有權統治他的兒子**，也不會因為這個父親身為他們的臣民，就把他的兒子視為臣民。如果一個英國臣民在法國和英國婦人生了一個兒子，這個孩子算是哪國臣民？不會是英國國王的子民，因為他必須得到許可才能得到身為英國人的權利；他也不會是法國國王的子民，不然他的父親是如何自由地帶他離開或任意教養他？要是有人要離開這個國家或向某國開戰，我們會僅僅因為他的雙親以外國人的身份在法國把他扶養長大，就把他視為法國的**叛徒**或**棄國者**嗎？很顯然，無論根據各地政府的實踐，還是根據理性的正當原則，**一個孩子並非生來就身為任何國家**、**任何政府的臣民**。孩子在成年之前接受父親的教養與權威，成年後才身為自由人，這時他才能夠自由地臣服於自己願意服從的某個政府，或是加入那個國家。要是一個出生在法國的英國人之子擁有自由，而且能這麼做，顯然他的父親身為英國人這件事並不會對他造成任何拘束，他也不會被祖先所訂下的任何契約束縛。那麼，縱使一個孩子出生的地方和父親不一樣，為何他不能基於同樣的理由，向父親主張自己享有同樣的自由？這是因為，無論孩子在哪裡出生，父親自然能夠支配孩子的權力都是一樣的，自然的義務關係並不會被王國、國家的具體疆域所限制。

119. 如上所述，**每個人**都**生而自由**，除了他本人的**同意**，沒有任何事能使他屈服於任何世俗權力，那我們就可以考慮一下：究竟什麼樣的形式，才足以當成是一個人**宣告同意自己臣服於**任何政府所制定的法律。一般來說，有明示同意和默示同意的區別，這也和我們當前探討的主題有關。任何人要加入任何社會時，唯有明示**同意**能使他完全成為該社會的成員、成為該政府統治的臣民，沒有人會懷疑這一點。難處在於，應該把什麼樣的行為看成是**默示同意**，以及如何判斷默示同意的效力。換言之，當一個人完全沒有做出任何表示時，究竟怎樣才能把他視為已經同意，從而接受任何政府的管轄。對此，我要說，每一個人只要持有或享有任何政府所支配的任何一塊土地，他就因此給出了自己的**默示同意**，在他享用這塊土地的期間，他就跟任何該政府的臣民一樣，必須服從該政府的法律，無論他佔有的土地是要和繼承人一直享用，或是只是暫居一週，還是只是在公路上自由地旅行。以結果來說，任何人只要置身於某個政府的領地之內，這就足以構成某種程度的默示同意。

120. 為了更容易理解，以下的思路其實相當合適：每個人一開始加入任何國家時，他和這個國家結合起來的舉動，就使他的財產都併入那個共同體，無論是他已經擁有、還是將要獲得的財產，只要是還不屬於其他任何政府的財產，都會成為該共同體所屬的一部分。因為任何人和別人一起加入社會，是為了保障、管理好財產，而他那塊土地的財產權應該由該社會的法律來管理，要是他以為身為臣民的自己，以及那塊土地的財產權能夠不受該地政府的管轄，根本就是自相矛盾。因此，任何人藉由同樣的舉動，使原本處於自由之身的自己和任何國家結合，也就是把他原本自由的財產併入了這個國家，那麼，只要這個國家還延續下去，這兩者，也就是他這個人和他擁有的財產，都會變得受制於這個國家的統治與支配。因此，自此之後的任何人，想要通過繼承、購買、許可或其他方法來**享用**這類已經併入某個國家、**受到該國政府所管轄的任何一塊土地**，都**必須接受支配**那塊土地的**條件**，也就是跟那個國家的任何臣民一樣，**服從**管轄這塊土地的**國家政府**。

121. 但是，由於政府只對土地擁有直接管轄權，只能在其擁有者（在他自己實際加入這個社會之前）居住及享用這塊地的時候，管轄權才能涉及擁有者本人，那麼任何人基於這種享用所承擔義務——**服從政府的管轄**——就是**隨著他的享用期間開始或結束**。因此，只要土地擁有者僅僅是對政府做出**默示同意**而沒有其他表示，當他藉由捐贈、販賣或任何方式脫手了那份財產以後，他就能自由地離去，然後可以加入任何其他國家，或是和他人協議之後，在**空白之地**（*vacuis locis*）——在世界上任何一塊他們所能發現的空曠、無主之地——建立新的政府。反之，只要有人曾以明確的同意和**明白**的聲明，表示自己**同意**成為任何一個國家的一員，這就迫使他永遠且無可避免地成為該國的臣民，他所保持的臣民身份無可改變，再也不能享有自然狀態中的自由，除非出現了任何大難，導致他所屬的國家解體；或是因為某種公共行為使他不再是該國的一員[16]。

122. 但是，光是服從國家的法律，在法律之下享有特權及保護、過著平靜的生活，**這還不足以使人成為該社會的一員**。這只是在任何國家所屬的領土、在該國的法律所能管理的所有範圍之內，讓並非處於戰爭狀態而來到這個國家的人得到應有的屬地保護及禮遇。不過這並不足以**使人成為該社會的一員**，無法使人永遠成為這個國家的臣民，儘管說，只要這個人還繼續留在這個地方，他就應該遵從當地的法律、服從該國的政府；這就好比說，有人為了方便而暫時逗留在別人的家裡一段時間，這並不致於使他得向對方臣服。因此，我們看到那些終生生活在另一個政府的統治之下的**外國人**，他們享受他國政府的保護及特權，儘管他們的表現、甚至是內心都不得不跟任何歸化者一樣接受政府的管理，然而他們也不會因此就成為**該國的臣民或成員**。一個人只能藉由確實的保證、明白的諾言與契約，使自己實際加入某個國家，此外就沒有別的辦法能夠使任何人成為某個國家的一員。關於政治社會的起源，以及**使任何人成為**任何國家**成員**所需的個人**同意**，以上就是我的看法。

16 編註：這句話是一六九四年第二版所加。

第九章　論政治社會及政府的目的

123. 如前幾章所說，如果自然狀態中的人那麼自由，若是他身為自己人身及財產的絕對主人，和最尊貴的人一樣平等，並不服從任何人，為何他會放棄他的自由、捨棄他的王國，自己願意接受其他權力的支配與控管？這個問題顯然可以這麼回答：雖然他在自然狀態中享有那種權利，但難以穩定享有，而且會不斷遭到他人侵犯；既然人人都和他一樣能以王者自居，每一個人和他一樣平等，而大多數人又不嚴格遵守公平正義，他在這種狀態下享用的財產就毫無安全、毫無保障。這就使他願意放棄『儘管相當自由，然而卻充滿恐懼與接踵而至的危機』的狀態，因此他並非毫無理由，或心甘情願地去尋找別人加入他們的社會，無論那是已經結合起來的、還是正打算結合起來的社會，大家的目的都是為了相互**保護**彼此的生命、自由、資產，我就用一般的稱呼把這些都統稱為——**財產**。

124. 因此，人們結合起來成為一個國家、使自己置身於國家的統治之下，最重要也**最主要的目的**，**就是保護他們的財產**，畢竟自然狀態就這方面有許多缺陷。

首先，自然狀態中缺乏已經**確立**、固定且眾所皆知的**法律**，這種法律要為公眾的同意所接受與承認，成為論斷是非的標準，作為裁決眾人一切糾紛的共同尺度。因為，就算自然法對一切理性生物來說相當明白又容易理解，還是有人會因利害關係而心存偏見，也有人對自然法缺乏研究而對它一無所知，因此他們都不容易承認自然法能作為具有約束力的法律，不會把自然法應用到他們各自的案例之上。

125. **其次**，自然狀態中缺乏**知名而公正的裁決者**，這個人必須具有權威，能夠根據既定的法律裁斷一切爭執。由於自然狀態中的每個人都是自然法的裁決者暨執法者，而人們又會偏袒自己，激情和復仇心態容易使他們過於偏頗，他們會對自己的案件過於熱心，此外，疏忽及漠不關心的心態又會使他們對於他人的案件過於冷淡。

126. **第三**，自然狀態中往往缺乏**權力**來支持正當的判決，以及**執行**應有的**處罰**。凡是遭到不義行為侵犯的人，只要能用武力來彌補他們所遭受的不公，他們就很少失敗。這種反抗往往會對懲罰行為造成危險，時常使那些企圖執行懲罰的人遭受損害。

127. 因此，儘管人類在自然狀態中能享有一切權利，但是他們留在那種狀況中的生活條件相當惡劣，很快就會被迫加入社會。所以結果是，我們很少看到有多少人能在自然狀態中共處多久。由於每個人在自然狀態中都有權力懲罰他人的侵權行為，然而這種權力的行使既不穩定、也不可靠，這樣的不便促使人們向政府所訂定的法律尋求依靠，希望在法律的庇護之下，**能保障自己的財產**。這種情況使每一個人都非常樂意交出各自單獨行使的權力，把懲罰權交給群體當中所指派的專人來行使，由他們按照這個共同體的規定，或是根據大家授權時所一致同意的目的，來實施懲罰。這就是**立法權與行政權這兩種權力**的起源，以及這兩者**建立**的由來，政府與社會的起源與由來也奠基於此。

128. 一個人在自然狀態中，除了能夠享受天真愉快的自由，他還擁有兩種權力。

第一種是，在**自然法**所許可的範圍內，他可以為了保護自己或其他人而做出符合該目的的任何行為；基於這個對全人類都共同適用的自然法，他和其他所有**人類都屬於同一個共同體**。這是人類有別於其他生物的地方，共同組成一個社會。要不是某些墮落之徒的腐化及惡行，人類其實並不需要、也沒有必要從這個自然而偉大的共同體分離出來，額外實定協議結夥建立較小、分別的團體[1]。

此外，一個人在自然狀態中所擁有的另一種權力，是能夠對那些觸犯自然法的**罪行做出懲罰的權力**。不過當他加入一個私人的（如果能夠這麼稱呼的話）或特定的政治社會，併入和其他所有人類分隔開來的任何國家，他就放棄了以上兩種權力。

129.第一種**權力**，也就是一個人為了**保護自己或其他人類**，**可以做出他自認為適當的任何行為**，他把這個權力**交給**這個社會所制定的法律來管理，這種管理能使他自己和社會中的其他成員都能得到應有的保護。社會的相關法律在許多情況下，都限制了這個人基於自然法所享有的自由。

130.**第二，他完全放棄了懲罰的權力**，並且按照法律的需要使用他的自然權力，以便協助該社會執行懲罰的權力，本來，他是依據自己個人的權威，以自認為最適合的方式來執行自然法。由於他現在處於一種新的狀態，他可以在同一個共同體中藉由社會中其他人的勞動、協助、往來而享受許多便利，也可以得到共同體整體力量的保護。為了保護他自己，他也必須根據社會的福祇、繁榮、安全等需求，盡量放棄自己的自然權利；這不僅必要，而且也相當公道，因為社會中的其他成員也都是這麼做。

131.但是，雖然人們在加入社會的同時，就放棄了自然狀態中所享有的平等、自由，把執行自然法的權力交給社會，由立法機構按照社會利益所需的程度進行處置。然而這一切只是每個人意圖更妥善地保護自己、保障自己的自由及財產（因為，沒有哪種理性生物會抱著向下沉淪的打算來改變現況），

1 編註：這句話在一七一三年的第四版略有修改，原句是：「額外結夥建立較小的團體」。

由人們所組成的社會權力或**立法機構**，**決不能把共同善以外的東西當成目的**，它必須保障每一個人的財產，以防止之前提過的那三種缺陷，因為正是那三種缺陷導致自然狀態如此危險、不便。所以，任何人只要握有立法權或國家的最高權力，他就必須根據**制定好的法律**來進行統治，而且那必須是對人民公佈，而且是眾所皆知且長期有效的法律，而非暫時性的法令；政府應當由**公正**無私的**法官**根據這些法律來裁決一切衝突；這個共同體的力量，對內**只是為了執行法律**，對外只是用來防止外敵侵害，或是索要賠償，確保這個共同體免於受到入侵、進犯。這一切的**目的**無他，全是為了人民的**和平**、**安全**及**公共善**。

第十章　論國家的體制

132. 根據先前的論述，人們一開始結合成社會時，社會的多數人自然擁有這個共同體的所有權力，他們隨時可以為了這個共同體，運用一切權力來制定法律，藉由他們自己所指派的官員來執行法律，那麼，政府的**體制**就是純粹的**民主制度**。或者，他們也能把制定法律的權力交給少數精挑細選的人材，以及其繼承人或後繼者，這就是**寡頭政體**。如果他們把權力交到一個人手上，這就是**君主制度**。如果權力是交給這個人及他的繼承人，那就是**世襲君主制**。如果權力只是由某個人終身掌控，在他死後，對於後繼者的提名權又回歸到眾人手裡，那就是**選舉君主制**。因此，共同體可以根據他們認為適當的方式，建立複合、混合的政府體制。如果社會的多數人，一開始是把立法權交給一個人或幾個人，只由這幾個人在他們這一生當中、或是一定期限內行使權力，然後再把最高權力收回，當權力回歸人民手上，共同體就可以再度把權力交給眾人所滿意的人選，從而再度構成新的政府體制。由於**政府體制是取決於**最高權力的擁有者，也就是看**立法權**由誰掌握，既然低級權力規制高級權力並不可行，而且能夠制定法律的只有最高權力，不作他想，因此我們就根據立法權的依歸來決定**國家的政體**。

133. 對我來說，**國家**（common-wealth）[1]這個字始終都必須只能指**任何獨立的共同體**，而非民主國家或任何體制的政府；拉丁文用civitas這個字來表示這種意思，至於在我們的語言當中，意思最接近的對應字眼就是common-wealth，這最適合表達這麼一種人類社會；至於英語中的共同體（community）

和城市（city）就沒那麼適合，因為一個政府之下可以有許多附屬的共同體，而城市對我們而言與國家有著截然不同的概念。[2]因此，為了避免混淆，我希望各位容許我使用common-wealth這個字來表達那種意思。我發現國王詹姆士一世[3]曾在這個意義上使用過這個字，我認為那也就是這個字的真正意思，如果有誰不喜歡這個字，如果能用更好的字眼來取代，我也會同意。

---

1 編註：請參見上篇第十一章註22。

2 編註：這幾句話在一七一三年的第四版略有修改，原句是：「至於共同體（community）和城市（city）就沒那麼適合，因為一個政府之下可以有許多附屬的共同體，城市就更不用說了。」

3 編註：詹姆士一世（James the First，1566-1625），他是蘇格蘭女王瑪麗一世（Mary I of Scots）與第二任丈夫達恩利勳爵（Lord Darnley）所生的唯一兒子、英格蘭女王伊莉莎白一世的表侄外孫。他原本是蘇格蘭國王，被稱為詹姆士六世（James VI），一六〇三年，終生未婚的伊莉莎白一世逝世後繼位英格蘭國王，稱作詹姆士一世。

第十一章　論立法權的權限

134. 既然人們加入社會，最重要的目的是和平而安全地享用他們的財產，而且達成這個目的最重要的方法與手段，就是靠社會所制定的法律，所以，所有國家**最初、最根本的實定法**就是關於**立法權的確立**，如同**最初、基礎的自然法**，其目的就是為了（在符合公共善的範圍之內）**保護這個社會**及社會中的每個人，甚至還能管理立法權本身。這個**立法權**不僅是國家的**最高權力**，而且只要共同體把它交到某些人手裡，那就是神聖不可侵犯且不可改變的。若非得到公眾所推選、指派的**立法機構批准**，任何人的任何法令，無論採取任何形式、或以什麼樣的權力為後盾，都無法構成**法律**的效力及強制性。若是沒有這個最高權力，法律就無法得到它之所以成為法律的絕對必要條件——**社會的同意**。除了基於人們自身的同意，以及他們所授予的權威，任何人都無法制定法律。[1] 因此，只要是最嚴格的、所有人都非**服從**不可的約束，最終都會歸結到這種**最高權力**，同時由它所制定的法律指導。不管誰對任何外國權力或國內的低等機構作出了什麼誓言，都無法解除該社會的成員**對立法機構的服從**，因為立法機構是根據人們的委託執行權力；至於服從立法權的那種要求，也不能強迫任何人去執行有違法律的任務，或是強迫他進行法律許可範圍之外的行動，因為法律是由立法機構所制定。試想，要是最終能迫使一個人**服從**的**權力**並不是該社會的**最高權力**，這種情況豈不是很荒謬？

135. 無論**立法權**是屬於一個人還是多數人，無論掌權者是長期掌控還是暫時支配，立法權都是每個國家的**最高權力**。但是：

首先，立法權**不是**、也不可能是能夠支配人民性命及財產的絕對、**專斷**權力。既然立法權是一種共同權力，由社會各個成員讓渡給負責立法的個人或議會，它的權限就不能超出人們加入社會之前所享有的權力，也就是他們身處自然狀態時享有、後來轉讓給共同體的那些權力。由於沒有人能把自己所沒有的權力轉交給別人，也沒有人擁有那種支配自己或支配他人的絕對、專斷權力，因此誰都無權自我毀滅，或是奪走他人的性命或財產。我們之前已經證明過，一個人不能使自己受制於他人的絕對、專斷權力；既然在自然狀態中，不存在支配他人性命、自由、財產的絕對、專斷權力，一個人擁有的，就只是自然法給予他保護自己及其他人類的權力，這就是他交給、或能夠交給國家的一切權力，而國家再把它交給**立法權**，所以立法權的權限不能超出這種限度。立法權的最大權限範圍，還是**限於那個社會的公共善**。[2]這麼一種權力就只是為了提供保護，別無其他目的，因而國家從來都無權摧毀臣民或奴役臣民，不能故意使臣民陷於貧困。自然法所規定的義務在社會中並未消失，在許多情況下反而更加顯著，而且還藉由附加明確懲罰的人類法律，來迫使人們遵守。由此可見，自然法是所有人、所有**立法者**及其他人的永恆規範。立法者為其他人的行動所制定的**規則**，還有他們自己與其他人的種種行動，都必須符合自然法——也就是上帝的意志，而自然法就是上帝意志的宣示。由於**基礎的自然法是為了保護人類**，任何與之相違的人類制裁都是錯誤或無效的。

136. **其次**，**立法機構**或最高權力機構，不得藉由臨時的絕對法令來為自己取得統治權力，它必須由**公認**、**獲得授權的法官**，依據**已經頒布的穩固法律**來**執行審判**[3]、裁決臣民的權利。由於自然法不是成文法，除了人類的意識之外無跡可尋，如果沒有專職的法官審判，人們會由於激情或利害關係而誤引法條或誤用法律，不容易承認自己的錯誤。那麼對於依據自然法生活的人來說，自然法就形同虛設，無法用來裁決他們的權利、保衛他們的財產。在每個人都身兼自然法及自身案件的裁決者、解釋者、執行者時，這種情況尤為嚴重。有理的一方通常只能光憑他的一己之力，沒有足夠的力量自我防衛、

---

1 「制定法律以控制所有人類政治社會的合法權力，本當屬於自身同樣的整個社會，因此，無論是世上哪種君主或統治者，如果他只是憑著自己的意志來行使這種權力，而非基於他本人直接得自於上帝的明白託付，也不是基於人民（已經接受這些法律束縛的那些人）最初的同意所授予的權威，那他的作為與暴君相差無幾。因此，未經公眾贊同而制定的法律根本就不是法律。」（Hooker, ibid. 10.）「所以，關於這一點，我們要指出，既然這些人本來就並不具有充分而完整的權力來命令人們全部的政治群體，因此，要是完全未經我們的同意，我們就不會在任何人的統治之下生活。要是我們所屬的社會之前同意過接受統治，往後又沒有以同樣的全體協議取消那個同意，那我們的確是同意被統治。」

「因此，無論是哪一種人類的法律，都是被同意之後才算有效。」（Hooker, Ibid）

2 「有兩種基礎支撐著公眾社會，一種是人們要求社會生活及合夥的自然傾向，另一種是人們會明確或默默地約定好讓大家共同生活所構成的秩序。我們把後者稱之為國家的法律，它是一個政治實體的靈魂，這個政治實體的各個部門由法律賦予生命、使它們結合起來，然後根據共同善的要求採取行動。其實，即使國家法律的制定，是以人們彼此之間的外在秩序及政權統治為目的，依然從未照著它應有的樣子制定出來，除非我們假設人類的意志暗地裡是頑固的、叛逆的，完全不肯服從他天性的神聖律則。一言以蔽之，除非假設人類的劣根性沒比野獸好上多少，儘管如此，人類還是根據這種情況做出規定，以便規範他們的外在行動，使他們不致於對構成社會的共同善造成妨礙。除非法律能做到這種地步，不然它們就並不完美。」（Hooker, Eccl. Pol. i. 10.）

3 「人類法是指導人們行動的尺度，然而這些尺度還有更高級的規則加以規範，這類高級規則有二：上帝的律法及自然法，所以人類的法律必須依照一般的自然法來制定，同時不能和聖經的任何實定法相抵觸，不然就是訂得不夠好。」（Hooker, Eccl. Pol. iii. 9.）

「強制人們做任何不便的事似乎並不合理。」（Ibid. i. 10.）

使自己免於受到損害，也無法懲罰違法者。為了避免在自然狀態中會對人類財產造成妨害的種種困擾，人們就結合起來組成社會，以便用整個社會的力量來維護、保障他們的財產，制定出**長期有效**的**規則**來加以規範，那麼人人都能藉此知道什麼東西屬於自己。為了達到這個目的，人們才把他們所有的自然權力交給自己所加入的社會，該共同體才把立法權交給他們認為適當的人選，得到託付的人選才能根據已經**頒佈的法律**進行統治，不然的話，大家的和平、安寧、財產仍然會跟置身於自然狀態時一樣不穩定。

137. 無論是使用絕對專斷的權力，還是不依**確定且長期有效的法律**來進行統治，這兩種情況都與社會、政府的目的有所衝突。要不是為了保有自己的生命、權利、財產，如果不是用有關權利、財產的**明確規則**來確保他們的和平與安寧，人們根本不會放棄自然狀態中的那種自由，不會自願接受社會法律的束縛。就算人們有權力能這麼做，我們也無從設想，有人竟會故意把能夠支配他們人身及財產的**絕對專斷權力**交到某人或某些人手上，就這樣授予行政官員力量，任由對方毫無限制地對自己為所欲為。這樣是把自己推向比自然狀態還要糟糕的處境，畢竟他們在自然狀態中起碼還擁有自由，能捍衛自己的權利、抵抗他人的侵犯，無論侵犯者是一個人還是由許多人組成的團體，他們還是能以平等的力量維護自己的權利。反過來說，要是假設他們使自己受制於一個立法者的意志及其**絕對專斷的權力**，他們相當於解除自己的武裝，反而讓立法者武裝起來任他宰割。如果有個人握有統領十萬人的專斷權力，面對這個人的時候其實比面對十萬個握有專斷權力的個人還要兇險，畢竟誰也無法保證那個人的意志會比別人更好，儘管那個人的力量比別人還強了十萬倍。因此，無論國家採取什麼政體，統治者都應該採用已經**頒布**且**大眾接受的法律**來進行統治，而非採用臨時的法令和尚未定案的決議。因為，如果一個人或一些人得到群體的共同權力作為力量，然後這些人又突發奇想，或是毫無顧忌地運用這種力量，任意強迫大家服從一些苛刻無度的法令，到了那個時候，又沒有任何既定的措施可以指導他們未知的意志、證成他們的作為，那麼人類的處境將會比身處自然狀態還要惡劣的多。因為政府所擁有的一切權力只能為社會謀福利，不該**專斷**、任意地運用，應該根據**既定且頒布的法律**來行使，那麼人民就能明白他們的責任，在法律範圍內得到安全及保障，同時也能使統治者的作為限制在應有的限度之內，使他們不至於被自己握有的權力誘惑，利用他們原本並不熟悉或不願擁有的手段來達到上述目的。

138. **第三**，若未經本人同意，**最高權力也不得奪走**任何人的任何**財產**。既然政府的目的是保護財產，而且這也是人們加入社會的目的，那就必須假設、要求人民應該享有**財產權**，不然的話就只能假設：人們是因為加入社會而反而達不到原本所要追求的目的，但這種情況過於荒謬，對任何人都說不通。因此，**人們在社會中擁有財產權**，根據共同體的法律，他們有權擁有一切屬於自己的財物，如果沒有得到擁有者本人的同意，任何人都無權奪走那些財物或其中任何一部分，否則人民根本就毫無**財產權**可言。畢竟，要是別人未經我的同意就有權任意取走我的財物，那我其實等於沒有財物的**財產權**。因此，如果有人以為任何國家的**最高權力**或**立法機構**能夠為所欲為，可以**蠻橫地**處置臣民的資產，或是任意剝奪他們的財物，這其實是一種誤解。如果政府中的**立法機構**全部或部分是由可以改選的議會組成，議會成員在議會解散之後，就會跟其他人一樣接受這個國家的共同法律所支配，那就不用擔心會發生上述情況。但是，在某些政府當中，**立法機構**總是屬於同一個長期存在的議會，或是像君主專制的政體一樣由一個人掌控，那仍然會有危險。那些掌權者會認為自己的利益有別於共同體其他成員的利益，他們有可能從人民身上奪取他所想要的東西，藉以增加自己的財富及權力。如果那些統治者有權從任何臣民的私有**財產**中挑出他喜歡的東西帶走，並隨意處置及使用別人的東西，就算這個社會有良好而公正的法律來規定統治者及其臣民之間的財產權限，任何人的**財產**還是沒有任何保障可言。

139. 但是，如上所述，無論由誰來掌管**政府**，人們是為了享有、保障他們的**財產**，他們是以**這個目的**為條件委託政府進行統治，那麼縱使君主或議會擁有制定法律的權力，能夠管理臣民彼此之間的**財產權**，但如果未經擁有者的同意，政府絕對無權奪走臣民全部或任何部分的**財產**，畢竟這樣的結果，就相當於臣民其實根本沒有**財產權**。我們不妨這樣理解：即使有必要設置**絕對權力**，這種權力也**不因**它的絕對性而能**任意專斷**；我們在某些情況下為了達到某些目的而需要絕對權力，而絕對權力仍必須受到其目的相關的理性及條件所限制，這點我們只需要參考軍隊紀律常見的運用方式就夠明白了。因為，維持軍隊，從而維持整個國家，它要求的是**絕對服從**上級長官的每一個命令，就算是再危險、再不合理的命令，若是有人不服從或是有所質疑，也是該當處死。可是，我們看到，一個軍官能夠命令一名士兵向炮口邁進，或是明知他必死無疑的情況下命令他守住一個陣地的缺口，但是軍官不能命令士兵給他任何一毛錢；**將軍**能處死一個臨陣脫逃或是不願執行兇險任務的士兵，卻不能把掌控對方生死的**絕對權力**用來處置士兵的任何資產，或是奪取對方任何一丁點財物，即使將軍的確能就任何事情對士兵發號施令，稍有違抗即可處死對方。因為指揮官之所以握有這種權力的理由，是為了保護其他人，對於這個目的而言，盲目的服從是必要的，但是處置士兵的財物則與這個目的毫無關係。

140. 誠然，政府沒有大量財物的支持便無以為繼，為了分享政府的保護，每個人都應該付出他部分的資產來維持政府的運作，這很合理。不過這依然需要得到人民自己的同意，也就是多數臣民的同意，看是由他們自己、還是透過他們所推選的代表來表示同意。要是任何人憑著權勢，聲稱自己**有權課徵稅賦**而無須取得人民的同意，他就侵犯了有關**財產權的基本規定**，顛覆了政府的目的。要是別人有權任意取走我所擁有的東西，那我哪有什麼財產權可言？

141. **第四，立法機構不能把制定法律的權力轉讓**給任何人，因為那是一種由人民委託的權力，這種權力的擁有者不得把它轉交給別人。只有人民才能藉由組成立法機構、指定立法權的行使者來決定國家的制度。當人民已經表示我們願意服從規定，在這種制度下接受那些人所制定的**法律**所統治，沒有人能主張要由其他人為他們制定**法律**；除了人民所推選、授權的立法者為他們制定的**法律**之外，他們不受任何其他**法律**的約束。〔**立法機構**取得的權力是從人民那裡完全自願授予和設立的，完全授予所轉讓的權力只限於制定**法律**，別無其他轉給**立法者**，**立法機構**無權將他們制定法律的權力轉移並交到他人手中。〕[4]

142. 這些就是立法機構基於社會所授予的委託，以及基於上帝與自然法對所有政體、每一個國家的**立法權**所**設下**的**限制**。

一、它們應以**頒布的既定法律**來進行統治，這些法律不論貧富、不論朝廷權貴還是鄉野村夫，都應一視同仁，不得因特殊情況而有所改變。

4 編註：中括號內的文字是一六九四年第二版增加的。

二、這些**法律**只是為了**人民的福利**這個終極目的而設計，不應挪作他用。

三、**未經人民**自己或人民代表的**同意**，**不得對人民的財產課稅**。這點當然只涉及以下這種政府：該政府的**立法機構**是長期存在，或者，至少人民沒有為他們定期推選的代表們保留任何立法權。

四，**立法機構**不該、**也不得把制定法律的權力轉讓**給其他人，或是把它交到並非人民所安排的任何地方。

第十二章　論國家的立法權、行政權及外交權

143. **立法權**是指：掌權者有權能夠**指導國家如何運用它的力量**，來保護共同體及其成員。由於那些經常執行且效力總是一直延續的法律，基本上在短時間內就能制定好，因此**立法機構**並不是經常有工作要做，那就不必長期存在。而且，如果讓同一批人擁有制定法律的權力，同時又掌握執行法律的權力，對於人性的弱點而言就是太大的誘惑，容易使人意圖攫取權力，藉此使自己免於服從自己所制定的法律，並且在制定、執行法律時，就使法律符合他們自己的私人利益，因而使這些人開始有了不同於共同體其他成員的個別利益，違反了社會及政府的目的。因此，在組織完善的國家當中，全體的利益會得到它應有的考慮，**立法**權會交到好幾個人手上，這些人定期聚會，握有由他們自己、或是和他人聯合起來制定法律的權力。當法律制定完成，他們會再度解散，自己也接受他們所制定的法律支配。對他們來說，這是一種新的切身約束，好讓他們注意到，自己必須為了公共善來制定法律。

144. 不過，由於短時間內一次就制定好的法律擁有長期延續的效力，**一直**都需要**加以執行**、關注，因此就需要有一個**一直存在的權力**，來負責執行那些已經制定及持續有效的法律。因此**立法權**和**行政權**（executive power）往往被區別開來。

145. 每個國家都還有另一種**權力**，可以把它稱之為**自然的**權力，因為它與每個人加入社會之前所自然擁有的權力相當。儘管說一個國家中的成員們就他們彼此之間的關係來說，大家都是個別的個體，

全部該由社會的法律所統治，然而就他們與其他人類的關係來說，他們構成一個實體，這個實體如同它當中的每個成員以前的狀態一樣，依然和其他的人類處於自然狀態。因此，該社會任何成員與社會以外的其他人所發生的爭執，是由公眾來處理，只要對該社會其中一員造成了傷害，都會使那個社會整體都和賠償扯上關係。因此，在這樣的考慮之下，整個共同體相對於該共同體以外的所有國家或所有人類來說，就是一個處於自然狀態中的實體。

146. 因此，這就包括了宣戰與媾和、聯合與聯盟，以及對國外所有人士、團體處理一切事務的權力，如果有人同意的話，也許可以稱之為**外交權**（federative power）。只要大家能夠理解它的意思，我並不在乎它的稱呼。

147. 這兩種權力，**行政權**與**外交權**，前者包括了在社會**內部**對所有成員**執行**該社會的國內法，而後者是對外處理涉及**公共安全**、**公共利益**的一切事項，其中包含了該社會可能得到的利益，或可能遭到的損害；雖然它們本身有所區別，然而這兩種權力總是幾乎結合在一起。儘管說，**外交權**行使的是否妥當會對國家帶來重大影響，但是和**行政權**比起來，外交權比較不能得到先行運作且長期有效的實定法來指引，必須由掌握這種權力的人憑著他們深謀遠慮的智慧，為了公共善來行使權力。至於涉及臣民相互關係的**法律**，就是為了指導他們的行動，可以**提前**就制定好。然而面對**外國人**時該怎麼做，多半得取決於對方的行動，以及考慮對方企圖、興趣的變化，那這類的事務大部分就**交給**擁有外交權的人負責運用**智謀**，由他們善用一切技巧來為這個國家謀取利益。

148. 雖然，正如我所說的，每個共同體的**行政權**與**外交權**本身確實有所區別，不過它們很難分開，也很難同時把它們交給不同的人來掌控。由於這兩種權力的行使都需要社會的力量，那麼把國家的力量交到不同且互不隸屬的幾個人手上幾乎是行不通的。或者，**行政權**和**外交權**如果是**交給**分頭行動的一些人來行使，就會使公眾力量的運作形成多頭馬車，總有一天會導致混亂及毀滅。

第十三章　論國家權力的從屬

149.一個基於自身基礎所建立的國家，是根據自己的本性行事——也就是為了保護共同體而行動；雖然它只能有**一個最高權力**，也就是**立法權**，其他一切權力都是、也必須是處於從屬地位，然而立法權只是一種受到託付的權力，只是為了達成某些目的，當人們發現**立法機構**的行動與他們的委託相抵觸時，**人民**仍掌握**最高的權力來罷免或替換立法機構**。因為一切為了達到某種**目的**而**託付的權力**會受到該目的的限制，每當那個**目的**顯然遭到忽視或抵制，**委託**必然會被**取消**，使權力又再度回到授權的人民手中，他們可以重新把權力交給最能帶來安全及保障的人選。因此，**共同體**始終**保有一種最高權力**，確保它本身不受任何人（其中甚至能包括它的立法者）的攻擊與圖謀，每當那些意圖不軌的人，出於如此邪惡或愚蠢的念頭去圖謀臣民的權利及財產，並採取行動的時候，共同體就能自我防衛。因為任何人或任何人類的社會，都沒有權力把自我**保護**的任務與自我保護的手段交給他人，服從對方的絕對意志與專斷支配。無論何時，只要有任何人想驅使人民陷入奴役狀態，他們總是有權保有自己其實沒有權力放棄的東西，而且人們也有權驅逐奴役者，因為他們侵犯了根本、神聖且不可動搖的法則——**自我保護**，畢竟人們就是為了自我保護才加入社會。所以可以說，**共同體**在這方面**總是擁有最高權力**，但我們不能以為在任何政體下皆是如此，因為人民的這種權力，唯有到了政府解體時才能展現。

150.在一切情況下，只要政府存續，**立法權就是最高權力**。由於能夠制定法律約束他人的人必定凌駕於他人之上，況且立法權是社會中的唯一，它有權為社會的所有部門制定法律、為社會的每一個成員訂定規制行為的規則，在人們違法的時候進行規制，那麼**立法權**就必須是**最高權力**，社會中的任何部門、任何成員所擁有的一切權力，全都源於這種權力、並隸屬於這種權力。

151.有些國家內的**立法機構**並不是常設部門，而**行政權**又落在一個人手上，而且他也享有立法權，這麼樣的一個人，廣義地來說，可被稱為**最高權力者**。這並不是因為他集一切最高權力——制定法律的權力——於一身，而是因為，他掌控了**最高行政權**，而所有行政官員都要從他手上取得一切從屬權力，至少大部分的官員都必須如此。況且，並不存在凌駕於這種人之上的立法機構，沒有任何法律能未經他的同意就制定出來，我們也無法期待他會受制於其他立法機構，在這個意義上，說他是**最高權力者**的確十分恰當。但是，要注意的是，僅管人們對他**宣誓效忠**擁戴，但大家並不是把他當成最高的立法者，而是把他當成**最高執法者**而已，況且，他所執行的法律是由他和他人共有的權力所制定。至於人們對這個人的**效忠**，只是**依法行事**，當他本人也違反法律時，他就無權要人服從，也不能自稱是被法律賦予權力的公僕。他之所以能要人服從，單單只是因為他被視為國家的象徵、化身或代表，根據法律所宣告的社會意志採取行動，所以他沒有意志、也沒有權力，有的只是法律的意志及權力。但是一旦他不再代表國家、不再代表法律的意志，只是憑著一己之私採取行動時，他就是自我降格，成了一個沒有意志、沒有權力、有一切**服從**權利[1]的個人，因為除了**服從**社會的公共意志之外，社會的成員沒有義務去服從別的對象。

152.如果**行政權**不是歸屬於一個同時能夠參與立法的人，而是歸屬於其他地方，那顯然就是從屬於立法機構，並對立法機構負責，且立法機構能任意加以更換和調動。因此，並不是說**最高行政權**就能免於**從屬**地位，而是握有**最高行政權**的那個人必須同時享有立法權才能辦到。對這個人而言，由於並不存在另一個更高級的立法機構，除了他所參加、同意的立法機構之外，他不需要向誰服從或對誰負責，所以這個人並不隸屬於任何機構，只在他本人認為適當的情況下服從於他人，但這種情況肯定相當罕見，這不難推斷。至於一個國家的其他**內閣職權與從屬權力**就無須討論，這類權力隨著各個國家的不同習慣及組織差異而千差萬別，且種類繁多，我們無法全面進行詳述。我們可以只注意對本文的論述目的而言有其必要的相關權力，它們除了基於明文授予及委託任用的權威之外，就沒有別權威，而且都需要向國家當中的其他某些權力負責。

153. **立法機構**並不需要**長期存在**，而且長期存在的話也有所不便，不過行政機構絕對需要長期存在，因為我們並不總是需要制定新的法律，然而總是需要有人執行制定出來的法律。當**立法機構**把**執行**法律的權力交到他人手上之後，當他們發現有必要的時候，依然有權從對方手上收回權力，並對任何違法的不當行政措施做出懲罰。談到**外交權**的情況也是一樣，外交權和**行政權**同樣是**內閣職權**，**從屬於立法權**。至於立法權，如上所述，在一個有組織的國家當中是最高權力，在這種情況下，我們設想**立法機構**應當由一些人所組成，（因為要是立法機構只有一個人，它就不得不長期存在，於是它作為最高權力機構，就自然擁有最高行政權，同時還擁有立法權。）他們可以定期**集會行使他們的立法權力**，集會時間是根據他們原始的憲章規定，或是休會時預先指定，要是在這兩種情況下都沒有訂出任

1 編註：「有一切服從權利」這一句是一六九四年第二版所加。

何時間，或是沒有規定出什麼辦法召集他們開會，那他們願意什麼時候開會，那就什麼時候開會。既然他們的最高權力是由人民所授予的，他們就總是握有這種權力，可以在他們認為合適的時候行使，除非他們原始的憲章限定了要在一定期間開會，又或者是，他們已經根據最高權力的一項法案休會了一段時間，當休會期結束，他們就有權再度**集會**、行使職權。

154. 如果**立法機構**或它的任何部門，是由人民所推選的**代表**，在一定期間內所組成，他們期滿後就恢復一般臣民的狀態，除非再度當選，否則不得參與立法，所以說，這種推選代表的權力也必須由人民來行使，而行使的時機是在指定好的一段期間，或是他們被召集起來進行選舉的那個場合。在後面那種情況，召集立法機構的權力通常是屬於行政機構，時間上得受以下兩項規定的任一項限制：其一是原始的憲章要求他們定期**集會行使職權**，那麼行政權就只是在行政命令上發出指示，要求依照適當的形式進行集會與選舉；不然就是當情況特殊、公眾迫切要求修改舊法或制定新法，或是有必要消除或預防任何會對人民造成威脅的不利情況，這時行政機構再審慎地藉由舉辦新的選舉來召集立法機構，做出應對。

155. 也許有人會提問：既然行政權就掌握了國家的力量，如果它利用這種力量對立法機構造成阻礙，讓**立法機構**無法根據憲章或公眾的迫切要求**進行集會**、**行使職權**，這時又該怎麼辦？我可以說，未經授權就對人民濫用權力、違背人民的委托，這是與民為敵，人民就有權**恢復立法機構**，藉此**執行**他們的權力。因為人民設立立法機構的目的，就在於使它在一定期間或有需要的時候，能夠執行制定法律的權力，如果立法機構受到任何力量的阻礙，以致於它不能行使這種社會所必要的職權，況且它還關係到人民的安全及保障，那麼人民就有權動用武力清除阻礙。考慮到一切狀態、一切條件，唯有用**武力**去對抗武力，才能真正糾正非法濫權的**力量**。那些非法濫權者總是藉由**力量**作為侵略者，把人民捲入**戰爭狀態**，因此就必須把他們當成侵略者來對待。

156. 雖然**召集或解散立法機構的權力**屬於行政機構，但這不會使行政機構高於立法機構，那只是由於人類事務無常無定的變化，無法適用一成不變的規則，在這種情況下，人民為了安全而對行政機構所作的一種委託。因為政府最早的創建者不可能有先見之明，他們無法充分預料到未來的種種事件，從而替未來的**立法機構**預先安排好適當的**召集**時程與開會期間，不然那還得安排到能恰當地應付國家的一切急需。彌補這個缺失的最佳解決方式，就是把這件事委託給一個長期在任且負責關照公共善的人選，由他來審慎地處理。如果**立法機構**持續**頻繁地聚會**，或是在沒有必要的情況下長期召開會議，無可避免的會對人民帶來負擔，時候到了，必定會引發更危險的麻煩，但是人事的急遽變化有時又需要立法機構及時的幫助，延後**集會**將使公眾陷於險境。有時立法機構的任務很重，有限的會期對他們的工作來說可能太短，結果反而失去了取得公共善的良機，因為唯有靠著他們的深思熟慮才能辦到。由於**立法機構的集會**、**職權的行使**有著固定的間隔與會期，為了使立法機構能因應共同體隨時可能在各種情況下所面臨的緊急危機，就這個任務而言，除了把這件事委託給某些在職且熟悉公眾事務相關狀態的人，由他們審慎地決定，並且為了公眾福利而運用這種特權，我們還有什麼更好的辦法？既然人民本來就是為了同樣的目的委託他們，如果不把決定的權力交到他們手上，難道還有別的更好的人選？因此，假設原始的憲章對於**立法機構的召集時間與會議會期**沒有加以規定，這件事自然就由行政機構的人來決定。但這並不是一種任人隨心所欲的專斷權力，受到委託的人選必須根據時局發展與事態變化的要求，總是為了公眾的福利來行使這種權力。至於**立法機構**究竟該有**固定的召集期限**，或是授權給君王讓他**隨時召集**，還是混用兩種制度，到底哪一種方法伴隨的缺失最少？並不是我在此要探討的問題，我只是要指出：儘管行政權擁有**召集**與**解散立法機構**進行會議的特權，這並不意味著行政權高於立法權。

157. 世間萬物總是不斷變化，沒有任何事物能長期維持同一種狀態。因此人民、財富、貿易、權力等情況都會有所變化。繁華的大城市會逐漸衰落，遲早會變成遭到忽視的窮鄉僻壤，而其他人跡罕至的地方，也可能發展成充滿財富人口的富庶地區。但是世事不可能平等地變化，某些慣例與特權出現的理由雖然已經消逝，但是私人的利害關係往往把它們保留下來。政府中往往會發生以下情況：立法機構的部分成員是由人民所推選的**代表**組成，然而隨著時間的流逝，人民**代表**的數量分配變得很**不均衡**，和當初設立代表的理由並不相稱。當我們看到某些地方僅有城鎮之名，留下的卻不過是一片廢墟，而且人煙相當稀疏，頂多只能找到一個定居的牧羊人和一個羊圈。但這種地方卻還是跟人口眾多、繁榮富庶的郡縣一樣，能派出**那麼多代表**去參加盛大的立法議會，然後我們就能明白，把已經失去創設理由的慣例沿襲下來，結果會是多麼荒謬。這種狀況令外人訝異不已，人人都不得不承認這需要糾正，然而多數人認為難以找到一個有效的辦法，因為立法機構的憲章是社會最初最高的法令，先於該社會的一切實定法律，它完全取決於人民，任何下級權力都不能予以變更。因此，當**立法機構**一旦組成，只要政府持續存在，正如上述的說明，**人民**在這種政府中**沒有相關權力**可以行使，那麼這類的缺失就會被認為無法糾正。

158. **人民的福祉是最高的法律**（*Salus populi suprema lex*），這的確是如此公正、如此根本的準則，只要真誠地遵循，誰都不會犯下危險的錯誤。因而，如果有權力召集立法機構的行政機構，是根據**代**

表制度真正該有的比例，不只是遵照它的形式，也並非沿襲舊的慣例，而是基於真實的理由，來規定出有權在各地區成為人民代表的**代表數量**，且各地代表的人數，是按照各地區對公眾的貢獻來決定比例，而不是人民任意移動結合起來，就能自稱要推出一個代表，這樣的話，就不算是另外建立了一個新的立法機構，而只不過是恢復了原有的、真正的立法機構，藉此矯正了隨著時間發展就會不知不覺地發生、無可避免混亂。因為人民的利益和意圖，是要擁有公正而**平等的代表**，誰能更趨近這樣的目的，誰就是政府真正的戰友與建立者，並不會錯失共同體的同意與贊許。所謂的**特權**，不外乎是把某種權力交給君主，讓他在某些情況下謀求公共善，要是發生了事態不明、無可預期的意外，固定而不可變更的法律其實無法提供安全的指引。只要掌權者的任何行為顯然是為了人民的福利，而且在真正的基礎之上建立起政府，他的作為都是、也永遠是正當的**特權**。用來建立新的地方選區，以及用來分配**新的**人民**代表**的權力，本身就蘊含著一種假設：分配各地**代表的尺度**遲早會發生變化，以前沒有推派代表的地方也有推派代表的正當權利；基於同樣的理由，以前擁有權利的地方可以被終止，而且對於這種特權而言，它們變得無足輕重。真正漸漸侵蝕政府的，也許並不是墮落與衰敗所引發的現狀改變，而是政府傷害或壓迫人民的傾向，以及刻意扶植出某些人或某個黨派，讓他們得到相較其他臣民更為突出的不平等待遇。執政者的任何作為，只要公認是以公正而持久的方式對社會及人民普遍地帶來好處，一旦實踐下去，總是能證明自己的正當性。無論人民得到誰的允許還是誰的提議，只要他們採用公正無疑的**平等尺度**推選出**代表**，且符合政府原有的架構，那無疑地就展現出社會應有的意志及行動。

第十四章　論特權

159.在立法權與行政權分別由不同人選執掌的情況之下（一切有節制的君主國家和組織完善的政府皆是如此），出於為社會謀福利的要求，有幾件事應該交給握有行政權的人來處理。由於立法者無法預見對共同體有利的全部情況，無法對此制定有用的法律，那麼，擁有行政權的法律執行者，在許多國內法律沒有作出規定的情況下，有權根據共通的自然法來運用權力，為社會謀福利，直到立法機構便於集會並作出決定為止。不僅如此，其實有許多事並非法律所能規定，必須交給握有行政權的人自由裁處，由他根據公共善及公共利益的要求來下達命令。再者，法律在某些情況下更適合讓位給行政權，不如說，是讓位給這個自然與政府的根本法則，即盡可能保護社會的**所有**成員。由於我們可能遇到種種意外，只是嚴格而死板地遵循法律反而有害（例如一旁失火時，不敢把某個無辜人家的房子拆掉以阻止火勢蔓延），而且有人可能做了一樁值得嘉獎與寬恕的行為，然而光憑法律無法分辨，還是可能因他觸犯法律而予以懲罰。因此，在許多情況下，統治者得有權減輕法律的嚴苛、饒恕某些違法者，畢竟**政府的目的**是盡量**保有所有人民**，只要證明某些行為不會為害無辜，即使是有罪的人還是能得到赦免。

160.這種未經法律規定、有時還與法律相抵觸的權力，就**是**所謂的**特權**，它是以公共善為目的，根據執掌者的自由裁決來行使。因為在某些政府中，有權制定法律的機構並非經常存在，而且對於行政所要求的速度來說，它的成員人數往往太多，行動過於緩慢；此外，也由於立法機構不可能預見公眾相關的一切意外與緊急狀況，不可能制定面面俱到法律，加上如果在任何情況下都對所有相關的人士毫無彈性的嚴格執行法律，法律也不可能不會造成傷害。所以，對於法律所沒有規定到的許多情況，就要留出一定的空間讓行政權來靈活處理。

161.這種權力，只要它的運用是為了共同體的福祉、符合政府所受的委託及目的，它**無疑的就是特權**，但從來不會遭到質疑。理由在於：如果特權大體上是用來達成它應有的作用——即人民的福祉，且並未明顯地與該目的相抵觸，那人民很少、甚至從來不會對這件事斤斤計較，或有所挑剔，亦或是對**特權**提出質疑。但是，如果行政機構和人民之間對於所謂的**特權**有所**爭議**，那麼只要看看這類**特權**行使的傾向是對人民有利還是有害，就能輕易解決這個問題。

162.我們不難設想，在政府建立的初期，國家的人口數量和家族的人數沒多少差別，法律的數量也和家族沒多大不同；既然統治者就像父親那樣，是為了大家的利益而一起看照人民，因此當時政府的統治幾乎全靠**特權**來維持。此時只要有一些既定的法律就夠了，其他就靠統治者的裁斷與關照。但是當軟弱的君主無法克服過錯或諂媚，只是為了自己私人的目的運用權力，而不是為了公共善，人民就不得不針對可能會對自己不利的情況來**限制特權**，藉由實定法律來宣告特權在某些情況下應受的限制。人們的祖先曾經為君主的特權留了最大的餘地，讓君主憑著自己的智慧專門為了一個目的正當利用他的特權——就是為人民謀福利。

163.因此，如果有人說，人民用實定法對特權的任何使用加以限定，人民就是在**侵犯特權**，那他們對於政府理解可說是大錯特錯。因為人民這麼做並沒有剝奪任何原本就屬於君主的權利，這只是宣告：他們曾不加限制地交給君主或其祖先的權力，本來就是要他為人民的福利而行使，若是君主把特權用在別的地方，就不符合他們授權的本意。由於政府存在的目的，是為了共同體的利益，只要是為了達成這個目的，任何變革都不能算是對任何人的**侵犯**。既然政府中的任何人都沒有權利背離這個目的，那麼只有對公共善形成妨礙、造成傷害的情況才算是**侵犯**。持相反意見的人似乎認為，君主的利益和共同體的利益是截然二分的，君主的設立並不是為了共同體。而這種思想幾乎就是君王政府之所以會出現一切弊端、混亂的根源。如果真的是這樣，那麼接受這種政府支配的人民，的確就不是為了相互的利益而加入共同體，並不是一個由理性動物所構成的社會，他們之所以設立支配自己的統治者，並不是為了保衛、促進自身的利益，而是為了在主人的支配之下被當成低等生物，任由主人為了自己的快樂或好處畜養他們、利用他們。要是人類真的那麼缺乏理性、粗魯駑鈍，竟然基於這樣的條件加入社會，那麼**特權**的確會像某些人所主張的那樣，變成為害人民的專斷權力。

164.但是，既然我們不能設想一個理性動物在自由的時候，竟會為了自我傷害而使自己受制於他人（雖然，要是他找到了一個善良而賢明的統治者，也許就不會認為，非得要考慮所有情況，然後對統治者的權力設置明確的限制，也不會覺得這有什麼用處），**特權**就只能是人民對統治者的一種允許，讓統治者在法律沒有規定的情況下，按照他自身的自由選擇來處理一些事件，有時甚至是在與法律明文直接抵觸的情況下，為了公共善做出決定，而且決定之後能得到人民的默許。由於一個優秀的君主會牢記人民的託付、關照人民的福利，就算他握有多少**特權**（造福人民的權力）一點都不為過。反之，一個軟弱昏庸的君主會宣稱自己擁有他的前人曾運用過的某種特權。雖然未經法律允許，但是他會憑著自己的地位，宣稱自己該當掌握特權，然後就會任意行使，用以謀取、促進某種利益，但那種利益又有別於公眾的利益。這就逼得人民站出來重申自己的權利，限制君主的權力，要是那種特權是為了他們的福利而行使，人民原本是願意默許君主行使特權。

165. 因此，任何人只要讀過英**格蘭的歷史**就會發現，最賢明且最優秀的君主總是握有**最多特權**，因為人民注意到，他們行動的整體傾向是為了公共善，就算因任何人性的弱點或過錯（畢竟君主生來就跟其他人一樣，也只不過是平凡人）使他們的行為與這個目的稍有落差，然而他們行為的主要趨向，顯然還是關心公眾事務。所以，人民有理由對這些君主感到滿意，在他們的行動未經法律允許或是與法律的明文相抵觸時，還默許他們這麼做，而且毫無怨言地讓他們任意擴大自己的**特權**。人們正確地斷定，君主行使特權時並不會有危害法律的行為，因為他們的行動完全符合一切法律的基礎與目的——公共善。

166. 誠然，證明君主專制是最佳政體的論證，是會支持這些神一般的君主有資格享有專斷的權力，正如上帝本身也是用專斷大權統治著整個宇宙，畢竟那些君王分享了上帝的智慧與美德。基於這一點就形成了以下的說法：『對人民的權利而言，賢君的統治總是構成最大的危險。』因為，如果他們的後繼者以不同的想法管理政府，他們會援引賢君的行動作為先例，當成自己**特權**的標準，彷彿以往只是用來為了人民福利行使的權力，到了他們手上就使他們有權任意做出傷害人民的行為。在人民能夠收回原有的權利，並宣佈那種權力從來都不是真正的**特權**之前，傷害人民的作法往往會引起紛爭，有時還會造成社會混亂。因為社會中的任何人向來都不可能有權傷害人民，儘管的確很可能出現一種合理的情況：只要君王或統治者本人的作為並未逾越公共善的界限，人民就不會對他們所掌握的**特權**做出任何限制，畢竟，**特權不過是一種在沒有規定的情況下謀求公共善的權力**。

167.在英格蘭，**召開議會**的權力——包括切確的召開時間、地點、期限——確實是國王的**特權**；但是國王仍背負著以下委託：他應該根據該時代緊急事件與情勢變化的要求，為了國家的福利行使來這種權力。因為誰都不可能預知何時何地召集議會最為適當，那就讓行政權負責作出選擇，這樣最能促進公共善，也最符合議會的目的。

168.有個與**特權**相關的老問題總是會出現：『**誰來判定**這種權力在什麼時候算是正當行使？』我的答覆是：如果在擁有特權的現行行政機構，以及依靠行政機構的意志所召集的立法機構之間，**人世間不會有裁決者**。同樣的，當行政機構或立法機構掌握權力之後，要是他們企圖開始奴役人民或摧殘人民，人民和立法機構之間也不會有裁決者。如同人世間缺乏裁決者的任何情況一樣，人民對此無能為力，只能**求諸於上天**。因為統治者在這類的嘗試中所行使的，其實是人民從未交到他們手上的權力，他們沒有權利那樣行動，畢竟我們無法設想人民會同意讓任何打算傷害自己的人成為統治者。如果人民這個整體或任何一個單獨的人的權利遭到剝奪，或是被理當無權行使的權力所支配，每當他們要評斷重大案件，在人間又沒有可以申訴的對象，那麼他們就有權利向上天申訴。因此，在這種情況下，儘管**人民不能**成為**裁決者**，無法根據該社會的憲章得到任何更高級的權力來作出決定、給出有效的判決。然而，在人間無可申訴的處境下，他們基於一種先於一切人類實定法律的最高律則，仍為自己保有屬於全人類的終極決定權——決定自己是否有正當理由訴諸上天。人們不該放棄這個決定權，因為人類沒有權力屈服於他人，讓對方有資格將他摧毀。上帝與自然也不允許任何人自暴自棄，忽視自我保護。既然他不能剝奪自己的性命，那他也不能授予他人取走其性命的權力。誰都別以為這樣是在埋下混亂的禍根，因為除非說，暴政的弊害大到多數人都有所察覺，且忍無可忍，因而人們認為必須加以修正的地步，不然人們在此之前是不會行使這個權利。這是行政機構或賢明的君主永遠都該提防的危險，在一切事件當中，這是他們最該避免的情況，也是一切事件中最為凶險的情況。

第十五章　綜論父權、政治權力、專制權力

169. 雖然我之前曾分別討論過這幾種權力，但是我認為，近年來關於政府理論的重大錯誤，就是由於這幾種彼此不同的權力有所混淆而引起的，所以在此合併起來討論也許並不為過。

170. **第一**，**父權**或**親權**只不過是父母管理自己子女的權力，那是為了子女的福祉而管理他們，直到他們有能力運用理性，或是達到能運用知識的狀態；我們假設，子女在這種狀態下能夠理解一些規則，並用來自我管理，無論那些規則是自然法還是他們國家的國內法。我所說的『有能力』，是指要能夠和其他許多人一樣，以自由人的身份在法律的統治下生活。上帝在父母的心中植入了對子女的關愛與溫柔，可見祂的原意並不是要父母構成嚴苛專斷的統治，而只是為了讓他們幫助、教養、保護自己的後代。但無論如何，我已經證明過，我們沒有理由認為，這種權力在任何時候都可以大到決定子女的生死，如同這種權力也無法決定他人的生死；即便子女因得到了雙親的生育、教養，而負有對父親及母親敬愛、尊重、感激、協助與扶持的終身義務，但是我們也沒有理由認為，當子女長大成人、能夠充分運用理性後，這種**親權**為什麼還能要求子女繼續服從雙親的意志[1]，畢竟這已經超出了子女應盡的義務。因此，**父權**確實是一種自然的**統治**，但它決不能擴張到政治的目的與管轄權力。**父親的權**

1　編註：這句話在一七一三年第四版略有修改，主要是增加了「這種親權為什麼……」幾個字。

力完全**不能觸及**子女的**財產**，子女的財產只有他們自己才能處理。

171. **第二，政治權力**是每個人把自己在自然狀態中擁有的權力交給社會，社會再把權力交給他們設立出來統治眾人的統治者，然後人民對統治者交付明示或默示的委託，規定權力只能用來謀求他們的福利、保障他們的財產。現在討論的這種**權力**，是每個人**在自然狀態中**所擁有的，是一個人以社會所能提供的一切保障為目的而讓渡給社會，這就是他使用自己認為適當、同時也是自然所允許的手段來保有自己的財產，並藉以對他人違反自然法的行為做出懲罰，以便（根據他的理性所做的最佳判斷）充分保護自己與其他人類。因此，當自然狀態中的每個人都掌握著這種權力的時候，**這種權力的目的與尺度**在於保護社會的所有成員，也就是普遍地保護全人類，那麼，當這種權力由行政官員掌握的時候，除了用來保護社會成員的生命、權利、財產之外，就不能有別的**目的與尺度**。所以，這種權力不能是用來支配人類生命與財產的絕對專斷權力，因為人類的生命與財產應當盡可能受到保護。不過，它只是一種**制定法律的權力**，在法律之上附加一點相應的**懲罰**，以便能革除某些亂象來保護整體，至於它所要革除的，只是那些腐敗到足以對整體的健康、健全造成威脅的部分，否則任何嚴峻的法律都並不合法。再者，這種**權力只能源自於契約**和協議，並得到構成共同體的所有成員彼此間相互的同意。

172. **第三，專制權力**是一個人支配另一個人的絕對專斷權力，他可以隨意奪取對方的性命。這並不是一種自然授予的權力，畢竟自然不會在一個人和另一個人之間做出這種區別。專制權力也不是契約能轉讓的權力，因為人類並沒有任意終結自己性命的權力，也不能給他人這種支配自己生命的權力。專制權力只是侵略者捲入戰爭狀態後**喪失自己生命權的結果**。由於侵略者放棄了上帝賜給人類的、人與人之間相處的理性準則，以及人類賴以結為夥伴和社會的共同約束[2]，也放棄了理性所教導的和平之道，這種人利用戰爭[3]的武力，企圖在自己無權支配的他人身上實現不公不義的目的，〔因此，他反叛自己的同類而成為野獸，運用野獸的武力，成為他的恰當準則，也使自己進入了遲早會遭到受傷害者、以及加入他一起執行正義的其他人類所摧毀的狀態，就像任何其他野獸或毒蟲一般，人類與牠們既無法相處，也並不安全。〕[4]因此，只有在正義、合法的戰爭中捕獲的**俘虜才受制於專制權力**，況且這種權力並不是源自於契約，也不能用來訂定契約，它只是戰爭狀態的延續。因為，不能主宰自己性命的人哪能訂什麼契約？他哪能履行什麼條件？一旦允許他主宰自己的性命，他主人手上的**專制專斷權力**就會立刻消失。凡是能夠自我主宰、主宰自己性命的人，他也就有權利設法自我保護。因此，**只要一訂立契約，奴役就會終止**。一個人只要和自己的奴隸進入議訂契約條件的狀態，就是放棄自己的絕對權力，同時終止戰爭狀態。

173. **自然給了雙親**第一種權力，**父權**，這讓雙親在子女未成年時為他們謀福利，以便為子女提供協助，因為他們在如何管理財產的事務上缺乏相關能力與悟性。〔我所說的**財產**，無論在這裡還是在別的地方，都是指人類就人身與財貨兩方面所擁有的財產。〕人們的**自願協議給予了統治者**第二種權力，即

2 編註：「以及人類賴以結為夥伴和社會的共同約束」這句話是一七一三年第四版增加的。

3 編註：「戰爭」一詞是一七一三年第四版增加的。

4 編註：中括號內的文字是一七一三年第四版修改的，原先為：「也使自己進入了遲早會遭到能力充足的對手摧毀的狀態，他們就跟任何毒蟲、野獸一樣，遲早會被人類消滅。」另外，一七六四年版在此處加註：「洛克另一個修改版本寫的是：對他們的生存具摧滅性的毒蟲。」

政治權力，這讓統治者為他們的臣民謀福利，確保大家能持有、享用自己的財產。至於**人權的喪失給予了主人**第三種權力，**專制權力**，讓主人支配那些被剝奪一切財產的人好為自己帶來好處。

174. 只要有人思考過這幾種權力個別的起源、權限與其目的的差異，他就會清楚的看到：**父權**的權限遠不如**執政者**的權力，而**專制權力**又遠大於執政者；至於**絕對支配權**，無論由誰來掌管，都和公民社會中的任何一種權力大相逕庭。絕對支配權和公民社會之間是格格不入的，正如奴役狀態與擁有財產，乃是背道而馳的兩種處境。**父權**只存在於兒童無法管理財產的未成年時期；**政治權力**存在於人們擁有自己能處置財產的處境；**專制權力**是用來支配那些完全沒有財產的人。

第十六章　論征服

175. 雖然除了上述起源以外，政府別無起源，**政治社會**也沒有別的基礎，只能**建立在人民的同意**之上，然而，野心使世界充滿了紛亂，以致於在構成人類歷史的多數戰亂喧囂聲中，**人民的同意**很少得到關注。因此，很多人誤把武力當成人民的同意，認為**征服**也是政府的起源之一。但是**征服**和建立任何政府是兩回事，正如拆房並不等於在原地蓋房。誠然，要創建新的國家結構，往往得摧毀舊的結構，但是，如果未經人民的同意，新的結構絕對無法建立起來。

176. **侵略者**是把自己和他人捲入戰爭狀態，**無理地侵犯**對方的權利，因此透過不義之戰決不能**取得支配被征服者的權利**，這點所有人都很容易同意，因為人們不會認為強盜和海賊有權支配他們通過武力所強行征服的對象，也不認為自己必須受制於遭到非法武力的勒索時所作出的承諾。如果一個強盜侵入我家，用匕首指著我的喉嚨，逼我立約將資產轉讓給他，難道這樣就能使他取得任何權利？這就只是一個**不義的征服者**，用刀劍逼我屈服時所取得的權利。無論傷害與罪行是出自於王侯，還是市井小人之手，其實都沒什麼兩樣。罪犯的頭銜與其黨羽的數量的增加，也只會加重罪行，不會改變犯罪的事實。唯一的差別在於，強大的盜賊會嚴懲小盜迫使他們服從。而且由於大盜過於強大，世上軟弱的司法力量無力制裁，結果是竊鉤者誅，竊國者侯，反而是大盜掌握了懲罰罪犯的權力。面對這種侵入我家的強盜，我有什麼補救措施？那就是**訴諸**法律主持公道。但是，也許我得不到公正的裁決，或者我因殘廢而不能行動，遭到搶劫而沒有訴諸法律的財力。要是上帝剝奪了我一切尋求補救的手段，那我也就只好忍耐。但是，當我的兒子有能力的時候，他可以尋求我沒有取得的法律救濟，他和他的兒子可以重新**申訴**，直到他取回自己應有的權利。但若被征服者或其子女在人世間沒有法庭、沒有裁決者可以申訴。那麼他們只能跟耶弗他一樣，**訴諸上天**，並且不斷**申訴**，直到恢復他們的祖先原有的權利，而他們所要求的權利，就是要由一個多數人支持且自由默許的立法機構來支配他們。要是有人認為這樣會引發無窮的糾紛而加以反對，我的答覆是，如果司法機構受理所有申訴的話，其實向上天申訴而引起的糾紛不會比司法機構還多。要是有人無緣無故地騷擾鄰居，就會因鄰人向法庭進行司法申訴而受到處罰。至於**向上天申訴**的人，必須確信自己有充分的權利，而且這件申訴的正當性也值得他付出相關辛勞與代價，因為申訴者要面對的是一個他無法欺瞞的法庭；要是任何人對同樣受上帝支配的臣民（也就是任何人類）造成了禍害，這個法庭肯定會根據罪犯的所作所為給出報應。由此可見，**不義戰爭中的征服者沒有資格得到被征服者的屈服與服從**。

177.但是假若正義的一方取得了勝利，就讓我們考察一下**合法戰爭的征服者**，看看他們得到什麼權力、對誰享有那些權力。

第一，顯然，**征服者不會透過征服而得到權力去支配一起征服作戰的夥伴**。這些和征服者一起作戰的人，不會因征服而蒙受損失，而且，至少得跟之前一樣是自由之身。最常見的情況是，這些人根據一定的條件為領袖效力，基於這些條件而能分享領袖的部分戰利品，以及分到其他因征服之刃而取得的好處，不然的話，最起碼要能分到他們所征服的部分土地。**我希望征服者的人民不會因征服而遭到奴役**，他們所獲得的榮譽，不要只是用來表示自己是為了成就領袖功業而犧牲。那些憑著刀劍建立君主專制的人，他們使英雄（也就是這種君主國家的奠基者）成了聲名狼藉的德洛坎塞[1]，卻忘了他們還有將官士卒在戰爭中為他們取得勝利，或是協助他們鎮壓、瓜分他們所佔據的國土。有一些人說，英國的君主制度是奠基於諾曼征服[2]，因而英國的君主們有資格得到絕對支配權，就算他們的說法為真（然而歷史顯然不是這麼一回事），就算征服者威廉有權對英格蘭這個島國發動戰爭，其實他憑著征服所取得的支配權，也只能支配當時在這個地區居住的撒克遜人和不列顛人。無論征服能讓威廉取得什麼樣的支配權，同威廉一道前來、協助他進行征服的諾曼人，及諾曼人的所有後裔，全都是自由人，並非因征服而成為威廉的臣民。如果我或任何人想要從諾曼人身上推導出宣稱自由的權利，那將很難取得反證。很顯然，既然法律沒有對這些民族加以區別，那它本來就無意對這些民族的自由與特權做出任何區別。

178. 但是，縱使很少發生這種情況，我們還是可以假設征服者和被征服者沒有合併成一個民族，他們並非接受相同的法律統治，沒有享有同樣的自由，那就讓我們接著看看，**合法征服者對被征服者享有什麼樣的權力**，而我得說，那就是純粹的絕對權力。征服者享有絕對的權力來支配那些因不義之戰

1 編註：德洛坎塞（Draw-can-sirs）是第二代白金漢公爵喬治·維利爾斯（George Villiers, 2nd Duke of Buckingham, 1628-1687）的諷刺劇作《排練》（*The Rehearsal*）中的虛構人物。此劇以戲中戲的方式來諷刺英雄劇，德洛坎塞在劇中殺死了每一位戰士，無論敵人或是朋友皆不放過。

2 編註：諾曼征服（Norman Conquest）指一〇六六年法國諾曼第公爵威廉一世（Williame I，1028-1087），率領一支由諾曼人、布列塔尼人、佛蘭芒人組成的法蘭西聯軍，入侵並征服英格蘭，後來他被稱作「征服者威廉」。諾曼征服前，英格蘭是由國王和賢人會議共同統治的貴族民主制；諾曼征服後，引入並建立了封建君臣制度。

失去生存權的人，但對於那些並未參與戰爭的人民，他的權力不能用來支配這些人的生命與財產，甚至也不能用來支配戰爭參與者的財產。

179. **第二**，我接著可以說，**征服者**取得的權力只能支配實際上曾幫助過、贊成過、同意過用不義之力對抗他的敵人。由於人民並沒有授權讓統治者進行不義之舉，例如發動不義之戰（因為他們自己從未享有這種權力），那麼除非敵國人民實際上煽動了這場戰爭，不然就不該指控他們得為不義之戰中的暴力與不義之舉承擔罪過，這就好比說，如果敵國統治者對自己的人民或任何同樣受他支配的臣民施加了暴力與迫害，他所犯下的罪過就不該算在人民的頭上，畢竟人民並沒有授權要統治者去做出種種暴行。誠然，征服者很少把這些情況區分開來，反而樂意讓戰爭的混亂把一切都混為一談。然而正義不會因此改變，因為征服者之所以有權支配被征服者的性命，只是因為被征服者使用武力來進行或支持不義之舉，所以征服者只能有權支配原先贊同使用武力的敵人，至於其他人都是無辜的。至於敵國當中沒有對他造成傷害的人，也就是沒有因此失去生存權的人，征服者沒有資格支配他們，同樣的，征服者也無權支配和他和平共處、沒有任何傷害或挑釁行為的人。

180. **第三，征服者在正義之戰中所取得的權力**，對於他所戰勝的敵人而言就是**完全的專制權力**。敵人因為自己捲入戰爭狀態而喪失了生存權，征服者就有支配其性命的絕對權力，但征服者並不因此有權或有資格支配對方的財產。我相信這乍聽之下似乎是個很奇怪的學說，和這個世界上的實際運作完全相反。只要論及如何支配他國領土，我們最熟悉的說法就是征服他國，似乎光是靠著征服，就能毫不費力地轉移佔有領土的權利。但是只要我們考慮一下，即便那些強而有力的國家對這類事情的實際作法再怎麼普遍，都很難成為正當的準則，然而被征服者之所以屈服而沒有據理力爭的原因，有一部分是因為他們是被征服者之劍扼住了要害。

181.雖然在所有戰爭中，武力與傷害通常密不可分，侵略者使用武力對抗那些和他交戰的人民時，很難不去破壞對方的資產，然而，只有使用武力才會使人進入戰爭狀態。不論一個人是用武力開始造成傷害，還是偷偷用詐術造成傷害，只要他拒絕予以賠償，並使用武力維持侵犯狀態（這就跟打從一開始動用武力造成傷害是同一回事），這就是不正當地動用武力挑起戰爭。因為，無論是有人破門進入我家然後用暴力把我攆出門外，還是平和地進門之後再用武力把我擋在門外，以結果來說，其實是同一回事，因為我現在討論的情況，是假設人世間沒有雙方都服從的共同裁決者可以讓我申訴。那麼，**不正當的使用武力**，就使雙方**捲入戰爭狀態**，因此，這個人的罪過就使他喪失了生存權。因為人一旦放棄了作為人際相處準則的理性，像野獸一樣動用武力，他也就有可能被他動武的敵人消滅，他的處境就跟任何可能為害人類生存的兇殘野獸沒什麼兩樣。

182.但是，由於父親的過錯不是孩子的罪過，縱使父親殘暴不仁，子女仍有可能理性而和平的活在世上；縱使父親會因其過錯與暴行而喪失生存權，但是他的罪過或敗亡不會牽連到子女。大自然希望盡可能保全所有人類，為了避免他的子女死亡，已經讓父親的財物歸於他的子女所有，所以他的財產依然屬於他的子女。理由在於，假設子女們由於年幼、不在場[3]，或是基於自行選擇而沒有加入戰爭，他們就沒有做出足以喪失財產的舉動，就算征服者戰勝了企圖以武力消滅自己的敵人而得到了某種

3 編註：「不在場」一詞是一七一三年第四版增加的。

權利，**征服者也不會僅僅憑著這種權利**而有權剝奪敵人子女的財產；雖然，征服者也許還是有一些權利，他可以用敵人的財產彌補一下先前維持戰爭與捍衛自己的權利時所遭受的損失。至於征服者可以多大程度地動用被征服者的財產，我們稍後再談。所以，**一個人會通過征服而有權支配另一個人的人身性命**，可以任意摧毀對方，但他**並不會**因此而有權佔有或享用**對方的財產**；因為是侵略者像野獸一樣使用殘暴武力，才使他的敵人有權奪走他的性命，或是把他當成有害的生物任意消滅。不過一個人只有受到損害才有資格取走另一個人的財物；雖然我可以殺死一個半路強劫的強盜，但我不能奪走他的金錢之後又放他走（儘管這似乎很少發生），不然反而是我在搶劫了。強盜的暴力和他自己開啟的戰爭狀態使他失去了生存權，但這並不會使我有權取用他的財物。因此，**征服者的權利只能涉及**戰爭參與者的**性命**，**不涉及對方的資產**，除非，他只是為了要求對方賠償自己受到的損失，以及迎戰所需的經費，即便在這種情況下，也應該為敵人無辜的妻子兒女保留應有的權利。

183. 即使**征服者**的這一方有著人們所能想像的一切大義之名，他依然沒**有權利**奪取戰敗者所無可喪失的東西。戰敗者的性命被戰勝者所掌握，且戰敗者的勞役與財物可以為戰勝者提供相應的賠償，但是戰勝者不能奪走戰敗者妻兒的財物；畢竟戰敗者的妻兒也有資格享用他的財物，而戰敗者擁有的資產，他的妻兒也有份。比如說，我在自然狀態中（此時所有國家彼此都處於自然狀態）傷害了另一個人，又拒絕賠償，接著我在戰爭狀態中使用武力為我所取得的不義之財進行防衛，這使我成了侵略者。結果我戰敗了，我喪失了生存權，這條命確實得由對方掌握，但是我妻兒的處境就並非如此。我的妻兒沒有進行戰爭，也沒有協助作戰，我不會喪失他們的生存權，因為他們的生存權並不是我所能喪失的東西。我的妻子能分得我的資產，那也不是我能喪失的東西。至於我的兒子既然是我生出來的，也就有依靠我的勞動和財產維持生活的權利。所以情況是這樣：征服者有資格為其受到的損害要求賠償，孩子們有資格繼承父親的資產以便存活下去。至於妻子的那一份，無論是基於她自己的勞動還是她的契約，都使她有資格享用這份資產，顯然她的丈夫不能喪失她所享有的東西，這種情況該怎麼辦？我的回答是：既然最根本的自然法是要盡可能保存全人類，那麼如果沒有足夠的資源**滿足**兩方面的要求——賠償征服者的**損失**，與提供孩子的生活所需——那麼富足有餘的人應該減少自己想要充分滿足的要求，讓沒有得到資源就會面臨死亡威脅的人，取得迫切而優先的權利。

184. 但是，假設被征服者必須耗盡一切財產，才能賠償征服者的**損失**以及**戰爭支出**，而他的子女在失去父親的所有財物之後，變得饑饉不堪，只能坐以待斃，到了這個地步，即使是為了滿足征服者應得的賠償，也不足以使他**有權佔有任何**他所征服的**領土**。如果那個地方沒有任何荒地，所有土地都有人佔據的話，戰爭的損失再多，也很難與任何地區任何一大塊土地的價值相提並論。要是我沒有奪走征服者的任何土地（畢竟我都戰敗了，根本就不可能辦到），同時假設，我所蹂躪過的征服者土地正好與我自家已經開墾的土地大小相當，即便我對他造成了任何損失，都很難抵得上我所有土地的價值。侵略造成的損害通常最多只摧毀了一塊土地一兩年的收成（畢竟很少會連續摧毀四、五年）。至於金錢以及那些被奪走的財富、寶物，這些東西不是自然的財物，它們只有虛構想像的價值，自然並未賦予它們那麼高的價值。根據自然的標準，這些東西都沒什麼價值可言，如同美洲人的貝殼貨幣[4]在歐洲

4 編註：美洲人的貝殼貨幣（Wampompeke of the Americans），即貝殼串珠（wampum），北美洲印地安人用來作為貨幣和裝飾品。

君主眼中分文不值，而歐洲使用的銀幣對過去的美洲人來說也是一樣。在一個所有土地都已被佔有、沒有剩下任何荒地的地方，就算是一塊土地五年的收成，也抵不上非法奪走這塊土地的永久繼承權所造成的損失。這很容易理解，如果有人拋開了金錢的虛構價值，戰爭中的損失和土地價值之間的差距，可以超過五至五百倍之間[5]。另一方面，雖然某些地方的土地比居民所能佔有、利用還要多，而且任何人都能在此自由利用荒地，這種地方半年的收成就會大於繼承土地的價值，但是，征服者在這種情況下也就不大會想佔有**戰敗者的土地**了。因此，處於自然狀態的人（正如所有君主、政府彼此之間所處的那種狀態）彼此所受到的損害，不足以使征服者擁有權力去剝奪戰敗者後裔的財產，征服者不能迫使對方放棄他們應該還能持有的土地繼承權，因為那是對方世代相傳的土地。的確，征服者很容易認為自己可以主宰一切，而被征服者的惡劣處境無法對他們的權利提出質疑。但是，若是就這樣決定一切的話，那權利的根據不外乎是單純憑著武力弱肉強食，那麼，基於同樣的理由，只要是最強的人就有權奪走他所想要的任何東西了。

185. 所以，即使征服者打的一是場正義之戰，他也沒有**權利支配**和他一起並肩作戰的人，不能支配戰敗國當中沒有反抗他的人，也不能支配反抗者的後裔。這些人能完全不受征服者的制約，如果他們之前的政府解體了，他們也能自由地創建另一個政府。

186. 確實，征服者往往憑著他的武力支配這些人，他用劍抵著這些人的胸口，迫使對方屈服於他所開的條件，並受制於他任意為這些人所建立的政府。但是，問題在於，征服者憑什麼這麼做？如果說這些人是基於自己的同意而接受統治，這就表示，**征服者必須取得**對方自己的**同意**才有**資格統治**。那麼還需要探討的就只是：不依據權利，只**靠著武力脅迫所取得的承諾**，是否能當成同意？而**這種承諾**

的效力如何？對於這點，我可以說，**這種承諾完全沒有效力**，因為無論他人用暴力奪走了我的什麼東西，我還是保有其權利，對方也有義務立刻歸還；用武力把我的馬奪走的人應該立即歸還，我仍有權利把馬取回來。基於同樣的理由，一個用武力**逼我作出承諾**的人應該立即退還，也就是解除我履行承諾的義務；不然我也可以自己恢復，也就是由我自己選擇是否履行。由於自然法只基於它所規定的準則來決定我所該承擔的義務，誰都不能違反它的準則來迫使我承擔責任，例如用武力向我勒索任何東西。一個強盜用槍指著我的胸口要我把錢包交出來，所以我伸手從口袋中掏出錢包並親手遞給他，就算說**我是自己承諾**要給他錢，這也完全不會改變案情，更不會使他的暴力行為得到開脫，不會還讓他能同時取得權利。

187. 根據以上一切論述所得出的結論是：由於征服者本來無權對被征服者開戰，或是雖然他有權開戰，但被征服者並沒有參與戰爭對抗他，即使**征服者的政府**硬是用武力壓制住了被征服者，依然**不能**逼他們**承擔義務**。

188. 但是，姑且讓我們假設某個共同體中的所有人都是同一個政治實體的成員，可以認定他們全都參與了不義之戰，而且還戰敗了，因此他們的性命全都被征服者所掌握。

189. 我要說的是，這種狀態不能牽涉到戰敗者未成年的孩子。既然連父親本人都沒有權力支配孩子的性命或自由，他的行動也不可能害孩子喪失生存權。所以，無論他的父親有何遭遇，孩子仍是自由人，至於**征服者**的絕對權力只能限於那些他所征服的人，並隨著這些人的死亡而終結；即使他把這

5 編註：這是第二版後的修改，初版是「五至五千倍」。

些人當成奴隸來統治，使他們受制於自己絕對專斷的權力，他也沒有**權利能夠支配對方子女**。無論征服者迫使孩子們說了什麼還是做了什麼，除非基於這些孩子自己的同意，否則征服者沒有權力支配他們；只要征服者是用武力迫使對方屈服，而非基於他們自己的選擇，征服者就沒有合法的統治權威。

190.每個人生來就有雙重權利：一、**人身自由的權利**，任何人都沒有權力支配他，只能由他自己自由處置。二、他與其兄弟比其他任何人優先**繼承自己父親財物的權利**。

191.基於第一種權利，一個人**出生**之後並**不受制**於任何政府，儘管他一定是出生在一個由某個政府管轄的地方。不過，要是他拒絕承認出生地所屬國家的合法政府，而且，如果該政府當初是基於他祖先們的同意而建立的話，這個人就必須放棄那些根據政府的法律所歸屬於他的權利，同時放棄他的祖先留傳下來的財產。

192.基於第二種權利，任何國家的居民，如果他們是被征服者的子孫、有權**繼承**被征服者的產業，而且被征服者當時的政府違反人民的自由同意，用武力支配著人民，那這些人就依然**保有權利去繼承祖先的財產**；雖然他們的祖先並不是在自由的狀態同意那個政府的所作所為，而是因為對方開出了苛刻的條件，用武力強迫那個國家的土地所有者服從。由於**最初的征服者就沒有資格支配該國的土地**，那麼，無論是那些被迫服從於政府約束之人的後代，或聲稱受其統治的人民，總是有權利擺脫政府的支配，有權利使自己從武力所強行施加的侵佔或暴政中解脫出來，直到統治者能夠把他們安置於他們自願選擇同意的政府架構之下。[6]希臘基督徒——希臘古代土地所有者的子孫——只要掌握了權力，他們就會正當地擺脫土耳其人的宰制，畢竟他們長年在對方的宰制之下受苦受難，難道有誰會質疑這點？因為任何政府都無權要求無法自由表示同意的人民去服從它；除非他們的處境符合以下這些條件，不然無從設想他們會表示同意：他們進入了能夠選擇政府與統治者的完全自由狀態；或者，最起碼他們要能自由地由自己或代表者來表示同意，藉此得到一個長期有效的法律；他們也要被允許擁有自己應有的財產，也就是說，無論他們擁有什麼，只要未經他們本人的同意，任何人都不得奪走他們的任何東西。如果沒有這些條件，人類在任何政府中都不算是身為自由人，只不過是直接被戰爭力量支配的奴隸。

193. 但是，縱使**征服者**在正義之戰中有權取得被征服者的產業，也有權力支配被征服者的人身性命（**雖然顯然他沒有**），就算他的統治持續下去，也不會因此形成**絕對權力**。因為這些被征服者的後代都是自由人，如果征服者允許這些人得到產業與財產，讓他們在他的國家定居（要是沒有人民，這個國家也沒有價值），無論他允許這些人擁有什麼，就相當於允許他們擁有**財產權**；這種財產權的本質就是：**未經他本人的同意，任何人都不得剝奪他的財產**。

194. 他們基於自然權利而擁有**人身自由**，至於他們的**財產**，無論是多是少，都是**屬於自己的**，**由他們自己處置**，而不是由征服者處置，不然就稱不上是**財產權**了。假如征服者給了一個人一千畝土地，這塊土地永遠歸他及其繼承人所有，又把一千畝土地租給另一個人，讓他終身租用，年租五十或五百英磅，那麼，前者不就有權永久支配他的一千畝土地？而後者如果按時支付租金，難道他不能終身利用那塊土地？假設終身租用**土地**的佃農能夠在租期內得到比租金還要多一倍的收入，難道他就不能憑

6 編註：此段以下的文字，在一七一三年第四版曾有調整：「希臘基督徒……難道有誰會質疑這點？」和「除非他們的處境……支配的奴隸。」兩段文字前後對調，並在兩段中增加了一句話。

著自己的辛勤勞動而享有超過地租的一切收入？難道有人會說，君王或征服者在授予財產之後，可以憑著自己征服者的權力，去向繼承了土地的那個人、或是去向那個還按時支付租金的佃農奪取他們全部或部分的土地？難道征服者可以任意取走以上兩個人在上述的土地所創造的財富或產物？如果征服者可以這麼做，那世界上所有自由、自願的**契約**都會終止作廢。結果變成，只要有足夠的權力，任何時候都不用靠別的辦法就能強行解除人們的財產權，那麼，**當權者**的一切**允許**與**承諾**都只是愚弄他人的騙局。因為，如果我說，我把這塊土地永遠交給你和你的後代，而且是用最確實而莊重的轉讓儀式把土地贈送給你，然而這件事卻被扭曲成『我到了明天依然有權任意向你收回那塊土地』，難道這還不夠荒謬？

195.至於君主們是否能豁免本國法律的約束，我在此還不打算討論，不過我很肯定，他們應該服從上帝和自然的律法。任何人、任何權力都不能免除服從永恆律法的義務。就**承諾**而言，服從永恆律法的義務極其重大而有力，就連全能的上帝本身也受到它們的束縛。**許可**、**諾言**、**誓言**，是**全能的上帝**所受到的**約束**，無論諂媚者是如何奉承人世的眾君主，就算這些君主合起來、就算再加上他們的人民，全部的人和偉大的上帝比起來，不過是滄海一粟、恆河一沙，根本微不足道。

196.**征服的問題**可以簡要概括如下：如果征服者擁有正當理由，他就有權使用專制權力支配所有實際協助、贊同向他作戰的人民，也有權利用這些人的勞役與資產，來補償他的損失與支出，這樣就不會侵害他人的權利。至於其他人民，如果是不同意戰爭的人，或是那些俘虜的子女及他們擁有的財產，征服者都沒有權力去支配；他不能**仗著征服**的結果來為**自己**取得**支配**這些人的合法資格，也不能把支配的權力傳給自己的後裔。但是，如果他試圖侵占他們的財產[7]，把自己和對抗他的人民捲入了戰爭狀態，他就是一個侵略者，他和他的任何後裔並不會取得任何君主的權利，他們就跟入侵英格蘭的丹麥人興加爾或胡巴[8]，或是在義大利叛亂的斯巴達克斯[9]一樣，不會擁有君主權利；只要上帝把機會和勇氣賜給遭到侵略而屈服的人民，人民就會擺脫侵略者的宰制。因此，不管亞述國王憑著刀劍弄到了任何頭銜來支配猶太人，上帝卻幫助希西家[10]擺脫了那個征服帝國的支配。「耶和華與他（希西家）同在，他無論往何處去盡都亨通。他背叛、不肯事奉亞述王。」（《列王記下》第十八章第七節）由此可見，縱使擺脫不正義強加於任何人之上的權力，會使人背負**叛變**之名，然而在上帝面前並不是過錯，反而是上帝所允許與支持的行為，儘管說，藉由暴力取得的承諾與約定會對他們有所阻礙。任何人只要認真讀過亞哈斯和希西家的故事就可以知道：亞述人征服了亞哈斯，並將他放逐出去，他們立他的兒子希西家為王的時候，亞哈斯仍活在世上，在此之前，希西家一直都根據協議向他效忠，並向他進貢。

7 編註：「如果他試圖侵占他們的財產」這句話是一七一三年第四版所加。

8 編註：興加爾（Hingar）、胡巴（Hubba），推測應該是指無骨者伊瓦爾（Ívarrhinn Beinlausi；古英語 Hyngwar）和他的兄弟烏伯（Ubba），他們是九世紀時的維京人首領，八六〇年代首次入侵英格蘭，《盎格魯－撒克遜編年史》有時會將維京人視為丹麥人。

9 編註：斯巴達克斯（Spartacus，約西元前 120-71），色雷斯的角鬥士，西元前七十三年從義大利南部卡普亞的角鬥士訓練所脫逃後，領導角鬥士奴隸起義反抗羅馬共和國統治，是古羅馬三次奴隸戰爭中規模最大的一次，人數從十二萬達到二十萬、甚至三十萬人。

10 編註：希西家（Hezekiah），猶大王國末年的君主，他的父親亞哈斯（Ahaz）是一名背逆耶和華神的君王。由於北國以色列被亞述攻滅，亞述王趁勢來攻打猶大國，希西家懇切向耶和華神禱告，神大顯神蹟，殺死亞述軍十八萬五千人，拯救了耶路撒冷。

第十七章 論篡奪

197. 如果可以把征服稱之為外來的篡奪，那麼就可以把篡奪稱之為國內的征服，兩者的差異在於——篡奪者永遠都不正當，因為只有一個人**強佔另一個人有權持有的東西**時才算是**篡奪**。就此而論，**篡奪**僅僅帶來人事變動，而不是政府體制、準則的改變；因為，如果篡奪者擴張他的權力，超出原本屬於國家的合法君主或統治者的正當權限，那他就算是**篡奪**加上**暴政**。

198. 在一切合法政府中，任命哪些人來維護規定，這其實和政府本身的體制一樣，屬於政府自然且必要的一部分，都是一開始由人民所確立的辦法。要是沒有決定任何政府體制，或是，雖然大家同意是君主制度，卻沒有指派人選的辦法來使人掌握權力、成為君主，那就相當於無政府狀態。因此，所有擁有既定體制的國家，也有一套規則來指派人選，把權利轉移給那些參與公眾權力的人。如果有人所行使的任何權力，其取得途徑並不是根據共同體的法律所規定的辦法，儘管國家的體制仍保留了下來，他也沒有權利要人服從。因為他不是法律所指定的人選，所以他也就不是人民所同意的統治者。除非人民有自由表示同意，而且確實對他表示同意，也就是人民承認、認可了他篡奪之後所取得的權力，不然在此之前，任何**篡奪者**及其後裔都沒有資格行使權力。

第十八章 論暴政

199.如果說，篡奪是去行使他人才有權行使的權力，那麼**暴政就是超出了權限**，行使任何人都沒有權利行使的權力。只要任何人運用他所掌握的權力，卻不是為了他所支配的人謀福利，而是為了他的一己之私，只為自己帶來好處，這就是暴政。無論統治者是如何掌權，只要他不以法律為準則，而以自己的意志為準則，而且他的命令與行動並不是為了保障人民的財產，而是用來滿足自己的野心、私仇、貪欲和其他不正當的欲望，那就是暴政。

200.如果有人因為這些話是出自我這個悲微的臣民之口，而對它的真理、理由有所質疑，那我希望有位國王的權威就能夠讓他接受。國王詹姆士一世於一六〇三年在議會的演說中說了這段話：「我將永遠優先考慮公眾與整體國家的福利，制定優良的法律與憲法，而我個人的任何特殊要求或私人目的都擺在後頭；我始終認為國家的富足與福祉，就是我最大的幸福與人間之樂，這就是一位合法君王和暴君之間截然不同的地方，因為我知道，有道之君與篡位暴君之間最突出且最大的差別在於：傲慢而野心勃勃的暴君認為，他的王國和人民只是奉命滿足他的願望與不合理的私欲；相反的，正直而有道的君王會認為，自己是奉命為他的人民謀求財富與財產。」接著，他在一六〇九年對議會的演講中又說了這些話：「君王以雙重的誓言來約束自己遵守王國的根本法律。大家默認的約束是：既然身為國王，就必須同時保護王國的法律與人民；至於另一種約束是，在加冕時使用誓言明白地加以表達。因此，在一個安定的王國當中，每一位有道之君必須遵守他的法律，以及他與人民訂定的協議，在這個基礎之上，根據上帝與諾亞在大洪水之後所定下的協議來建構他的政府。『地還存留的時候，稼穡、寒暑、冬夏、晝夜就永不停息了。』所以，在安定的王國進行統治的君王，只要他不根據他的法律來進行統治，他就不再是君王，而是墮落成了暴君。」他稍後又說：「因此，所有並非暴君、亦非背誓者的君王，將欣然接受自己在法律限定的範圍內受到約束，凡是勸君王反其道而行的人，都是奸詐險惡之徒，既不忠於君王，也是在背叛這個國家。」可見，這位博學明達的國王認為**君王**與**暴君**之間的差異完全在於——君王在法律限定的範圍內行使權力，把公眾的福利當成政府的目的；暴君一切的所作所為，都是為了自己的意志與私欲。

201. 如果有人認為這是君主政體特有的缺點，那其實是錯誤的看法，其他的政體也一樣會有這種缺點。因為，大家之所以會把權力交到任何人手上，是為了管理人民及保障他們的財產，一旦有人把權力用在別的目的，用來使人民更為貧困、受到騷擾，或是逼人民屈服於掌權者專斷無理的命令，無論濫用權力的是一個人還是多少人，都立即形成**暴政**。因此我們在歷史中看過雅典的三十僭主[1]，還有敘拉古的暴君[2]，至於羅馬十人委員會[3]那令人難以忍受的統治也沒有好到哪裡去。

202. 如果違法行為損害他人權益，**只要法律失效，暴政就開始了**。無論是由誰掌權，只要他的權力超出了法律所授予的權限，而且掌權者利用他所能動用的武力強迫臣民服從自己的違法行為，這種人就不再是行政官員；未經授權的行為就跟使用武力侵犯他人權利的行為一樣，誰都可以對它們進行反抗。就下級的行政官員來說，大家都承認這一點。一個有權在街上逮捕我的人，儘管我知道他擁有逮捕令，同時也得到了合法的權威，因此他得到授權能在街上逮捕我，但要是他試圖侵入我家來執行法令，我還是可以把他當成盜賊來抵抗。至於，為何上述論點能適用於最下級的行政官員，對高級的行政官員卻不適用，我很希望有人能告訴我理由何在。如果長兄只是因為擁有父親大部分的產業，於是就有權剝奪任何一個弟弟分得的財產，這真的合理嗎？或者說，難道佔有整個地區的富人，就有權霸佔任何窮苦鄰人的農舍和田園？就算有人合法地擁有遠超過大部分亞當子民的財產與權力，這不僅不能作為他霸佔他人財產的藉口，更不能當作掠奪他人、壓迫他人的理由，因為這是濫用權威傷害他人，反而加重了侵權的罪行。無論官職大小，只要超越了職權的限制就不再是一種權利，不管是國王還是警官，都無法證成自己的作為。但是，如果一個人受到更多人民的委託，比起他其他的同胞已經享有更多權利，考慮到他的教育、職務[4]、顧問等優越條件，大家認為這個人應該更明白『有所為，有所不為』的道理，要是他還是濫用權力，當然是比一般人還要惡劣。

1 編註：三十僭主（Thirty Tyrants），西元前四〇四年雅典在伯羅奔尼撒戰爭戰敗後，斯巴達所建立的傀儡政府。以蘇格拉底的學生克里提亞斯（Critias）和卡爾米德（Charmides）為首的三十人成立的雅典寡頭政權，實施恐怖統治，執政八個月中，未經審判處決了一千五百人，最後垮台。

2 編註：敘拉古的暴君，這裡指的可能是阿加托克利斯（前361-289），於西元前三一七至二八九年在位，是希臘晚期最知名的僭主代表。西元前三〇四年開始自封為西西里國王。

3 編註：十人委員會（Decemviri），羅馬共和時期，為處理羅馬貴族與平民之間的緊張衝突，在西元前四五一年雙方同意組成十人委員會，以制定對雙方都公平的法案。十人委員會具有制定法律、執掌執政官統治大權等權力，任期一年，每人輪流管理政府一天。起初這個委員會很成功，於第二年完成了《十二銅表法》，規定羅馬公民的權利和義務。後來卻開始擴權、專制、暴政，引起人民的反對和暴動。最終十人委員會被迫退位。

4 編註：「職務」這個字是一七一三年第四版加上的。

203. 那麼，**君主的命令**是可以**反抗**的嗎？一個人覺得自己受到侵犯，認為君主沒有權利這樣對待他，他是否就可以隨時抵抗？這將會擾亂、顛覆一切制度，留下的不是統治與秩序，而是無政府和混亂狀態。

204. 對此，我的回答是：**武力**只能用來**反抗**不義而非法的**武力**。任何人只要不是遭受了以上這種情況，還展開一切反抗，將會使自己遭到上帝與人類的正當譴責，因此不會發生有些人常說的危險與混亂，因為：

205. **第一**，在某些國家，君主的人身基於法律而神聖不可侵犯，所以無論他命令了什麼、做了什麼，他這個人仍免於一切質疑與冒犯，不受任何力量或任何司法的譴責與責罰。不過只要低級官員或君主所委任的人選有了任何不法行為，人民就可以反抗；除非，君主想要利用實際上把自己與人民捲入戰爭狀態的方式來解散政府，任由人民採取大家在自然狀態中屬於每一個人的防衛手段。對於這種情況，誰能知道後果如何？有個鄰近的王國已經向世界示範相當異常的例子了[5]。在其他一切情況下，君主的**神聖不可侵犯能使他免於遭到妨害**，因此只要政府存續，就能使他得到保障，免於一切暴力與傷害，再也沒有什麼比這個體制更加明智的了。因為君主這個人所造成的損害不會履次發生，影響範圍也不至於太大，就算任何軟弱昏庸的君主有什麼企圖，單憑他的一己之力，也無法顛覆法律及迫害這個國家的人民。一個任性的君主在位時可能會發生一些特殊的過錯，但這所造成的麻煩可由公眾的和平和政府的穩固得到充分的補償，從而將行政元首的人身置於危險所及的範圍之外。僅管少數人私下偶而會遭遇危險，但是對於這個國家來說，這種情況不會比國家元首被輕易而疏忽地暴露在險境之中還要危急。

206. **第二**，這種特權只屬於君主個人所有，就算有人自稱奉了君王之命，他們的所作所為卻並未經過法律授權，人民可以對那些使用不當武力的人進行質疑、反抗、抵抗，君王的特權也無法插手。有一個顯而易見的例子：有個持有君王逮捕令負責去抓人的官員，雖然他得到君王的全權委任，然而他不能破門進入對方的住所逮捕人家，也不能刻意在特定的日子或特定的場合執行君王的命令，儘管君王的委任中並沒有規定出這些例外情況；那些情況是基於法律的限制，任何人只要觸犯法律，君王的授權也不能使他豁免於罪。因為君王的權威只是由法律所授予，他不能授權給任何人去執行違法的行為，君王的授權也不能把任何人的違法行為合理化。任何**行政官員未經法律授權所發出的委託及命令**，就跟任何人私下發出的委託、命令一樣，是**無效**無用的。這兩者之間的差別在於，行政官員擁有針對某些目的而行使的職權，而一個人私底下則沒有任何職權；因為使人享有行動權利的是**職權**，而不是**委託**，只要**違反法律就沒有職權**可言。但是，儘管會有這類人民的抵抗，君王的人身安全與權威依然都受到保障，所以**統治者或政府都不會遭遇危險**。

207. **第三**，就算假設元首在政府中並不是那麼神聖不可侵犯，允許合法**抵抗**元首一切非法濫權的**學說**，其實也**不會**動輒使元首陷於險境，或是**使政府陷入混亂**。因為只要受害的一方可以得到救濟，他

5 編註：洛克是在流亡荷蘭期間撰寫本書，故這裡所說「鄰近的王國」指的就是英國。「異常的例子」指的可能是查理一世（Charles I，1600-1649），他堅持君權神授，以個人意志執政，試圖推翻英格蘭議會、未經議會同意徵稅，又不斷引發宗教衝突，最終導致英國內戰，成為唯一被處決的英格蘭國王。此後，英格蘭經過短暫共和期，後來由克倫威爾奪權成為護國公。

所受到的傷害可以藉由訴諸法律來得到補償，那人民就沒有藉口動用武力，只有在一個人受到干涉而無法訴諸法律的情況下，他才能動用武力。唯有使人求助無門的武力才算是有敵意的武力，也只有這種**武力**會使其使用者**捲入戰爭狀態**，因此讓人能夠合法地反抗他。一個人手持利刃在路上企圖搶我的錢包，當時我錢包裡的錢也許不到十二便士，但我還是可以合法地殺死對方。而另一種情況是：我在下車時把一百英磅交給另一個人保管，當我再度上車時，這個人卻拒絕歸還，甚至在我打算把錢拿回來的時候拔刀動武，想要守住他佔有的錢財。這個人對我造成的損失，也許比前一個人意圖造成的損害大了一百倍、甚至一千倍（前一個人在真的奪走我任何錢財之前就先被我殺了），然而我可以合法地殺死前一個人，卻不能同樣合法地傷害這個人。理由相當明顯，因為前者是用**武力**威脅我的性命，我並沒有**時間訴諸**法律來保障我的性命，一旦丟了性命就為時已晚，來不及訴諸法律。況且法律也無法使人起死回生。由於損失了性命就無可補償，為了防止這種損失，自然法給了我權利，使我有權**消滅**主動把我捲入戰爭狀態、威脅要消滅我的人。但是在第二種情況下，我當時並沒有性命之憂，而且我還能**得益於訴諸**法律，能夠利用這種方式收回我的一百英磅。

208. **第四**，如果行政官員一直（憑著他得到的權力）持續進行不法行為，並使用那種權力阻礙人們根據法律取得應有的救濟，那麼，即使人民針對這種明顯的暴行行使**反抗的權利**，也**不至於**會突然地或輕易地**擾亂政府**。因為，如果這只是涉及某些私人事件，儘管受害者有權捍衛自己、有權用武力收回他們被非法力量奪走的東西，但是允許他們這麼做的權利不會輕易地使他們參與一場殊死之爭。況且，如果國家的人民並不覺得這件事與他們有關，只有個別或少數的被壓迫者起身反抗，也不可能**擾亂政府**，正如單憑一個狂亂的瘋子或一個魯莽的憤世之徒，不可能推翻一個穩固的國家，畢竟人民很少會輕易地對其中任何一種狀況隨之起舞。

209. 但是，要是任何一種不法行為已經影響到大多數的人民，或者，就算只有少數人遭受損害與壓迫，但這類事例的前因後果似乎使所有人都感到威脅，人們打從心底認為他們的法律、他們的產業、權利、生命，甚至連他們的宗教信仰都岌岌可危，屆時到底該怎麼阻止人民去對抗那個侵害他們的非法力量，我也是一籌莫展。我承認，只要統治者把政府搞到這種地步，讓政府遭到人民的普遍懷疑，那麼無論是什麼樣的**政府，都會碰上**這種**麻煩**，從而使統治者陷入了畢生最大的危機；不過陷入這種危機的人其實死不足惜，畢竟這種結果很容易避免。如果說，統治者真心為人民謀福利，打算同時保護人民與人民的法律，結果卻又能使人民對此一無所知、一無所感，這根本是天方夜譚，正如一個家庭的父親，不可能不讓自己的孩子知道他對他們的關愛與照料。

210. 但是，如果世人都注意到，統治者說的是一套，做的又是一套，利用權術來鑽法律漏洞，而且把人民委託給統治者的特權用來違反原本委託的目的（這是授權給君主處理某些事情的專斷權力，是為了造福人民，而不是危害人民）；如果人民發現，行政閣員和低級行政官員是為了符合這樣的目的而選任，是按照他們促成或反對這個目的的情況，來決定升遷還是降黜；如果人民看到專斷權力已經試行了好幾次，而宗教人士雖然公然反對，私下卻暗送秋波，已經做好迎合的準備，甚至還有人盡可能地在其中幫忙穿針引線；當這些嘗試無法得逞，然而還是有人予以認可，甚至更加支持；如果這票人**一連串的所作所為，顯示了連所有政務會議**都有著同樣的傾向，一個人又怎麼能打從心底說服自己說事情不會繼續發展下去？這就相當於，如果一個人相信一艘船的船長正把他和其他的夥伴載往阿爾及爾，因為他發現船長總是朝著那個方向駛去，儘管說，逆風、漏水、缺乏人力與物資等因素迫使船長暫時改變航道，但是一旦風向、天候及其他狀況許可時，船長又堅決地轉回原本的方向。在這種情況下，這個人又怎麼可能不設法自救？

第十九章　論政府解體

211.如果有人想把**政府解體**的問題談清楚，他的第一步就應該先把**社會解體**與**政府解體**區別開來。能使人們脫離自然狀態加入**一個政治社會**、構成一個共同體的，是每一個人和其他人所達成的協議，人們就是藉此結合成一個實體展開行動，從而變成一個單獨存在的國家。能夠**解散這種結合**的途徑，通常、其實也幾乎只能是，外國勢力入侵征服這個國家。在這種情況下，（由於他們不能作為**一個完整而獨立的實體**自保自救）使人們構成一個實體的連結勢必消失，因此每個人都回歸了結合之前的狀態，可以自由地為了自己、為了自己的安全，轉移到其他自己認為適合的社會。每當某個**社會解體**，該社會的政府當然無法維持下去。因此征服者之劍往往能把政府連根拔起，把社會軋得四分五裂，使被征服或被瓦解的群眾脫離了社會的保護與依賴，畢竟該社會原本應該要保障他們免於遭到暴力侵害。對於這種政府解體的途徑，世人非常明白，也很難容忍，因此也就毋須贅述。要是**社會解體**，那麼政府也不復存在，這也幾乎是不證自明，就好比說，構成屋子的材料被狂風吹得七零八落，或是被地震震成一堆瓦礫時，房屋的骨架也不可能繼續存在。

212.除了這種外來的顛覆，**政府也會從內部解體**：

第一種，當**立法權**遭到**篡改**時。公民社會處於其內部成員相互和平的狀態，由於立法可以提供仲裁，為他們解決彼此間發生的任何爭執，因此而排除了戰爭狀態；正是靠著立法的運作，國家的成員才聯合起來結合成一個協調的有機體。立法是帶給國家**形態**、**生命**、**統一的靈魂**，個別的成員才因此相互影響、產生共鳴而聯繫起來；因此，當**立法機構**被破壞或**解散**的時候，隨之而來的是解體與消滅。由於**社會的本質與結合**，在於有一個統一的意志，一旦立法機構由大多數人建立起來，它就宣告了這個統一的意志，而且還保有了這個意志。**立法的憲章**是社會最首要也最根本的法令，由此規定了人們需要在一些人的指導與法律的約束之下**維持這種結合**；至於法律是基於人民同意與委派所授權的人選來制定，若是沒有人民的同意與委派，任何一個人或任何一些人都不能享有權威，無法制定出約束其他人的法律。只要有一個人或一些人未經人民的委派而擅自制定法律，他們所制定的法律就沒有權威，因此人民沒有服從的必要。這也意味著，人民可以再度擺脫服從狀態，可以自己隨意組成一個**新的立法機構**，可以完全自由地反抗那些未經授權就強制對他們比手畫腳的惡勢力。一旦得到社會委派來宣告公眾意志的人被排除在外，而後沒有得到這種委派或授權的其他人又篡改了他們的職位，那麼人人都可以根據自己的意志各行其是。

213.既然這種情況通常都是由國家當中濫用權力的人所造成，如果不搞清楚發生這種情況的是什麼政體，那就很難正確地進行考察，很難知道應該找誰負責。那麼，讓我們假設立法權同時屬於三種不同層級的人：

第一、世襲的個人，他享有固定的最高執政權，而且在一定期間內還具有召集、解散其他兩種人的權力。

第二、世襲貴族的議會。

第三、由人民所推選、具有**一定任期**的代表所組成的議會。假設政府的體制就是這樣，很顯然：

214. **第一**，如果世襲的那一個人或是君主，他用自己的專斷意志取代了宣告社會意志的立法機構所制定法律，這就代表**立法權被他篡改**。因為，既然立法機構的存在就是為了立法，它的規則與法律需要付諸實行，並予以服從，如果有其他法律建立起來，如果有其他自稱的規則被強制實行，而不是去執行該社會組織起來的立法機構所頒布的法律，那顯然就是**立法權遭到篡改**。無論是誰，只要他未經社會的基礎任命取得授權來推行法律，或他就這樣推翻舊的法律，那他就是否認、顛覆制定這些法律的權力，因此這個人就是建立了新的立法機構。

215. **第二**，只要君主阻礙立法機構按時集會，或是阻止他們按照立法機構成立的目的自由地行使職權，這種作法也就**篡改了立法權**。因為立法機構之所以還是立法機構，並不是取決於他們有多少人，也不取決於他們開了多少次會議，除非，他們還擁有辯論的自由與完善任務的餘裕，這樣才能為這個社會謀福利，這才是立法機構的存在意義。一旦有人奪走或改變了他們集會的自由與時間，因而使社會喪失了適當行使權力的機會，**立法權**就的確遭到篡改了。因為構成政府的並不是它的名分，而是要讓這些名分所預設的相應權力能夠得到利用及行使；所以誰要是奪走立法機構集會的自由，或是妨礙它如期行使職權，這個人實際上就是在**取消立法權**，**終止政府統治**。

216. **第三**，只要君主使用的專斷權力變更了選舉權或選舉方式，而這種作法並未得到人民同意，同時還與人民的共同利益相抵觸，這也是**篡改立法權**。因為，如果不是由那些社會所授權的代表去進行選舉，或是並非使用社會所規定好的方式來舉辦選舉，藉此產生的當選者也不算是人民所任命的立法機構。

217. **第四**，如果君主或立法機構把人民交出去，向外國勢力屈服，這當然會篡**改立法權**，同時也是

政府的解體。因為，人民之所以加入社會，是為了保持一個完整、自由、獨立的社會，希望由自己的法律來統治，一旦人民遭到放棄而被另一種權力支配，他們就失去了原有的目的。

218. 為什麼在這樣的架構之下，這幾個例子中的**政府解體**，都必須怪罪到君主頭上？理由相當明顯，因為君主擁有國家的武力、財富、政府機構可以運用，而且這種人往往會自我暗示，或是聽了他人的花言巧語，認為自己身為元首就能毫無顧忌；只有這個人才能把合法權威當成藉口，來大舉進行扭曲的改革，他還能動用手中的權力，把反對者當成分裂者、叛亂者、政府之敵來展開威嚇或鎮壓；反觀，立法機構的其他層級或人民卻不能自己試圖對立法機構做出任何改變，除非他們發動公然而明顯叛變，但是這種作法很容易受到注目，一旦叛變蔓延開來，造成的後果幾乎無異於外來者征服。此外，在這種政體下，君主有權力解散立法機構的其他層級，從而把立法機構挪為私用，而人民絕對無法反抗君主，也無法未經君主同意，就憑著法律來改變立法機構，因為他們頒布的任何法令都必須通過君主的同意才能生效。但是，如果立法機構的其他層級對於任何顛覆政府的計畫有任何貢獻或推波助瀾的舉動，或是沒有盡其所能地阻止這樣的計畫，他們肯定是有罪的，而且算是參與了人類群體當中最大的罪行。

219. 還有另一種途徑可以使這樣的政府解體，那就是：擁有最高行政權的人玩忽職守、放棄職責，以致於制定好的法律無從執行。這顯然會把一切都變成無政府狀態，實際上就是害**政府解體**。因為法律並不是為了法律本身而被制定出來的，而是要通過執行法律來構成社會的約束力，使政治實體的每一個部門各得其所、各司其職。一旦這些部門完全停止運作，**政府**顯然也**癱瘓**了，人民就成了沒有秩序聯繫的烏合之眾。這種社會不再有司法權力的運作來保障人民的權利，共同體中也沒剩下任何權力來指揮武力，或是為公眾提供必需品，這種地方肯定**沒有什麼政府了**。如果法律不能執行，那就相當於沒有法律；至於一個沒有法律的政府，我認為那是政治上的不可思議，絕非人類所能想像，而且與人類社會格格不入。

220. 在這些情況及類似的情況下，**一旦政府解體**，人民就可以自由地自己建立新的立法機構，它的人選或體制，甚至這兩方面都能同時有所不同，端看他們認為什麼方式才對他們的安全與福祉最有利。因為**社會**絕不能因為他人的過失而喪失它用來自我保護的固有權利或原初權利，社會只能靠著既定的立法機構制定法律，只能公正無私地執行它所制定的法律才能達成自保。但是人類的處境並沒有悲慘到這種地步，沒有糟糕到直到事態一發不可收拾之前都無法動用這種補救措施。如果等到舊的立法機構因為受到壓迫、暗算或交給外國勢力而消失了之後，我們才告訴**人民**說，他們**可以替自己**再建立一個新的立法機構，這無異於在病人已經病入膏肓、回天乏術的時候，才對他們說還能期待有救。這種情況實際上相當於要人民先成為奴隸，然後再去照顧他們的自由，也等於是，等到他們被銬上枷鎖之後，才對他們說可以像自由人那樣行動。要是只能用這種方式來補救，與其說是救濟，不如說是愚弄。如果人民在完全遭到暴政支配之前沒有任何逃避的辦法，他們永遠無法免於暴政的迫害；所以，人民不僅有權利擺脫暴政，也有權利防止暴政。

221. 因此，其次，還有另一種情況會導致**政府解體**，那就是，如果立法機構或君主之中，任何一方的行動有違他們所承擔的委託，就會導致政府解體。

首先，當立法機構致力於侵佔臣民的財產，使他們自己或共同體中的任何人成為臣民生命、權利、財富的主人或處置者時，他們的行動就辜負了人民的委託。

222.人們之所以加入社會的理由是保有自己的財產；他們授權、推選出立法機構的目的，是讓它制定法律、樹立規則，像守衛和柵欄一樣保護整個社會的財產，對社會各部門及各成員的權力加以限制，節制他們的支配權。每個人一定是計畫好要保障某些東西，才會決定加入社會，人民一定是想達成某些目的，才會向自己所推選的立法機構表示服從，既然我們不能設想社會的意志是要使立法機構享有權力來摧毀這些保障與目的，所以每當**立法者試圖奪走或摧毀人民的財產**，或是貶抑人民的地位使他們受到專斷權力的奴役，立法者就是把人民捲入戰爭狀態，因此人民就免除了向立法者繼續服從下去的義務，只能向上帝尋求祂的共同庇護，為了讓所有人能抵抗武力暴行。因此，無論何時，只要**立法機構**侵犯了社會的基本原則，因著野心、恐懼、愚蠢或腐敗而**力圖自己握有大權，或是把絕對權力交給他人**，藉以支配人民的生命、權利、產業，由於辜負人民託付的行為，他們**喪失**了人民基於完全相反的目的而交到他們手上的**權力**。所以這種權力又回歸人民，人民有權恢復他們原有的自由，藉由建立新的（他們認為合適的）立法機構來謀求自己的安全與保障，這正是人民之所以加入社會的目的。我在此所討論的立法權相關論述，一般來說也適用於最高執行者，因為他背負了雙重的委託，不僅參與立法機構，同時還擔任法律的最高執行者，因此當他把自己的專斷意志當成社會的法律來行使時，他的行為就辜負了雙重委託。要是他利用社會的力量、財富、政府機構來收買**代表**，使代表們為他的目的服務，或者是公然操縱**選民**，規定選民選擇他曾以威脅利誘、承諾或其他手段所收買的代表人選，再利用這些事前已經答應他要怎麼投票、怎麼立法的代表們來達成他的計畫，這種**行為**也是**辜負了人民的託付**。所以說，操縱選民與候選人，並重新操作選舉的作法，不就是在掏空政府的根基，汙染公眾安全的根源嗎？既然人民保有自己選擇**代表**的權利，以便保障他們的財產，允許他們選舉的目的無他，就只是為了讓人民總是能自由地選出代表；至於被選出的代表，進行審查與慎重的討論時，要能自由地履行職責、提供建議，從而對國家的要務及公共善的要求做出決議。所以說，在投票之前並沒有聽到討論、沒有權衡各方理由的人，根本沒辦法做到這一點。要是最高執行者安排好那種會議，企圖扶植公然附和自己意志的人選來取代人民真正的**代表**和社會的立法者，這當然是嚴重**辜負人民的託付**，完全就是明目張膽地計畫顛覆政府，惡劣程度可謂前所未有。對於這種情況，如果有人還為了顯然與其不謀而合的目的額外動用了獎賞與懲罰，利用一切扭曲法律的詭計來排除會對他們的計畫造成妨礙的人，消滅不服從也不同意出賣國家種種權利的人，那他們的狼子野心可謂昭然若揭。這些人這樣運用權力，辜負了這個制度一開始對他們的託付，這種人在社會中應該擁有什麼權力，這其實並不難決定；誰都可以看出，任何人只要曾經像這樣打著這種主意，他就再也無法得到信賴。

223. 關於這點，也許有人會說：人民是愚昧無知的，而且總是心懷不滿，所以把政府的基礎置於人民不穩定的意見與不確定的情緒之上，會使政府面臨瓦解的危險；只要人民對舊的立法機構不滿意就可以隨時成立新的立法機構，**那沒有哪個政府能夠長期維持下去**。對此我的答覆是：正好相反。人民不會像有些人設想的那樣輕易地擺脫舊的體制。其實，誰都很難說服人民去修正制度中公認的某些缺失，畢竟他們已經習以為常了。如果制度中存在著一開始就出現的缺點，或是存在著隨著時間發展出來的缺失，或是因腐敗而偶然出現了缺失，即使大家都知道還有機會改變，真要讓它們改變也並不容易。人民有著遲遲不肯放棄舊制度的傾向，在這個時代和過去的時代、在這個王國所發生的多次革命中，這種現象也是歷歷在目。這種傾向使我國依然保留了由君王、上議院、下議院所構成的立法機構；經過了好幾段時間徒勞無功的嘗試後，我們依然回到了這種舊的體制。儘管人民曾出於激憤而摘掉了幾名君主頭上的王冠，但人民從未因此就把王冠戴到其他家族的頭上。

224.但是，有人會說，這種**假設**會為頻繁的**叛亂**埋下**種子**，對此我的答覆是：**第一**，這個**假設**不見得會比其他任何假設容易引發叛亂。因為，如果使人民身陷悲慘的處境，發現自己**任由專斷權力的擺佈**，就算你竭盡所能地為他們的統治者高呼萬歲，就算稱他為朱比特之子，說他們神聖而非凡、系出神靈或受命於天，無論你怎麼塑造統治者的美好，該發生的還是會發生。既然**人民普遍遭到虐待**，得不到公道，他們將會坐等任何時機，以減輕身上沉重的壓迫。人民會期待及尋求機會，而這種機會在人事變遷、暴露弱點和突發變故等情況下，並不會遲遲不肯現身。如果有人說他一生當中沒見過這種例子，那他一定是涉世未深；如果有人不能從世上的各類政府中舉出一些相關的例子，那他一定是書讀得太少。

225.**第二**，我的回答是：並不會每次公眾事務稍有閃失，就會**發生這種革命**。**人民**對於執政方的**重大失誤**、一些錯誤及不適當的法律、人性缺陷造成的一**切錯誤**都能**容忍**，他們不至於因此就會叛亂或口出怨言。但是，如果一連串的濫用權力、瀆職搪塞、陰謀詭計，種種動作看來都殊途同歸，事件的企圖在人民眼裡可謂一目瞭然，人民不可能無法切身體會自己的處境，不可能不明白自己的前景如何，那麼如果他們奮而崛起，力圖把統治權交給能夠保障政府成立初衷的人選，這其實也不足為奇。如果沒有這些初衷，即使政府有什麼古老的稱號，或華麗的體制，都無濟於事，只會比自然狀態或純粹的無政府狀態還要更糟。一切弊端都是如此嚴重而迫在眉睫，然而補救辦法卻是如此艱辛而遙遙無期。

226.**第三**，我會回答：當人民的立法者因為侵犯財產而辜負了他們受到的委託，人民能夠成立新的立法機構，來重新替自己謀求安全的權力**這個學說**[1]，反而是**防止叛亂最好的屏障**，也很可能是阻止叛亂最好的手段。因為**叛亂**並不是反對個人，而是反對權威，而權威只以政府的法律與憲法為根據；無論是誰，只要他們以武力破壞法律，以武力支持自己的暴力行為，那些人就是真正的**叛亂分子**。因為人們在加入社會及公民政府的同時就排除了武力，採用法律來保障他們的財產、和平以及他們之間的統一關係，這時還動用武力對抗法律的人，就是**叛亂**（*rebellare*）[2]——也就是使大家回到戰爭狀態，這種人就是名副其實的叛亂者。由於握有權力的人可以拿權威當藉口，手上掌握的武力又會帶來誘惑，再加上還有人會對他們逢迎諂媚，所以這種人最容易叛亂。至於防止這種弊害最適當的方式，就是向那些最容易受到誘惑並付諸行動的人指出，叛亂有多麼危險而不義。

227.以上述的兩種情況中，不管是立法權遭到篡改，還是立法者的行動違背了當初選任他們的目的，犯下這類罪行的人所犯的就是**叛亂罪**。因為，如果有人用武力廢除了任何社會所建立起來的立法機構，同時廢除了立法機構根據他們背負的委託所制定的法律，就從而廢除了社會的仲裁者，這是該社會中每一個人為了和平地解決他們的一切紛爭、為了防止他們之間陷入戰爭狀態所同意建立的仲裁者。誰要是取消或篡改立法權，誰就廢除了這種除非經由人民的委任及同意，否則無人能掌握的決定性權力；他們也同時摧毀了人民（而非其他任何人）所能建立的權威：當他們採用人民並未授權的權力，也就是動用未經授權的武力，他們實際上就**帶來了戰爭狀態**。立法機構的種種決議得到了人民的默默支持，而且還被當成是人民自己意志，使他們聯合起來，因此，誰要是取消了該社會所建立的

1 編註：「這個學說」一詞是一七六四年托馬斯·霍利斯編校版新增的。

2 譯註：*rebellare*是拉丁文「叛亂」的現在進行式。

立法機構，誰就解開了人民結合在一起的紐帶，**使人民重新陷入戰爭狀態**。如果說，用武力廢除立法機構的人就稱得上是**叛亂者**，那麼正如之前的論述，為了保障、保有人民及種種權利、財產而設立的**立法者**，一旦他們憑著武力侵犯人民的財產，並力圖廢除人民的權利，一樣也只能被當成叛亂者。因此，這些叛亂的立法者把自己和推選他們擔任和平保護者、和平守衛者的人民捲入戰爭狀態，他們就是名副其實且罪大惡極的**叛亂者**（*rebellantes*）。

228. 但是，如果有人說這種學說**為叛亂奠定了基礎**，他們的意思是：只要告訴人民遇到政府企圖非法謀取他們的權利及財產時，他們就免除了服從政府的義務；如果行政官員辜負了他們的託付，侵佔他們的財產，他們就可以反抗行政官員的非法暴力，這就會引發內戰或內部鬥爭，因此，這個學說對世界的和平相當具有破壞性，我們不能容許這樣的主張。要是基於同樣的理由，他們也可以說，老實人不能反抗強盜或海盜，因為這會導致混亂或流血事件。如果在這類的情況下出現了任何**禍害**，我們其實不該指責捍衛自己權利的人，而該去**指責侵犯**他權益的鄰人。如果無辜的老實人必須為了和平，默默地放棄自己的一切，全交給對他施加暴力的人，我希望大家好好想想，要是世界上的和平只是由暴力與劫掠所構成，維持和平只是為了讓強盜和壓迫者得利，這到底算是哪門子的和平？要是羔羊毫無抵抗地任由兇狠的野狼咬斷牠的喉嚨，誰都不會認為這算是強弱之間值得讚頌的和平吧？波呂斐摩斯[3]的洞穴就為我們提供了這種和平的完美典範。這樣的政府就像是洞穴中的獨眼巨人波呂斐摩斯，而尤利西斯和他的夥伴也束手無策，只能乖乖被巨人吞下肚。無疑的，尤利西斯是精明的人，他向同伴宣揚**消極服從**，他向大家解說和平對人類到底有多麼重要，同時還指出，如果大家反抗當下有權力支配他們的波呂斐摩斯就會發生什麼弊害，他就是這樣規勸大家乖乖臣服。

229. 政府的目的是謀求人民的福利，那麼哪一種情況**對人類最有利**？是人民總是得遭受暴政的無限意志所支配？還是說，當統治者濫用他們的權力，使用權力危害人民的財產而不是予以保護時，人民有時可以起而反抗？

230. 只要有一個惹事生非、興風作浪之徒想要時不時地任意改變政府，禍患就會由此而生——這種說法並不是很有道理。確實，這種人無論何時都可以任意煽動他人，但這只會讓他們自作自受、自取滅亡。因為，除非統治者造成的禍患已經普遍蔓延，而且他們的惡意圖謀已經昭然若揭，或是他們的企圖已經被大多數人所知曉，不然的話，其實人民更加傾向於逆來順受，而不是為了權利而揭竿起義；人民其實沒那麼容易被煽動。不幸的個別民眾所遇到的不公不義，或是某個地方的政府壓迫，其實並不會激發人民叛亂。但是，如果人民基於明顯的證據普遍地相信侵犯他們權利的計畫正在實行，加上事態的普遍發展趨勢與傾向，讓大家不得不強烈地懷疑統治者的邪惡意圖，這又該怪到誰的頭上？如果本來可以避免這種情況的人又自找麻煩、惹人懷疑，還能拿他們怎麼辦？如果人民就是具有理性動物的智能，能夠就他們所察覺及體會的事態進行思考，這難道要怪他們嗎？我們應該**責怪的對象**，難道不是那些逼得事態發展到這種地步，卻又不願讓人明白事情真相的人嗎？我承認個人的驕傲、野心、狂暴的心態有時曾導致國家大亂，黨派鬥爭也曾使許多國家和王國受到致命的打擊。但是，**禍患**是否**往往**都起於**人民的放縱**，出於人民想要擺脫統治者合法權威的欲望？還是由於**統治者**想要行使專

3 編註：波呂斐摩斯（Polyphemus），希臘神話中吃人的獨眼巨人，海神波塞頓之子。荷馬史詩《奧德賽》的英雄尤利西斯（Ulysses），在特洛伊戰爭後，回家途中停泊在獨眼巨人聚居的西西里島，帶著同伴進入了他的洞穴。

斷權力的**傲慢**與企圖所導致？最先引發混亂的，究竟是壓迫還是抗命？我就留給公正的歷史來判斷。我確信的是，無論是統治者還是臣民，只要用武力侵犯君主或人民的權利，留下了能夠把**合法政府**的組織及結構加以**顛覆**的禍根，我認為，這種人所犯下的嚴重罪行根本就是人類之最，他導致了政府分裂瓦解，而為一個國家帶來了流血、掠奪、土地荒廢等一切災禍，這種人才應該負責。誰做了這種事，誰就應該被當成公眾之敵、人間害蟲，應該受到相應的對待。

231. **臣民**或**外國人**企圖使用武力侵佔任何人民的財產時，受害者可以用武力**抵抗**，這是各方都予以認同的；但是**行政官員**做了同樣的事也應該可以用武力**抵抗**，這一點近年來卻遭到否認。這就像是，基於法律而擁有最大特權及好處的人就因此有權破壞法律，但其實是法律才使他們所處的地位優於他的同胞。反過來說，這種人的罪行更重，因為他們不僅有負於法律讓他們享有的更大權力，同時也辜負了由同胞賦予他們的委託。

232. 無論是誰，只要**不是基於權利**而動用**武力**——如同每一個在社會中無法無天的人那樣——他就會把自己和為了阻止他而動用武力的人捲入**戰爭狀態**；在這種狀態下，過去所有的約束都被取消，一切權利全都失效，人人都擁有自我防衛、**抵抗侵略者**的權利。這個道理明顯到就連巴克萊[4]自己——那個捍衛君權、主張君主神聖不可侵犯的人物——也被迫承認：在某些情況下，人民**反抗**君主是合法的，同時這段話也出現在他自稱證明了神聖律法禁止人民一切叛亂的那一章。由此可見，即使根據他自己的理論，既然人民有時候可以反抗，那麼對君主的反抗就並非全是叛亂。他的原文如下：“Quod siquis dicat, Ergone populus tyrannicae crudelitati et furori jugulum semper praebebit? Ergone multitudo civitates suas fame, ferro, et flamma vastari, seque, conjuges, et liberos fortunae ludibrio et tyranni libidini exponi,

inque omnia vitae pericula omnesque miserias et molestias a rege deduci patientur? Num illis quod omni animantium generi est a natura tributum, denegari debet, ut sc. vim vi repellant, seseque ab injuria tueantur? Huic breviter responsum sit, populo universo negari defensionem, quae juris naturalis est, neque ultionem quae praeter naturam est adversus regem concedi debere. Quapropter si rex non in singulares tantum personas aliquot privatum odium exerceat, sed corpus etiam reipublicae, cujus ipse, caput est—i.e., totum populum, vel insignem aliquam ejus partem immani et intoleranda saevitia seu tyrannide divexet; populo, quidem hoc casu resistendi ac tuendi se ab injuria potestas competit, sed tuendi se tantum, non enim in principem invadendi: et restituendae injuriae illatae, non recedendi a debita reverentia propter acceptum injuriam. Praesentem denique impetum propulsandi non vim praeteritam ulciscendi jus habet. Horum enim alterum a natura est, ut vitani scilicet corpusque tueamur. Alterum vero contra naturam, ut inferior de superiori supplicium sumat. Quod itaque populus malum, antequam factum sit, impedire potest, ne fiat, id postquam factum est, in regem authorem sceleris vindicare non potest, populus igitur hoc amplius quam privatus quispiam habet: Quod huic, vel ipsis adversariis judicibus, excepto Buchanano, nullum nisi in patientia remedium superest. Cum ille si intolerabilis tyrannis est (modicum enim ferre omnino debet) resistere cum reverentia possit."—Barclay, Contra Monarchomachos, iii. 8.

4　編註：見上篇第一章註5。

翻譯過來就是：

233.「但是，如果有人問：人民總是得忍受暴政的殘害與肆虐嗎？人民就得眼睜睜地看著他們的城市遭到掠奪、化為灰燼，看著他們的妻子兒女遭受暴君的姦淫蹂躪，他們自己和家族被自己的君王所毀滅，受盡貧困迫害之苦，然而依然只能坐以待斃？既然大自然允許其他所有生物為了保衛自己不受傷害而使用武力來對抗武力，難道只有人類被排除在外，不能動用這共通的權利？我的回答是：自我防衛屬於自然法所允許的一環，共同體自我防衛的權利無從否認，甚至也不能不讓共同體針對君主本人進行自我防衛。但是必然不能容許人民向君王復仇，這麼做是與自然法相抵觸。因此，如果君王憎恨的並不只是某個特定的人物，而是要和自己身為元首的整個國家作對，利用不堪忍受的虐待來殘酷地欺壓全體人民或絕大多數的人民，在這種情況下，人民就有權起身抵抗，保衛自己不受傷害。但是他們在抵抗時必須注意：他們只能自我防衛，不可攻擊他們的君王。人民可以彌補他們所受到的傷害，但千萬不能出於激憤而失去對君王應有的敬意與尊重，做出踰矩的行為。人民可以擊退當前來犯的襲擊，但不得為過去的暴行實行報復。因為保衛自己的性命與軀體，乃是天經地義，但是以下罰上則有違自然。人民可以在為害他們的企圖實行以前就加以阻止，但這種企圖實行了之後，就算君王是罪魁禍首，他們也不能報復到君王頭上。因此，任何個人除了私人權利之外，他們身為人民而普遍享有的就是這種特權；連我們的論敵（唯有布肯南[5]例外）也認為作為個體的個人只能忍耐，沒有別的補救之道；但是作為整體的人民可以在表示尊重的同時，反抗不堪忍受的暴政，不過當暴政還有節制時，他們就應該予以忍受。」

234.這就是著名的君權擁護者所容許的**反抗**程度。

235. 誠然，他對人民的反抗加上了兩項限制，但其實沒有意義：

第一、他說反抗時必須懷著敬意。

第二、反抗千萬不能挾帶報復或懲罰，至於他給的理由是：「因為禁止以下罰上。」關於第一點，如何**對抗武力而不還手**，如何**帶著敬意還擊**，這需要一些技巧才能教人明白。如果一個人在抵抗襲擊時只用盾牌擋住攻擊，或是採取更尊敬的姿態，也就是手不持劍，以此削弱攻擊者的自信與力量，這個人很快就會無法**抵抗**，並且發現這種防衛方式只會使自己落於下風。這種**抵抗**方式太滑稽了，就像尤維納[6]設想的那種戰鬥一樣可笑：「當你動手時，我就任你打。」（*Ubi tu pulsas, ego vapulo tantum*）於是戰鬥的結果免不了就像他所敘述的那樣：

「這就是窮人的自由：
被揍了就乞求，被摑了就哀求，
如果人家放他回家，還能多留幾顆牙在上頭。」

這種不可還手的虛構**抵抗**，其結果總是如此。因此，**既然一個人可以反抗，他必定可以還手**。

---

5 編註：布肯南（George Buchanan，1506-1582），蘇格蘭人文主義者。主張政治權力源於人民，對抗君主、甚至懲罰暴君都是合法的。

6 編註：尤維納（Juvenal，55-128。拉丁名 Decimus Iunius Iuvenalis）。古羅馬諷刺詩人，作品常諷刺羅馬社會的腐化罪惡以及人類的愚蠢。

那麼不管這位作者或其他人要怎麼把當頭一棒或迎面一刀盡可能和**敬意**與**尊重**扯上關係，都隨便他們吧。如果有人可以把挨打和敬意調和起來（有沒有這種人我可不知道），他的努力肯定值得挨上既文明又充滿敬意的一棒，無論他會不會碰上這種機會。

第二、關於他的第二點：「禁止以下罰上」，的確，一般來說，只要處罰對象是上級則確實不行。但是一旦處於以武力抵抗武力的**戰爭狀態**，就會使**雙方地位歸於平等**，原先的一切敬意、尊重、**上級關係**全被取消了。然後，雙方所剩的差異在於：對不法侵略者進行反抗的人，最後**地位會高於**侵略者，也就是說，只要他戰勝了，他就有權懲罰罪犯，還能一併懲罰侵略者破壞和平的舉動，以及由此造成的一切禍害。因此，巴克萊在另一段論述中為了自圓其說，他把人民反抗君王還能夠合法的一切情況全數否定。但是他在那裡指出君王在兩種情況下可以廢除自己的王位，他的原文如下：

"Quid ergo, nulline casus incidere possunt quibus populo sese erigere atque in regem impotentius dominantem arma capere et invadere jure suo suaque authoritate liceat? Nulli certe quamdiu rex manet. Semper enim ex divinis id obstat, Regem honorificato, et qui potestati resistit, Dei ordinationi resistit; non alias igitur in eum populo potestas est quam si id committat propter quod ipso jure rex esse desinat. Tunc enim se ipse principatu exuit atque in privatis constituit liber; hoc modo populus et superior efficitur, reverso ad eum scilicet jure illo quod ante regem inauguratum in interregno habuit. At sunt paucorum generum commissa ejusmodi quae hunc effectum pariunt. At ego cum plurima animo perlustrem, duo tantum invenio, duos, inquam, casus quibus rex ipso facto ex rege non regem se facit et omni honore et dignitate regali atque in subditos potestate destituit; quorum etiam meminit Winzerus. Horum unus est, si regnum disperdat, quemadmodum de Nerone fertur, quod is nempe senatum populumque Romanum atque adeo urbem ipsam ferro flammaque vastare, ac novas sibi sedes quaerere decrevisset. Et de Caligula, quod palam denunciarit se neque civem neque principem senatui amplius fore, inque animo habuerit, interempto utriusque ordinis electissimo, quoque Alexandriam commigrare, ac ut populum uno ictu interimeret, unam ei cervicem optavit. Talia cum rex aliquis meditatur et molitur serio, omnem regnandi curam et animum ilico abjicit, ac proinde imperium in subditos amittit, ut dominus servi pro derelict habiti, dominium.

236. “Arlter casus est, si rex in alicujus clientelam se contulit, ac regnum quod liberum a majoribus et populo traditum accepit, alienae ditioni mancipavit. Nam tunc quamvis forte non ea mente id agit populo plane ut incommodet; tamen quia quod praecipuum est regiae dignitatis amisit, ut summus scilicet in regno secundum Deum sit, et solo Deo inferior, atque populum etiam totum ignorantem vel invitum, cujus libertatem sartam et tectam conservare debuit, in alterius gentis ditionem et potestatem dedidit; hac velut quadam rengi abalienatione effecit, ut nec quod ipse in regno imperium habuit retineat, nec in eum cui collatum voluit, juris quicquam transferat, atque ita eo facto liberum jam et suae potestatis populum relinquit, cujus rei exemplum unum annales Scotici suppeditant.”—Barclay, Contra Monarchomachos, I. iii., c. 16.

這段話的翻譯是：

237.「那麼，難道人民沒有權利，不能根據自己的權威進行自救，拿起武器攻擊專橫跋扈地支配他們的君王？只要君王還是君王，那就萬萬不可。『尊敬君王』和『抗拒掌權的就是抗拒神的命』都是永遠不允許人民這麼做的神聖啟示。因此，除非君王採取的某些行動使他不再是君王，不然人民決不能有權力支配君王；到了那個時候，君王自己放棄了王冠與尊貴的地位，恢復成個人的狀態，人民才變得自由而優越於他；人民在立他為君王之前的空位期所享有的權力又回到他們手上。但是只有極少數的失政，才會把事態搞到這種地步。我從各方面充分考慮過之後，發現只有兩種情況會這樣。我是說，只有兩種情況會使得君王**根據事實來說**變得不是君王，喪失了一切支配人民的權力與君權，而且連溫澤魯斯[7]也注意到了這些情況。

第一種情況是，如果君王蓄意顛覆政府，也就是如果他蓄意、圖謀毀滅王國與國家，如同歷史記載的尼祿，他決意剷除羅馬人民及元老院，用劍刃與烈火使城市化為廢墟，然後再遷移到別的地方。或是如同卡里古拉[8]，他公開宣稱自己不再是人民及元老院的領袖，心裡想著要擯除這兩個階級中的傑出人物，然後退居亞歷山卓；他希望全體人民只有一條脖子，好讓他一刀就解決他們。要是有任何君王心懷這樣的企圖，而且還認真地加以實現，他就立即放棄了對國家的一切關心與照護，結果也就失去了統治人民的權力，這就相當於：要是主人拋棄了他的奴隸，他就喪失了支配奴隸的權力。」

238.「另一種情況是，如果君王投靠了另一個君王，把他的祖先慷慨留給他的王國與人民交到別人手上，然後臣服於其他國家的支配。因為，就算他也許並不打算殘害人民，但無論如何，他卻因此喪失君王威嚴的根本要素，即在王國當中僅次於上帝的最高地位；這也是因為他背叛了人民，或是強迫人民要受制於外國的權力與支配，然而，人民的自由正是應該由他來小心維護。這種作法相當於割讓了自己的王國，因此他就失去了之前在王國內所享有的權力，同時也無法把一絲一毫的權利轉讓給他所要讓渡的對象；所以這個行動使人民獲得自由，讓人民可以自主安排。蘇格蘭的歷史就可以找到這樣的一個例子。」

239. 在這些情況下，君主專制的擁護者巴克萊也被迫承認君王可能遭受**反抗**，君王也可能**不再是君王**。簡而言之——我也不再旁徵博引了——無論如何，只要君王失去**權威**，他就**不再是君王**，就可以**反抗**他；在**權威消失**的任何地方，**君王也隨之消失**，那個人就變得跟沒有權威的其他人一樣。巴克萊舉出來的這兩種情況，和我之前所提過的破壞政府，其實並沒有太大差別，唯一的差異是，他忽略了他的理論所根據的原則。這個原則就是：君王辜負了人民的託付，沒有保住大家所同意的政體，不設法追求政府本身存在的目的——謀求公共善與保障人民財產。當一個君王害自己不配身為君王，把自己和人民捲入戰爭狀態，哪有什麼辦法阻止人民控訴這個喪失君王地位的傢伙？畢竟他就跟其他和人民處於戰爭狀態的敵人沒什麼兩樣；巴克萊和其他與他意見相同的人，最好要能面對這個問題。〔我還希望巴克萊注意到這一點，他說：「人民可以在對他們謀劃的危害發生之前就加以阻止」：當暴政在謀劃之時，他同意加以**反抗**。「（他說）當任何君王懷有這樣的想法並認真推行時，他就即刻放棄了對國家的所有關心和思考」；因此，根據他的說法，對公共善的忽視將被視為此種**謀劃**的證據，或者至少是**反抗**的充分理由，他用這段話說明了全部的理由：「因為君王背叛或強迫了他的人民，而他本應小心翼翼地保護人民的自由」。他又補充說。「落入一個外國的權力和支配下」已無甚意義，因為他的過錯

7 編註：溫澤魯斯（Winzerus，可能是Ninian Winzet，1518-1592）。蘇格蘭作家、天主教牧師和神學家。原本致力於從內部對抗宗教改革，後來與蘇格蘭宗教改革領導人諾克斯（John Knox）正面衝突。

8 編註：卡里古拉（Caligula，拉丁名Gaius Julius Caesar Augustus Germanicus，12-41），羅馬帝國第三任皇帝，典型的暴君，實施恐怖統治。卡里古拉是童年外號，意為「小軍靴」。他在預定前往埃及的亞歷山卓之前，被禁衛軍軍官刺殺身亡。暴君尼祿（見上篇第一章註2）是他的姪子。

和喪失的，是人民失去了**本應**受他**保護**的**自由**，而不在於統治人民的那個人有什麼區別。無論人民變成自己國家的奴隸，還是**外國**奴隸，人民的權利同樣受到侵犯，自由也同樣喪失；這就是傷害所在，對此，他們只有防禦的權利。在所有國家中都存在這樣的例子，這代表造成此種罪行的不是國家統治者的更迭，而是政府的更迭。」[9] 比爾遜[10]，一個我們教會的主教，同時也是君主權力、君主特權的堅定擁護者就給出了答覆，如果我沒弄錯的話，在他的論文〈基督徒的服從〉中承認，**君主可能會喪失他們的權力**、喪失得到臣民服從的資格。如果對於道理這麼明白的問題還需要訴諸權威的話，我推薦我的讀者去看布來克頓[11]、福特斯庫[12]、《鏡子》[13]的作者及其他作家的作品，畢竟作家們並不是對我們的政府一無所知，他們也沒有與政府為敵的嫌疑。不過我認為，單憑胡克爾一個人就足以使那些根據他的理論而支持教會政體的人滿意，因為他們在奇妙的命運擺布之下，竟然反而否定了胡克爾用來建立理論的那些原則。這些人最好想想，自己是不是成了狡滑的工匠手上的工具，反而去把自己家的建築物拆掉。我很肯定的是，這些人的公民政策其實有多麼新穎、多麼危險，而且對統治者及人民雙方的危害有多麼大，以致於在過去根本就不能提倡，所以我們可以期待，將來擺脫了埃及監工的壓迫之後，會以憎惡的心態記住那些卑躬屈膝的諂媚者；這些人看似有用，但其實只是讓一切統治都成了絕對的暴政，害所有人打從一出生就處在與那些人的低賤靈魂最為匹配的——奴役狀態。

240. 這裡還有一個常見的問題：**誰來判斷**君主或立法機構的行動有違他們受到的委託？也許，當君主只行使他應有的特權時，某些心懷惡意、挑撥離間的人會在人群間散布流言。對此，我的回應是，**人民就是裁決者**，因為受託人或代理人是否好好根據他們得到的託付採取行動，除了委託人之外，還有誰有資格**判斷**？既然是委託人把職責託付出去，當受託人辜負了委託時，委託人就依然有權力撤回委託。如果這個說法在私人之間的個別情況是合理的話，那麼，在牽涉到千萬人福利的重大情節中，以及在若不加以防範，弊害將會更大，補救將會極為艱難危險、代價極為高昂的情況下，為何不是同等對待？

241. 可是，進一步來說，（**誰來裁決？**）這個問題並不意味著完全沒有裁決者。如果人間沒有司法機構來解決人們之間的爭執，那天上的**上帝**就是**裁決者**。誠然，唯有上帝是正義的裁決者。但是在這種情況下，如同其他一切情況，一個人是否被迫和他人進入戰爭狀態，他是否應該像耶弗他一樣向上天申訴，就由**每個人**自己來**判斷**。

9 編註：本段用中括號框起的文字，是洛克在一六九四年第二版時增加的內容。

10 編註：比爾遜（Thomas Bilson，1547- 1616）是英國聖公會的伍斯特（Worcester）主教和溫徹斯特（Winchester）主教。這裡提到他的論文〈基督徒的服從〉（Christian Subjection）全名是〈基督徒的服從與非基督徒叛亂之間的真正區別〉（True Difference between Christian Subjection and Unchristian Rebellion，1585）。

11 編註：布來克頓（Henry de Bracton，約1210-1268），英國法學家、英國憲法的早期權威之一，著有《論英格蘭的法律和習俗》（*De legibus et consuetudinibus Angliæ*）。

12 編註：福特斯庫（Sir John Fortescue，1394-1476?）英國法學家、政治思想家，著有《論英國法的讚譽》（*De Laudibus Legum Anglie*）、《絕對君主制和有限君主制之間的區別》（*The Difference between an Absolute and Limited Monarchy*）、《英格蘭的治理》（*The Governance of England*）。

13 編註：《鏡子》（*Mirror*，全名是*The Mirror of Justices*《正義之鏡》），十四世紀初的法律教科書，以古法語所寫，於一六四二出版，一六四六年譯成英語。作者是安德魯．霍恩（Andrew Horn，約1275-1328），律師、法律學者，他也是魚販同業公會的成員。

242.如果君主和少數人民之間發生了爭執，而爭執的是法律沒有規定或是存在疑義的事務，再加上，要是這件事還事關重大，那我會認為，這應該由全體**人民**來擔任這種案件的**仲裁者**。因為在這種情況下，君主背負了人民的委託，又不受一般通用的法律規則所約束，要是有人覺得自己受到侵害、認為君主的行動違背了託付或逾越了託付，還有誰比**人民整體**（君主最一開始的委託人）還要適合**判斷**自己當初託付的權限？但是，如果君主或任何執政者拒絕這種解決方式，那麼人民沒別的選擇，只能向上天申訴。兩個刀劍相向的人如果在人世間缺乏公認的上司，或是情況不允許他們尋求人間的裁決，他們之間已經進入了名副其實的戰爭狀態，在這種情況下，他們也就只能訴諸上天。在這種狀態中，**受害的一方得**自行**判斷**他適合何時行使申訴的權利，並採取行動。

243.最後是我的結論：**每一個個人加入社會時所交給社會的權力**，只要社會還延續下去，就決不能再交還給個人，而是始終留在共同體當中；因為，若不是這樣，就不會有共同體、不會有國家，反而違反一開始的協議。所以，只要社會已經把立法權交給某些人所組成的議會，立法權就由議會及其後繼者繼續行使，由他們繼續為議會的後繼者提供指導與授權，那麼只要政府維持下去，**立法權就決不會重歸人民**，因為人民已經賦予立法機構永續運作的權力，他們就已經把自己的政治權力讓渡給立法機構，不得再度收回。但是，如果人民曾對立法機構的任期做出限制，同時規定這種最高權力只是由任何一個人或一些人暫時執掌；又或者，那些掌權者是因為失政而喪失權力，那麼只要統治者喪失權力，或是規定的任期屆期，則這種權力就**回歸社會**，因而人民有權行使最高權力，由他們自己繼續行使立法權，或是為立法權建立新的體制，或是按照舊的體制把立法權交給他們認為新的適當人選。[14]

14 編註：最後這兩句是一七一三年第四版修改的，原本是：「或是把立法權交由新的體制，或是把立法權交給他們認為新的適當人選」。

譯名對照表

二劃

人民的福祉是最高的法律　*Salus populi suprema lex*

十人委員會　Decemviri

三劃

三十僭主　Thirty Tyrants

士師　judges

大君　Grand Signior

大衛　David

四劃

不列顛人　Britons

丹麥人　Danes

公民權力　civil power

公共善　public good

尤利西斯　Ulysses

尤維納　Juvenal

巴克萊　William Barclay

巴別塔　Babel

巴蘭杜斯　Palantus〔Phalantus〕

比爾遜　Thomas Bilson

父威　fatherhood

父親權威　fatherly authority

父權　paternal power; fatherly power

父權　patriarch

他瑪　Thamar

以色列　Israel

以色列人　Israelites

以東　Edom

以東人　Edomites
以法蓮支派　tribe of Ephraim
以掃　Esau
以實瑪利　Ishmael
以撒　Isaac
加西拉索・德・拉・維加　*Garcilasso de la Vega*
加圖　Cato〔Marcus Porcius Cato〕
卡里古拉　Caligula
卡羅來納　Carolina
外交權　federative power
尼祿　Nero
布丹　Jean Bodin
布來克頓　Henry de Bracton
布肯南　George Buchanan
布萊克伍德　Adam Blackwood
示拿　Shinar
示劍人　Shechemites
立乎雲端之際　*caput inter nubilia*
立約　compact
丟喀里翁　Deucalion
伊莉莎白女王　Elizabeth I
伊斯　Ogyges
《先祖論》　Patriarcha
共同善　common good
共同體　community
吃過路兵　En passant
吉里夸那人　Chiriquanas〔Chiriguanas〕
同意　consent
在其他條件不變的情況下　caeteris paribus
安沃斯　Henry Ainsworth
托利黨　Tories
朱比特　Jupiter
米甸人　Midian
米斯巴　Mispah
自由權　jus in liberos
自然法　law of nature

五劃

主權　sovereignty

六劃

至高權威　supreme authority
行政權　executive power
西印度群島　West Indies
西珥山　Seir
西爾托普　Sibthorp〔Robert Sibthorpe〕

七劃

佛羅里達人　Florida
利未支派　tribe of Levi
利百加　Rebecca
利維坦　Leviathan
君王權威　royal authority
君主的神秘　*arcana imperii*
君主專制　absolute monarchy
君權　regal power
含　Cham
孝順　piety
希西家　Hezekiah
希伯崙　Hebron
沙爾馬那塞爾　Salmanasser I
私有支配權　private dominion
貝拉明　Robert Bellarmine〔Roberto Bellarmino〕
走動　moving

八劃

亞比米勒　Abimelech
亞他利雅　Athaliah
亞多尼比色　Adonibeseck
亞伯　Abel
亞里斯多德　Aristotle
亞哈斯　Ahaz

亞倫　Aaron
亞捫人　Ammonites
亞當　Adam
亞摩利人　Amorite
亞歷山卓　Alexandria
來了就走　*tantum ut exiret*
帖木兒　Tamerlain
所有走動的活物　every living thing that moveth; חיה הרמשת; *bestiam reptantem*; רמש
所羅門王　Solomon
押沙龍　Absalom
杭頓　Philip Hunton
法拉蒙德　Pharamond
波呂斐摩斯　Polyphemus
爬行　creeping
爬行動物　creeping animals; ἑρπετά; הרמשה; רמש
爬行類生物　reptiles
空白之地　vacuis locis
阿科斯塔　Josephus Acosta〔José de Acosta〕
阿爾及爾　Algiers
非利士人　Philistines

九劃

便哈達　Benhadad
便雅憫　Benjamin
叛亂　rebellare
叛亂者　*rebellantes*
威廉一世〔征服者威廉〕　Williame I
威廉三世　Willem III
威爾斯人　Welsh
查士丁　Justin〔Marcus Junianus Justinus〕
活物　living creatures
流便　Reuben
牲畜　Cattle
皇帝　Czar
約坦　Jotham

約拿單　Jonathan
約書亞　Joshua
約瑟　Joseph
美洲人的貝殼貨幣　Wampompeke of the Americans
耶弗他　Jephthah
耶西　Jesse
耶羅波安　Jeroboam
胡巴　Hubba
胡克爾　Richard Hooker
迦南　Canaan

十劃

唐吉訶德　Don Quixote
家族領主　lords of families
悟性　understanding
挪得之地　land of Nod
格勞秀斯　Hugo Grotius
桑丘・潘薩　Sancho Pancha
海克力士　Hercules
海曼　Hymen
烏托邦　Utopia
特洛伊　Troy
特權　Prerogative
神授　*jure divino*
神聖律法所授予　*jure divine*
神選制度　divine institution
秘魯　Peru
《秘魯印加族史》　*Hist. des Yncas de Peru*
索達尼亞　Soldania
閃　Shem
馬薩尼洛　Massaniello
國內法　municipal laws
國家；共和國　common-wealth
基列人　Gileadites
基甸　Gideon
基拉耳　Gerar

專制權力　despotical power

專斷　arbitrary

掃羅　Saul

敘拉古　Syracuse

《族長非君主》　*Patriarcha non Monarcha*

十一劃

曼瓦寧　Manwaring〔Roger Maynwaring〕

梵天　Brama

《混合君權的無政府狀態》　*anarchy of a mixed monarchy*

統治者　magistrate

荷馬　Homer

野生的獸類　wild beasts; θηρία; חיה

麥基洗德　Melchizedec

麻煩別笑了好嗎？　*Risum teneatis*

十二劃

傑佛瑞　Jefferies

凱德　Cade

斐迪南・索托　Ferdinando Soto

斯巴達　Sparta

斯巴達克斯　Spartacus

普羅克拉斯塔斯　Procrustes

猶大　Judah

發明創造並達成共識的人　Ἀνθρωπίνη χτίσις

絕對的父權　absolute fatherly power

雅弗　Japhet

雅各　Jacob

十三劃

塞特　Seth

塞爾登　John Selden

奧立佛・克倫威爾　Oliver Cromwell

意志即理由　*pro ratione voluntas*

新的子虛烏有　new nothing

暗嫩　Amnon

溫澤魯斯　Winzerus〔Ninian Winzet〕

該隱　Cain

詹姆士一世　James the First

實定法　positive law

實際上　*de facto*

十四劃

寧錄　Nimrod

漢尼拔　Hannibal

瑪麗女王　Mary I

福特斯庫　Sir John Fortescue

蒲式耳　bushels

赫人　Heth

赫沃德　John Heyward

十五劃

德洛坎塞　Draw-can-sirs

摩西　Moses

《撒母耳記》　*Samuel*

撒克遜人　Saxons

撒拉　Sarah

《論亞里斯多德、霍布斯等人》　*Observations on Hobbes, Milton, &c.*

《論教會政治法規》　*Of the Lawes of Ecclesiastical Politie*（簡寫 *Eccl. Pol.*）

賢者之石　philosopher's stone

十六劃

興加爾　Hingar

親權　parental power

諾曼征服　Norman Conquest

錫蘭　Ceylon

十七劃

薛西斯　Xerxes I

十八劃

《舊約七十士譯本》　Septuagint

薩頓　Saturn

雙親生養子女而獲得權利　*generatione jus acquiritur parentibus in liberos*

十九劃

羅勃特・菲爾默爵士　Sir Robert Filmer

羅得　Lot

《鏡子》*Mirror*

二十劃

蘇格蘭人　Scotch

政府論

Two Treatises of Government，1690 初版

作　　者　約翰・洛克（John Locke）
譯　　者　謝章義
總 編 輯　龐君豪
責任編輯　歐陽瑩
封面設計　可樂、楊國長
排　　版　楊國長

發 行 人　曾大福
出版　暖暖書屋文化事業股份有限公司
地址　106 臺北市大安區青田街 5 巷 13 號 1 樓
電話　02-23916380
傳真　02-23911186
總 經 銷　聯合發行股份有限公司
地址　231 新北市新店區寶橋路 235 巷 6 弄 6 號 2 樓
電話　02-29178022
傳真　02-29158614
印　　刷　成陽印刷股份有限公司
出版日期　2025 年 3 月（初版一刷）
定　　價　480 元

國家圖書館出版品預行編目 (CIP) 資料

政府論 / 約翰 . 洛克 (John Locke) 著 ; 謝章義譯 . -- 初版 .
-- 臺北市 : 暖暖書屋文化事業股份有限公司 , 2025.03
340 面 ; 21x14.8 公分
譯自 : Two treatises of government.
ISBN 978-626-7457-21-4(平裝)

1.CST: 洛克 (Locke, John, 1632-1704) 2.CST: 公共行政
3.CST: 政治制度

572　　113020082